教师教育精品·卓越班主任

丛书主编　齐学红

班会课的设计与实施

主编◎齐学红 袁子意

华东师范大学出版社
·上海·

图书在版编目（CIP）数据

班会课的设计与实施／齐学红，袁子意主编. 一上海：华东师范大学出版社，2013.5
ISBN 978 - 7 - 5675 - 0741 - 8

Ⅰ.①班… Ⅱ.①齐… ②袁… Ⅲ.①班会—中小学—师范大学—教材 Ⅳ.①G635.5

中国版本图书馆 CIP 数据核字（2013）第 112167 号

班会课的设计与实施

主　　编　齐学红　袁子意
策划编辑　朱建宝
责任编辑　吴海红
责任校对　邱红穗
装帧设计　卢晓红

出版发行　华东师范大学出版社
社　　址　上海市中山北路 3663 号　邮编 200062
网　　址　www.ecnupress.com.cn
电　　话　021 - 60821666　行政传真 021 - 62572105
客服电话　021 - 62865537　门市（邮购）电话　021 - 62869887
地　　址　上海市中山北路 3663 号华东师范大学校内先锋路口
网　　店　http://hdsdcbs.tmall.com

印 刷 者　杭州日报报业集团盛元印务有限公司
开　　本　700 毫米×1000 毫米　1/16
印　　张　15.5
字　　数　273 千字
版　　次　2013 年 8 月第一版
印　　次　2024 年 5 月第十一次
书　　号　ISBN 978 - 7 - 5675 - 0741 - 8/G · 6494
定　　价　34.00 元

出 版 人　王　焰

（如发现本版图书有印订质量问题，请寄回本社客服中心调换或电话 021 - 62865537 联系）

目　录

第一章　班会课的性质与功能定位

在班级教育与管理中,班会课是对学生实施素质教育的基本途径和最常采用的教育手段之一。目前中小学的课程表上大都设置了班会课,但由于受到诸多因素的影响,当前中小学班会课的实施状况并不理想。许多学校的班会课形同虚设,学生不喜欢上班会课,班主任也没有真正认识到班会课的重要作用,更没有充分发挥班会课的教育功能。造成这种现象的主要原因是,学校对班会课的重要性认识得不够,很多学校学生从未上过班会课,即使有班会课,也大多被班主任用来处理学生的常规问题。因为受到升学考试压力的冲击,班会课往往变相成为自习课。班会课有很大的随意性,班主任较少对班会课进行系统研究,对班会课缺乏明确的定位。要想解决班会课存在的上述问题,必须首先明确班会课的性质及教育功能。

一、班会课的性质

班会课,也称之为"主题班会"、"班主任课"、"班校会"等。有人把班会课定义为一次会议,也有人认为班会课是一项活动,或是一门课程。那么,班会课该怎样定位呢?

(一) 班会课是"会",更是"课"

尽管现实中班会课经常会采用辩论会、演讲会等班集体活动的形式,但不能说班会课仅仅是一次会议,或者说班会课就等同于班集体活动。不论对"会议"还是"活动"如何界定,这种对班会课的单一认识必然导致班会课组织实施的随意性和在学校教育体系中的不确定性。其实,班会课既是一次"会议",也是一项"活动",同时具有明显的学校课程特征。班会课的课程特征体现为：

1. 具有明确的教学目标

每节班会课的组织都要达到一定的教育目的，不同的教学目标制约与影响着班会课的全过程，决定着班会课的内容、方法、途径等的选择与确定。

2. 具有确定的组织者

班主任是班会课的第一组织者，每周一次的班会课是班主任教育学生、管理班集体的重要平台，而学生的参与度则是评判班会课实施效果的重要依据。

3. 具有明确的主体

学生是班会课的参与者，更是班会课组织实施的主体，学生在班会课上可以获取促进自身发展的有益经验。

4. 具有严格的组织过程

班会课像其他学科课程一样有比较固定的课程时间，许多学校还经常开展优秀班会课的评比，班会课的组织是对班主任工作进行考核的重要方面。

当然，有人会对"班会课是一门课程"的提法不以为然，认为班会课连起码的教材都没有，怎能与其他学科课程相提并论？这里涉及不同的课程观。当片面强调课程作为学科内容时，必然导致教材等同于课程、教材控制课程现象的发生。当强调课程作为学生的经验而存在、强调教育教学过程自身的价值时，必然会把课程视为教师、学生、教材、环境等因素持续交互作用的动态情景，其中蕴含着课程观念的重大变革。

（二）班会课是一门综合实践活动课程

班会课作为一门课程，与学科课程有明显的区别。语文、数学、外语等课程属于学科课程或分科课程，其主导价值在于使学生获得文化知识，提高逻辑思维能力；传承人类文明，使学生掌握人类社会的文化遗产。在新课程改革的框架下，班会课属于综合实践活动课程，与研究性学习、社区服务与社会实践等特定领域共同构成内容丰富、形式多样的综合实践活动课程。区别于学科课程，综合课程主要通过相关学习内容的整合，促进学生的整体发展，使学生形成宽广的视野、敏捷的思维，掌握发现和解决问题的方法等。班会课作为综合实践活动的组成部分，是新课程体系中的必修课程，自然也是学生和教师必须认真对待的一门课程。它具有自己的独特功能和价值，与其他课程共同构成一个完整的有机教育整体。

（三）班会课是一门校本课程

班会课的组织实施要充分考虑学生的特点和要求，以校情、班情为基础，以实现学校的办学宗旨、彰显学校的办学特色、解决班集体建设中遇到的实际问题为宗旨，进而形成班级特有的学生文化。因此，班会课是一门课程内容和课时安排具有一定弹性且个性鲜明的校本课程。

（四）班会课是一门活动德育课程

《国家中长期教育改革和发展规划纲要（2010—2020 年）》中明确指出：坚持德育为先，……构建大中小学有效衔接的德育体系，创新德育形式，丰富德育内容，不断提高德育工作的吸引力和感染力，增强德育工作的针对性和实效性。达到这一目标的重要途径之一就是加强学校的德育课程建设。德育课程是学校德育内容与学习经验的组织形式，它以课程为载体对学生实施德育，是增强德育实效性的重要途径和手段，是学校德育工作体系的重要组成部分。传统意义上的中学德育课程专门指"中学思想政治课"，是一门注重知识传授、注重德育学科建构的认知性课程，属于"学科德育课程"。而完整的学校德育课程应包括学科德育课程和活动德育课程两部分，班会课就属于"活动德育课程"。活动德育课程与学科德育课程紧密联系，其独特价值与功能在于突破了学科德育课程的局限，可以作为学科德育课程的一种补充。班会课作为一门活动德育课程，是班主任有目的有意识地将正面的思想道德教育，即爱国主义、集体主义、世界观、人生观、价值观以及科学精神、科学方法和科学态度等方面的教育内容，创造性地融入丰富多彩的班级活动中，通过学生的主动参与自主构建班级文化的动态过程。

综上所述，班会课是一门综合实践活动类校本德育课程，是在班主任的指导下，班级成员共同参与的具有明确的教育目的、灵活的教育时间、严谨的内容设计的系列主题教育活动。它以班级活动为主要载体，以主题会议等为主要形式，是师生间、生生间，以及学校、家庭、社区间多方参与互动的教育过程。

二、班会课的功能定位

在班级教育中,班会课所具有的教育功能包括如下三个方面。

(一) 发掘学生潜能,全面提高学生素质

教育的重要作用在于通过各种显性或隐性的教育途径,使受教育者最终实现由"自然人"到"社会人"的转变。教育应关注学生的发展潜能,使学生在思想品行、智能、健康、艺术、劳动技术等方面获得整体和谐的发展。班会课具有鲜明的主题、丰富的内容和多种多样的形式,它可以有针对性地对学生进行训练和陶冶,引导学生端正品行,掌握学习方法,重视身心健康,培养艺术素养,提高劳动意识。在课程的准备和实施中,通过构建多维、开放式的班会课程体系,锻炼学生的口头表达能力、组织能力、思辨能力和创新能力。经过精心设计的班会课,还可以帮助学生正确认识自我,树立科学的世界观、人生观和价值观,学会正确处理个人与他人、个体与集体的关系,培养学生适应社会和自我调控的能力,促进学生自我教育、自我管理,塑造学生的健全人格。与其他教育形式相比,班会课的教育活动更集中、更高效,它能引导学生在一定的时间和空间里开展更广泛、更深刻的思想交流和碰撞,从而激发和发掘学生的潜能,使学生的整体素质得到全面发展。

(二) 形成和谐班级文化,积极推动班集体建设

班级是学校教育教学的基本单位,是学生接受教育影响、实现个体社会化的重要环境。班会课是班主任根据学校工作要求,结合本班学生的实际情况,对学生施加针对性教育影响的专门课程,是进行班级教育的重要载体。在班级管理和建设中,班级文化的创建极为重要。班会课作为班级教育活动的重要载体,是班级全体成员共同参与的、具有开放性和明确行为指向的教育活动。班主任可以围绕设定的主题,将班会课的内容安排和组织实施过程转化为班级文化的创建过程。在班会课上,可以引导班级成员共同制定规章制度、讨论班集体建设中的问题,进而培养学生的自主意识和自主能力。班会课可以促进集体目标的实现、集体凝聚力的增强、学生间合作意识的形

成、师生间情感的有效沟通;通过持续有效的班会课,班级的生活方式、规章制度、价值观和共同愿景逐渐沉淀、整合成特有的班级文化氛围;而良好的班级文化氛围有助于班级成员良好思维方式和行为方式的形成,从而推动班集体的建设和发展。

(三) 提升教师教育能力,促进班主任专业发展

教育的发展离不开教师,教师必须认真履行教书育人的职责,努力提高自身素质和专业水平。正如马卡连柯所说,教育者的技巧,并不是一门需要天才的艺术,但它是一门需要学习才能掌握的专业。一名合格的教师除了具备教学能力、语言表达能力之外,还应该具备教育观察力、教育想象力、教育机智和创造力等多方面能力。这些能力的培养需要在大量的教育教学实践中锻炼和积累,而接受锻炼的最佳途径就是担任班主任工作。

班主任工作是一种不可替代的专业性工作。在学校教育中,班主任是班集体的组织者、管理者,是学生成长的引路人,是学生终身发展的重要影响人。在教育过程中,班主任可以通过内容充实、计划周密而又富有教育意义的系列班会课来推动班集体建设。同时,班会课也为班主任提供了一个挖掘自身潜能、施展个人才华的舞台。通过班会课,班主任可以熟悉所带的班级,通过对学生深入细致的观察,有的放矢地开展工作;可以围绕一系列预先设定的主题,有针对性地对学生进行生动有趣的教育;可以锻炼自己的创造能力和组织能力,提高自己捕捉知识和信息的能力,丰富自身的教育理念和教育智慧,促进自身素质的提高和专业能力的发展。而成功的班会课可以给学生留下难忘的印象,是学生成长的铺路石。在班会课的组织过程中,形式应不拘一格,要用恰当的形式表达完善的内容,承载丰硕的教育成果,最终促使学生的潜能得以开发,素质得以提高,视野得以开阔,智慧得以启迪,团队得以凝聚,人格得以完善,身心得以全面发展。作为一名专业的班主任,应自觉加强对班会课的研究和实践,充分发挥班会课的教育功能。

三、班会课与班主任的素养提升[①]

班会课主要包括两种类型:作为班级日常事务处理的班会课(家常课),以及有着

---

① 齐学红:《班主任的专业素养与班会课——兼论什么是好的班会课》,《班主任》,2011 年第 5 期。

明确主题、经过班主任精心设计与组织的班会课，即主题班会课。传统意义上的班会课尤其是主题班会课，更多的强调其育人功能，作为班主任对学生进行思想政治教育的重要渠道之一。在现实生活中，班主任要么是把班会课上成自习课，主要是班主任任教学科的自习课，要么是上成批评教育课。因此，在很多已告别中学生活的学生记忆中，班会课往往意味着班主任一人面对全班同学的训话课，主要用来处理一周来班级的各种违规违纪现象及问题，更多的带有惩戒意味。这样的班会课完全是班主任一人的"独角戏"，不仅得不到学生的认同或喜欢，而且不能发挥其应有的积极作用和影响。班主任大多还没有从专业的角度，像学科教学一样认真备好、上好班会课。而从学校管理者的角度来看，也很少对班会课提出明确而具体的要求。随着班主任专业化的推进，人们对班主任作为一个专业，以及班主任专业性认识的不断提高，班会课作为班主任专业技能和素养的重要载体，势必会越来越受到重视。

从优秀班主任的个案中可以发现一个普遍规律，即优秀班主任往往是非常重视班会课，并且能很好地发挥班会课的功能与作用的。班会课成为班主任系统地对学生施加教育与影响的舞台，同时，也成为检验班主任专业知识与专业素养的重要依据。正如全国模范班主任任小艾所说："主题班会的成功与否，与班主任自身素质的高低有着直接关系。对学生成长规律的研究，对现实社会发展的关注，对影响学生未来的诸多因素都要有一定的把握。其中，最为关键的是，教师对学生爱的投入，对学生成长细节的观察，对有效应对问题以及防范问题的思考。班主任需要有一定的居安思危、未雨绸缪、防患于未然的能力，还要有敏锐发现问题、勤于思考问题、有效解决问题的本领。"[①]

正如一位教学名师的教学风格可以通过他的公开课得以展现一样，班主任的专业素养、带班理念、与学生的交往方式、对理想班集体的构想等，都能在他的班会课中体现出来。虽然不同的班主任有不同的带班风格和管理理念，但是在重视班会课并善于发挥班会课的功能和作用方面，往往是一致的。一节好的班会课往往具有丰富的教育内涵。正如好的公开课值得人们反复品味一样，好的班会课也会令人回味无穷。

好的班会课具备三个条件或标准，即好的主题，好的设计，好的效果，具体包括内容、形式、效果三个方面。而班主任的专业素养通过这三个方面也得以具体体现：

---

① 任小艾：《序：班主任与主题班会》，见丁如许主编《魅力班会课》，华东师范大学出版社 2009 年版。

（一）班主任对教育问题的敏感性与班会课主题的确定

班会课主题的确定主要有两个来源：一是服从于学校整体工作安排的需要，如大的节庆活动安排；二是班主任根据本班学生实际，自主开发设计的班会课。这里，好的班会课主要指由班主任自主设计、自主组织的主题班会课。开好班会课，是班主任的一项基本功，对于形成一个班级特有的班级文化氛围有着不可取代的作用。

班会课的主题主要来源于班主任对学生特点的把握，以及对学生当下现实问题的关注与思考。班会课主题的确定应从学生的需要出发，善于发现学生当下存在的问题。在班会课主题的选定上，可以表现出班主任对教育问题的敏感性和教育思想的深刻程度。一位优秀班主任应有自己对于教育的理想与信念，而对于教育问题的敏感性，则是班主任教育理想与信念的具体表现。下面呈现的是两个有着不同设计理念但却都产生了好的教育效果的高中班会课范例。

一位班主任从本校以及本班学生的实际出发，设计了"快乐教育"以及职业生涯规划等系列主题班会，深受高中生的欢迎。该校学生生源较差，能够考上本科院校的学生只是少数，绝大多数学生看不到升学的希望，普遍自信心不强；学习对于他们而言，毫无快乐可言，在残酷的升学竞争中更多的是失败的体验；人生在他们眼里不是一片光明，而是毫无希望可言。为此，这位班主任提出"快人一步，乐在其中"的"快乐教育"理念，让学生在高中阶段体会学习的快乐，人生奋斗拼搏的快乐。并围绕这一教育理念设计了系列班会活动，让学生成为班会课的主角，班会课成为学生展示自己才能的舞台，这些升学无望的学生在这里找到了自信，焕发了生命活力。但是，学生在班会课上投入的时间并没有带来成绩的提高，反而影响了班级在年级中的考试排名。为此，班主任承受了来自学生、家长和学校领导的压力，甚至想到了放弃。在经历了痛苦的反思后，班主任把班会课的主题确定为高中生的职业生涯规划与设计，把班级活动与升学目标有机结合起来，取得了好的效果。在常人眼里近乎黑暗的高三生活成为学生一段值得回味的生命经历。

对于另外一位带重点班的高三班主任来说，他面临的是不同的教育问题。这是一位名校班主任，其所在学校是当地的四大名校之一，所带班级是省招班，是来自全省的优质生源。而他的困扰是，班上的学生只知道学习，"两耳不闻窗外事，一心只读圣贤书"。对于这样的"好"学生，其他的班主任可谓求之不得，但是这位班主任却有着不一样的忧思：这样的教育培养出来的人虽然能有好的成绩和看似光明的前途,但是这样的人才是有缺陷的,是不符合未来社会对人才的需要的。为此,他精心设计了一个题为"寻找自己"的学校生活表演剧,让学生把高中学习中截然不同的学生行为表现用摄像机拍摄下来,以学生法庭的形式让学生自由辩论——"当代中学生应有怎样的人生理想";同时,请学生扮演不同行业、职业的专业人士谈他们对人才的理解,共同探讨什么才是当代中学生应有的行为表现。这样的主题有深度,对于高中生的思想产生了极大触动,进而引发其对人生意义和价值的思考。这样的班会课可谓直达学生心灵的教育。

（二）班主任的教育理念与班会课的设计

班主任的教育理念,其对教育的理想,对达成教育目标的途径与方法的理性思考等,都会在班会课的设计中得以体现。其中,班主任对教育资源的整合意识是班会课设计理念的一个重要方面。在一些班主任的设计中,把家长请进班会课,使家长成为班会课的主角,班会课不仅是学生展示才能的舞台,还是家长展示才艺、家校沟通的重要途径。通过班会课等方式,最大限度地争取家长的理解与配合,是一些优秀班主任成功的秘诀之一。时至今日,一些班主任仍然把家长作为训斥的对象,一味强调家长对学校工作的配合与支持,对家长作为一种教育资源和教育力量的认识还远远不够,难以形成家庭与学校协调一致的教育影响,教育效果也大打折扣。

把家长请进来是一种做法,把学生带出去,把班会课的舞台从学校拓展到社会,发挥并利用社会教育资源也有异曲同工之妙。有的班主任把学生带到植物园里去种树,到麦当劳店体会一天的工作等,既锻炼了学生能力,又增长了学生见识。在一个个精妙的班会课设计中,体现了班主任打破常规、大胆创新的先进教育理念。例如,如何让传统教育题材焕发出时代活力,就是班主任的创新之处。所谓创新往往体现在观念和手段两个方面。如3月5日学雷锋日,组织全校或全班搞义卖活动,把义卖所得捐给贫困生或需要帮助的人;为了纪念长征胜利70周年,围绕重走长征路组织、开展系列主题班会活动,同时让学生谈参加这些活动的感受和体会;变传统德育的被动说教式班会课,为学生主动参与的主体探究活动,同样会收到意想不到的效果。

总之,一个好的班会课设计、一个具体做法背后往往隐含着班主任的教育思想和理念。所以,班会课的设计绝不仅仅是操作层面的具体做法,而是思想观念的现实化过程。

（三）班主任的个人素质与班会课的实施

班会课的成功与否,除了班主任要有正确的教育理念、对当下社会问题及学生思想发展状况的恰当把握外,还需要具有一定的组织协调能力和管理智慧。一堂好的班会课除了得益于一个好的理念、一个鲜明的主题外,还得益于班主任良好的专业技能和个人素质。从这个意义上说,班会课不仅是学生、家长展示才艺的舞台,还是班主任个人素质展示的平台。一堂好的班会课往往会给学生的一生带来启迪和影响。在一堂成功的班会课上,师生之间能够达到水乳交融的效果,这是任何说教式德育无法实现的。由于班主任个人的先天素质不同,表现在班会课的组织与实施上往往各有所长。如有的班主任擅长组织文艺或体育活动,有的班主任擅长演讲,有的班主任擅长编排心理剧等。同时,班会课的成功还取决于班主任对各种教育元素的组合与重整,而不是班主任一人唱独角戏。

（四）班主任的角色扮演与班会课的效果

如果说班会课是一个舞台,班主任就是导演、策划,学生是真正的演员。只有导演和策划是不够的,离开了学生的积极参与,班会课无法取得理想的效果。

从班会课的功能来看,好的班会课往往体现出一定的开放性,不惟教育性,可同时兼具娱乐性。正如一位高三班主任所言,对于高三学生来讲,他们本身的学习已经非常紧张,高考这根弦已经绷得够紧了,在这种情况下,放松是提高效率的最好手段。我的班会课的目的就是要让学生笑,开怀大笑;既可以起到精神放松的作用,也可以达到缓解学习紧张气氛、融洽师生关系的目的;班会课的作用就像是机器得到良好运转的润滑油。而笑的题材就来自学生的日常生活。这就要求教师和学生要善于观察、用心体会、认真发现生活中乐观向上的积极因素。学生既是生活的主角,也是班会课的主角。班会课的效果一是取决于学生的广泛参与,二是学生能够在班会课上有所感悟,心有所动。例如,学会感恩的主题班会,通过创设教育情境,营造教育氛围,把师生情、父母情、同学情通过细节表达出来。这里有父母写给孩子的信,有孩子从小到大的照片和成长故事,有学生为退休教师精心编织的围巾,更有给当事人的惊喜和心灵的震撼。而好的班会课的效果未必是立竿见影,但往往会对学生一生产生影响。

因此,一节成功的班会课往往是融合了各种教育元素,是班主任教育智慧的结晶,也是班主任综合素质的集中体现。在班主任专业化的进程中,应该重视并强调班会课的重要性,把班会课纳入学校的课程体系中,使班会课系列化、课程化,不仅重视主题班会课,同时规范日常的班会课,避免班会课的随意性;充分挖掘班会课丰富的教育内涵和特有的教育功能,为学生身心的全面健康发展搭建更加有利的平台。

四、如何开好主题班会课

对于每一位班主任来说,人人都希望自己的班级是一个团结向上、锐意进取、充满生机与活力的优秀团队,在向这个目标奋进的过程中,有一个重要的环节不容忽视,那就是开好主题班会。那么,如何开好主题班会? 班主任在班会课上应扮演什么角色呢?

(一) 主题班会的设计与组织

1. 选好主题

班会活动的主题要鲜明、有针对性,要与大的教育环境相适应。为此,必须做好以下几点:

(1) 为班级学生思想状况把脉,不断发现并创设教育契机

班主任平时要做好班内情况记载。俗话说"好记性不如烂笔头",作为一名班主任,如果养成了随时记录班内发生的一些典型事件的习惯,经常进行总结,这就为选好主题打下了基础。为此,班主任要做到"眼观六路,耳听八方",抓住一些有利的教育时机,适时召开主题班会,往往能取得好的教育效果。如一位高三毕业班的班主任在毕业前夕,发现学生们虽忙于毕业复习,但思想比较复杂,面对来自社会、家庭、学校各方面的"压力",对未来并没有太大的信心。在此关键时刻,班主任经过反复思考和精心策划,决定在全班举行"十年后一席谈"的主题班会,作为开展理想教育的一次活动,要求每位同学做好事先准备:经过艰苦奋斗,十年后的你、我、他,将会有怎样的作为呢? 有朝一日,我们相聚在一起,你要告诉大家一些什么? 班会课上

大家畅所欲言,班会课后全班同学情绪稳定,精力集中,同学间相互鼓励,互相帮助,勤奋学习的风气更加浓厚。经过两个多月的学习,全班同学在毕业考试中取得了好的成绩。

（2）关注时事,善于捕捉时代话题

认真聆听学校例会。每周例会学校都要传达上级的一些会议、文件精神,其中一些信息对选择班会课主题很有帮助。另外,媒体上反复报道的一些大事,如"嫦娥一号的发射"、"建党九十周年纪念活动"等,极易激发学生爱科学、爱祖国的情感。以此类话题作为班会课主题,容易吸引他们的注意力,引起他们的兴趣,收到良好的效果。

2. 及早准备

充分的准备和充足的资料是开好主题班会的重要条件。没有它,班会课就会显得极为空洞,没有生机。主题一旦确定,应在班会之前的两三日宣布,便于学生收集、整理资料。这样,班会课就不会被动,同时可以提高学生收集、整理资料的能力,使该过程成为学生学习、感受、提高的过程。在此活动中,班主任要走进学生,经常询问、帮助、督促他们,让他们少走弯路,有效地开展工作。

3. 认真组织

班会课前,要对整个活动步骤有一个较为明晰的思路,召集班内一些学生反复斟酌,做一些必要的增、删、改,使每个学生都有机会参与班会活动的策划工作,集思广益,既让他们觉得老师重视他们,满足学生的好奇心和工作中的成就感,增强他们的上进心和责任感,同时,也可以培养学生的组织能力和语言表达能力。要尽可能多地发动学生来进行准备,做好学生的思想发动工作。班主任可采用讲述、讲解、谈话等方式,向学生宣传班会的目的、内容、形式和要求,以便使学生对班会活动产生兴趣,并极积投入到准备活动中来。要认真准备班会内容、精心设计班会形式、精心布置会场、精心挑选主持人。班会课上,要把主动权交给学生,推选学生做主持人,要求人人参与,充分表现自我,培养学生的民主意识和集体主义思想。班主任还要善于把握活动的方向,使之不偏离主题,关键时还要加以引导,以利于学生向更高、更深的层次去理解、想象和讨论。

4. 丰富形式

同一模式的班会课只会让人觉得乏味,失去吸引力,只有把它变成充满激情、充满感召力的过程,才能起到教育学生、提高他们能力的作用。所以,从会场的布置、气氛的渲染到采用的活动形式,既要恰如其分,又要丰富多彩。为了达到这个要求,可采用推选加轮流主持的方法,让不同"身份"、不同性格的学生担任这一重要角色,从而使主持风格多样化。此外,要放权给主持人,鼓励他们调动心智,安排才艺出众的同学为班会活动增添亮色,从而为有特长的学生施展才华搭建平台。无疑,或庄重或诙谐的主持风格,会给人一种耳目一新的感觉,极大地调动学生们广泛参与、积极投入的主动性,进而取得极好的效果。

5. 及时总结反馈

班会课即将结束之际,班主任要对整个活动做一个言简意赅的总结并提出希望,同时还可布置一些操作性强的作业,把班会活动的精髓落实到实践中去,同时,要注意提醒学生注意安全,把可能出现的安全隐患列举出来,以引起学生的注意。

主题班会结束后,班主任要及时反馈信息,总结成功经验,吸取失败教训,为下次班会提供经验。同时,也要了解班会的作用与效果,看是否达到了预期的目的。成功的主题班会活动,不仅能够解决一些问题,让班主任更好地了解学生,方便了师生的沟通、理解,还有利于学生良好品质的形成,有利于培养和提高他们的综合素质,有利于增强他们的凝聚力。当然,开好主题班会并非容易事,但是只要我们真正认识到它在班级教育中的重要性,同时付出了热情和汗水,相信一定能收到满意的答卷。

(二) 开设主题班会课的原则

主题班会课,是班主任对学生进行思想道德教育、理想情操教育、行为习惯教育、意志品质教育、法制规章教育、生命安全教育等各种教育的重要形式之一。班主任应认真开好主题班会课,积极地贯彻执行党的教育方针政策,有效地贯彻学校的办学宗旨,最大限度地实施班主任自身的教育理念。有经验的班主任大都善于利用主题班会开展班级教育工作。要开好主题班会课应坚持八大原则:

1. 完整性

班主任召开主题班会课,就如作家创作文学作品一样,不但要有鲜明的主题,还需在布局谋篇方面具有结构的完整性和形式的创新性。主题班会的结构完整性体现为四个要素:标题、导语、主体、结语。主题班会的标题需简洁精练,新颖醒目,能高度概括鲜明主题,讲究文采,书写美观。导语要求语言简短,形式多样,或引用,或描述事件,或以精要议论直入主题。主体部分要求环节清楚、主题集中、重点突出、讲究营造氛围、调动情绪。结束语要求观点明确，起到提升主题、激励学生的作用。

2. 系统性

德育工作是一项复杂的系统工程。德育工作的内容，既要有浓厚的公共道德意识，又要有良好的公共行为规范；既要对学生进行健康的生活方式和生活习惯的培养，又要有健康的心理需求和心理调节的教育。还应培养作为公民的独立人格、法治观念和民主精神，以及现代社会所需要的价值观念等。优秀班主任往往有高远的心境、宽广的胸怀、深重的社会责任感，能针对上述德育工作内容开展系统地有层次性的德育教育活动。

3. 针对性

班主任利用班会课对学生进行教育，不是以玄深的理论阐述、枯燥的空洞说教，而是以敏锐的目光观察发现班级中存在的各种问题，从中提炼班会主题，倡导积极健康的风气，解决学生中存在的问题。如班主任发现本班一位入学成绩平平的女学生，来校一学期后，成绩突飞猛进，一时又难以找到她进步的原因。一次在上语文早读课时，无意中发现该学生制作的一本"备忘录"，记载着她入学后每天必做的事情，做完的打钩，没完成的留到第二天一定要完成。班主任这才明白这位女生进步的原因所在。为此，班主任组织召开了一次主题班会。首先给学生讲了这样一则故事：1987 年，75 位诺贝尔奖获得者在巴黎聚会，有记者采访一位获奖者问："您在世界上哪所著名大学，哪个有名的实验室学到了您认为最重要的东西呢？"出人意料地，这位白发苍苍的学者回答："是在幼儿园。""在幼儿园能学到些什么呢？"老学者回答说："把自己的东西分一半给小伙伴；不是自己的东西不要拿；东西要放整齐；吃饭前要洗手；做错了事要表示歉意；午饭后要休息；要仔细地观察大自然。从根本上说，我学到的东西就是这些。"记者听后，若有所思又心有不甘，于是采访其他获奖者，奇怪的是这位科学家的话竟代表了与会科学家的普遍看法。讲完这则故事，班主任板书了此次班会课的标题：成功的人生必有良好的习惯。接着拿出这位女同学厚厚的一本备忘录，分析她成绩进步的原因所在，要求同学们养成良好的生活、学习习惯。之后，这个班的学生都能用"备忘录"提醒自己完成应做的事情。不仅如此，同学们还在整理书本、摆放椅子、个人卫生、文明用餐等方面养成了好习惯。

4. 教育性

主题班会的目的在于教育，要对学生进行品德教育、理想教育、价值观教育、法制教育、爱国主义教育、劳动教育等，但班会课又不仅局限于主题内容的教育，还表现在教师召开班会时对班级环境氛围的营造、课堂上学生活动的组织等方面的辅助性行为教育。有的老师对班会课重视不够,没有教案、标题板书,不注意服饰要求,不修边幅,精神不振,这样的班会肯定不能触动学生的内心。而优秀的班主任往往课前精心准备,注意营造班会课的环境氛围,比如,组织学生打扫教室、摆好课桌、收拾好窗帘、讲台黑板一尘不染,标题书写配合主题,或庄重严肃、或潇洒灵动、或欢快活泼,以期达到辅助性的教育效果。班会课中不忘以各种方式有效组织课堂,进而呈现给学生以丰富的精神滋养。

5. 人文性

主题班会的人文性表现在两方面,一是树立新型的学生观,对学生表现出应有的人文关怀。尊重、理解、关心和爱护学生,坚信学生是发展中的人,是独特的人,是具有独立意识的人,进而用发展的眼光看待每一位学生,尤其是学习上有困难、行为上不合规范的学生,不在班会课上随意批评指责他们;发现每个学生在兴趣、爱好、动机、需要、气质、性格、智能和特长等方面的独特性,进而开展主题班会、创设各种主题活动平台,让学生正确发展自己的兴趣、爱好、动机、需要、个性、智能和特长;班主任不是把自己的意志或知识强加给学生,而是通过科学的方法手段去激发学生的学习兴趣,引导他们积极、自主的探索,在体验活动中去认知、发展能力,形成良好的品行。二是通过对人类文化的提炼与传承,达到激励学生的目的。例如,给学生谈奥运金牌得主,一定不要忘记讲金牌背后的拼搏故事;讲某个科学定律,不会忘记介绍科学家在从事科学研究发明科学定律时的献身精神等。

6. 创新性

创新是一个民族的灵魂,培养创新型人才是教育者的民族大任。要培养创新型人才,班主任首先要有德育的创新意识。班会课的创新首先是主题立意的创新。同样是对学生进行珍爱生命的教育,有的班主任在班会课上老生常谈,空谈生命的意义和如何珍爱自己的生命,而有的班主任却能在此基础上,提炼出"珍爱生命,不仅要珍爱自己的生命,还应该珍爱他人的生命,珍爱与人同处一个地球的生物体的生命"这一新的主题,不仅是对学生进行珍爱生命的教育,还扩展到构建人与人、人与自然和谐关系的教育。这样就使班会的立意新颖,内涵丰富。其次是内容上的创新。著名班主任李镇西提出做好教师的"五个一工程",其中一项就是"思考一个教育或社会问题",班主任应是一个善于思考、有深刻思想的人,关注社会,把教育与社会联系起来,进而提炼出新的主题,不断创新主题班会的内容。再次是形式的创新,要体现活动的互动性、趣味性、教育性和时代性。

7. 独立性

独立性是指班主任组织召开主题班会应避免来自校内外的干扰,坚持自己的治班理念,按照预定的学期学年主题教育计划,有条不紊地对学生进行主题教育,有效地实现自己的教育思想。因此,班主任要正确处理自我设计的主题班会与偶发性、政策性、全校性主题班会的关系。一味地独立实施自我设计的主题班会,置上级教育行政部门布置的政策性主题班会,或是学校布置的全校性主题班会于不顾,不但完成不了上级行政部门或学校布置的工作,招致批评,而且影响班主任的个人形象与人际关系,给自己日后工作平添阻力。另外,如果对本班或学校发生的偶发事件熟视无睹,对班上存在的某种严重的不良现象或思想倾向及其不良影响置若罔闻,只是一意孤行地去完成自己预设的计划,这就犯了个人本位主义的错误,不能体现主题班会的针对性原则。正确的做法是两相兼顾,不随意偏废,不厚此薄彼。

8. 前瞻性

班主任工作主要是德育教育,但教育不是万能的,没有一劳永逸的教育。学生的不良习惯,班级中的不良风气,会随着社会上不良现象的出现、核心价值观的模糊淡化、学生家庭因素、学生成长过程中的生理特点而出现周期性、复杂性的变化。班主任要以敏锐的目光洞察班级学生中的一切变化,掌握学生的心理发展规律,把住学生的思想脉络,有针对性地组织开展一些富有前瞻性的预防性的主题班会,以达到正确引导、防患于未然的教育目的。

五、班会课的研究现状[①]

1998 年起,国家教委以规章的形式明令"各级教育行政部门和中小学校应切实保证校会、班会、团(队)会、社会实践的时间"。其中,班会、团(队)会是教育行政部门以"指令性计划"的形式专门分配给班主任的教育时段。

(一)国内有关班会课的研究

我国关于班会课的研究主要是从一线班主任的工作实践出发,呈现出形式多样、

---

① 选自南京师范大学教育科学学院 2008 级硕士研究生颜雪艺硕士学位论文"从缺失到回归——班会课学生话语权的调查研究"。

主题丰富的班会课形式。近几年来,随着班主任专业化理论的提出,班会课的研究开始受到人们的普遍关注,目前在《班主任》《班主任之友》《人民教育》等专业刊物上都设有关于"如何开展班会课"的专栏,介绍全国各地优秀的班会课案例。关于班会课的专著和论文主要是穿插于教育学原理、班级管理、教育社会学、德育学等学科内容之中。探究班会课的应有之义,可从国家政策文本和学科视角两个维度进行。

1. 政策文本中的班会课

(1)《中学德育大纲》——"班会课作为一种德育途径"

1995年,国家教委颁布《中学德育大纲》,指导中学德育走向科学化、序列化和制度化。德育途径是对学生实施德育影响的渠道,是实现学校德育目标,落实德育内容的组织形式。德育途径体系是以完成德育任务、提高德育实效为目的,以我国的国情和各级学校德育工作的实际情况为依据而提出的。[①]在德育大纲的实施途径中,明文规定,班级是进行德育的基层单位,班主任工作是进行日常思想品德教育和指导学生健康成长的最重要途径。

(2)《中小学德育工作规程》——"班会课作为一种常规教育"

1998年,国家教委颁发《中小学德育工作规程》的通知中,第二十四条"各级教育行政部门和中小学校应切实保证校会、班会、团(队)会、社会实践的时间。小学、初中、高中每学年应分别用1—3天、5天、7天的时间有计划地组织学生到德育基地、少年军校或其他适宜的场所进行参观、训练等社会实践活动"。

(3)《中小学班主任工作规定》——"班会课作为班主任的一种职责"

2009年印发的《中小学班主任工作规定》第三章"职责与任务"第十条"组织、指导开展班会、团队会(日)、文体娱乐、社会实践、春(秋)游等形式多样的班级活动,注重调动学生的积极性和主动性,并做好安全防护工作"。上好每一堂班会课是班主任工作的核心职责,是班主任工作的重要组成部分。

通过对国家政策文本的分析可见,班会课更多地被赋予道德教育和学生行为养成的功能,而不是作为学科教育的延伸,班会课不等同于课外活动。

2. 学科视角下的班会课

(1)班级社会学的视角

课堂是具有社会性的场域,是教师、学生群体与各种显性、隐性的课堂事件相遇的

---

① 詹万生:《整体构建学校德育体系研究报告》,《教育研究》,2001年第10期。

社会性场所。学科课程以前人的知识经验和文化科学知识为载体,通过教师的教和学生的学传递大量间接经验;班会课之类的活动课程则将理论学习转化为实践,通过学生的参与互动,引导学生获得认识世界所需要的直接经验。间接经验和直接经验的有机结合,为学生掌握全面的知识奠定坚实的基础。片冈德雄认为这类活动的教育意义有以下几点:"① 个性、自主性的发展;② 集体生活、社会性的发展;③ 解决各类个人和社会问题;④ 提高游戏和表现能力;⑤ 体验人类生活所具有的各种感动。"[①]

(2)班级管理学的视角

● 班会课的特征:

从班级管理学的视角来看,班会课具有如下特征:首先是常规性,即时间固定,每周召开一次,针对班级和学生实际,对学生进行常规教育,促进教师与学生之间、学生与学生之间的相互沟通与交流,形成班级正确的舆论导向,增强班级凝聚力;其次是民主性,班主任适当放权,发扬民主精神,让学生成为班级管理的主人,为推进班级民主化管理奠定基础;再次是事务性,即班会课的主要议题是解决班级中的日常事务,例如评选三好学生、制定班规等。

我国曾一度受到苏联教育思想的影响,其班集体理论认为,集体是由有着共同价值、共同目的与任务、具有凝聚力的高度组织起来的群体发展而来,是群体的高级形式;集体既是教育的手段,也是教育的目的。所以,长期以来班级管理的最高境界被认为是创建优秀班集体,班级也一直被看作是管理的基层组织,管理已成为班级的本体功能。

● 班会课的作用与功能:

白铭欣在《班级管理论》中指出:"班会课是班主任进行班级管理的一种重要形式,是班级管理工作中教育作用较为突出的活动。"[②]班会课有四方面的作用:认识作用、对学生培养锻炼的作用、对班集体建设的作用,以及对了解学生的作用。常见的班会课有以下几种形式:论理式班会、交流式班会、文艺形式班会、竞赛式班会、论辩式班会、纪念式班会、实践活动式班会、模拟式班会等形式。班主任组织班会课应做到:明确主题、调动全员积极性、发挥综合作用、形成系列班会课。

丁如许在《魅力班会课》中指出:"班会课是班主任对学生进行教育的主渠道、主课

---

① [日]片冈德雄著,贺晓星译:《班级社会学》,北京教育出版社 1993 年版,第 81 页。
② 白铭欣:《班级管理论》,天津教育出版社 2000 年版,第 317 页。

堂。而班级活动是班会课的主要形式。精心设计的班级活动是德育的最佳途径。积极实施的班级活动是最有魅力的德育。'没有活动，就没有教育。'精心组织的班级活动，能使学生充分受益，终生难忘。"①他认为：班会课是最有魅力的德育，班会课是德育的最佳途径，对学生的成长有着重要的作用。要切实加强班会课研究，上好班会课是班主任的基本功，班主任要加强研究意识，做好资料积累，让积累的材料成为研究的材料。班主任在开展活动时要有三项基本动作：编制教案、拍摄照片、指导学生写活动纪实。班主任要努力打造班会课的特色课、代表作。

● 班会课的组织与实施：

杨兵在《魅力班会课是怎样炼成的——班主任工作助手丛书》中，通过对自己长期教育实践的总结，归纳出丰富多彩的班会主题、行之有效的班会课技巧、异彩纷呈的班会课形式，并列举了原汁原味的班会课案例。韩东才在《班主任基本功——班级管理的基本技能》中，将班会课作为班主任进行班级管理的一项基本技能来考察，详细介绍了如何设计主题班会课，以及怎样组织实施主题班会课。《创造性开展班级活动》一书中，详细阐述了主题班会的科学性、教育性、艺术性，以及主题班会的针对性、计划性和趣味性。

江学斌②、邓海波、黄传锋③从立意和起点两个方面阐述了主题班会课的组织，高立意是指主题班会课只有以高远的目标吸引人，以高雅的氛围吸引人，才能塑造高尚的品质；低起点是指教育活动要依据学生的认知水平，按照由已知到未知，由感性到理性，由近及远，由具体到抽象的认识论原则来选择切入点和德育方法，教育必须从学生的实际出发，离开了学生的实际，无异于对牛弹琴，只有选择学生可信、可亲、可接受的方式，教育才具有时效性。陈启兴④根据自己多年从事班主任工作的经验，对班会课的课型进行了初步探讨，将班会课大致分为：例行性的班会课、教育性的班会课、知识性的班会课、理想性的班会课、文艺性的班会课、情感性的班会课六种类型。

高爱晟⑤提出当前学校班会课的一种主要现象——无效班会课，无效班会课主要包括：训话课、批斗课、泛泛空谈课、贬低学生课、办公会议课、挪为他用课、功利性课七种类型。无效班会课的产生根源主要在于年轻班主任缺乏经验、应试教育的考试压力、教育观念与教育行为脱节、班主任缺少教育智慧、学校管理者不正确的价值取向和

---

① 丁如许主编：《魅力班会课》，华东师范大学出版社 2009 年版，第 255 页。
② 江学斌：《"立意"与"起点"——谈主题班会课的组织》，《班主任之友》，2006 年第 9 期。
③ 邓海波、黄传锋：《"高立意"与"低起点"——谈主题班会课的组织》，《科教文汇》，2007 年第 1 期。
④ 陈启兴：《班会课的课型初探》，《班主任》，2006 年第 12 期。
⑤ 高爱晟：《浅析无效班会课及其规避策略》，《教育探究》，2009 年第 4 卷第 2 期。

评价、班主任的工作琐碎繁杂且责任大等。无效班会课会带来一些危害,例如不利于学生完整人格的培养和个性的充分发展、不利于教师的职业发展和职业幸福感的提升、不利于学校德育工作的展开和以教学为主的其他工作的落实。针对现在对班会课认识模糊、流于形式的情况,孙长青[1]提出可以从以下方面来提高班会课的质量:首先注重班会课内容的统一性和层次性;其次要注重班会过程的学生参与性和主动性;再次要注重班会形式的多样性和灵活性;最后要注重班会内容的时代性和实效性。随着研究性学习的广泛深入,班会课与研究性学习的有机结合开始受到关注。研究性学习是基于学生已有的知识和经验,以获得探究学习的直接经验、发展创新精神和解决问题的能力为直接目的,以个性健全发展为根本目的的一种全新的学习方式。姚训琪[2]、何国民[3]提出将班会课与研究性学习结合起来,要注意下面几个问题:主题的确定要体现民主性和集中性,过程要体现自由性和协作性,师生关系要体现平等性。班主任在选题和研究方法、中期进行过程中、结题时都要适时的进行指导。在目前的中小学中,新课程改革进行得如火如荼,这也对班会课的开展产生了一定的影响。张伟[4]认为在班会课中班主任应该倡导学生的主体性,教师角色由主导转变为"平等中的首席",第二要倡导心育,教育方式由传统的说教转变为学生的自主体验;第三要倡导班会课的开放性,教育空间由单一向多元转变。张克龙[5]提供了一个新的角度来改革班会课,即用生成策略,将班会课变成生成性的教育。他指出:巧用学生生活琐事及身边案例,引发生成;确立学生的主体地位,通过交往互动,促进生成;积极选择、提炼、整合课题生成的信息,升华生成。

付百红、梅唯奇、刘红宇[6]从提高班主任素养的角度出发,认为班会课的教育效果主要取决于班主任对班会课的掌控和驾驭能力,班主任要坚持以生为本、和谐德育的基本理念,在思想上重视班会课的德育价值和管理功效,充分利用和挖掘这一教育手段的直接和间接作用,努力上好每一次班会课。

(3)德育学视角

班会课作为德育的重要途径和主要手段,在对学生进行德育过程中发挥了不可替

① 孙长青:《班会课的现状和对策》,《班主任》,2003年第5期。
② 姚训琪:《主题班会课渗透研究性学习方式的尝试》,《广东教育》,2002年第4期。
③ 何国民:《把班会课变成研究性学习》,《班主任之友》,2002年第2期。
④ 张伟:《新理念对班会课的思考》,《小学教育科研论坛》,2004年第5期。
⑤ 张克:《主题班会课的生成策略》,《班级管理》,2007年第3期。
⑥ 付百红、梅唯奇、刘红宇:《提升班主任职业素养保证班会课成效》,《教育管理与评价》,2009年第23期。

代的作用。班会课是德育的主要课堂,要充分发挥班会课的德育作用,深化学生的道德认知,升华道德情感,发扬道德意志,践行道德行动,做到知、情、意、行的统一。

叶澜在"新基础教育"活动中,提出了班会活动的核心主题和两大领域[①]。班会活动以满足和提升学生的成长、发展和需要为核心主题;两大领域包括与外部世界相关的认识和与学生自我发展的一系列问题。

余春霞[②]在《班会课的情感教学研究》中,提出如何开发利用班会课的情感教学资源,如何最大限度地提高班会活动课的实效性,是班会课中亟待解决的问题。她利用教育学及心理学的理论,在对班会课情感教学进行概说的基础上,分析了当前班会课的现状,探究了班会课情感教学的实效性并寻求在班会课情感教学中的实际操作方法。段民全[③]将关注点聚焦到高中的班会课,研究高中班会课的德育实效。他指出:中小学德育应渗透于一切教育活动之中,常规班会、主题班会、课堂教学、活动课、学科竞赛、劳动锻炼、社会调查、师生交谈等,都是对学生进行思想教育的渠道。其中,主题班会针对性强,感染力大,教育面广,是中小学德育的重要渠道。认真开展主题班会活动,可以有效地实现教育目标。他通过对高一、高二、高三三个年级班会课的动态参与和观察,分别确立每个年级的班会课主题,并按照主题的安排确定班会课的内容和形式。

实践证明,主题班会是加强学生品德养成教育的有效形式,对班集体的形成和发展起着重大作用。班主任作为主题班会的指导者,能充分发挥德育功能,与学生进行情感和思想交流,培养其和谐的、积极向上的健康心理,形成学生良好的思想品德。主题班会作为建设优秀班集体的载体,在实施素质教育,培养德智体美等全面发展的人才方面具有不可取代的作用。

(二) 国外有关班会课的研究

国外关于班会课的研究很少,大多集中于对班级的研究,把班级看做是学生社会化的场所,或把班级看做是一个社会体系。这些研究启发我们,不能只把眼光盯在班

[①] 叶澜:《"新基础教育论"——关于当代中国学校变革的探究与认识》,教育科学出版社2006年版,第320—322页。
[②] 余春霞:《班会课的情感教学研究》,华中师范大学硕士学位论文,2008年。
[③] 段民全:《高中主题班会德育实效研究》,河北师范大学硕士学位论文,2007年。

会课上,而是从班级或者学校层面来关照班会课,这样联系起来就会有更丰富的含义。

帕森斯在《班级作为一种社会系统:它在美国社会中的某些功能》一文中指出:"从班级的功能看,班级一方面可视为儿童社会化的机构,培养个体的义务和能力;另一方面班级又是人才分配机构,根据社会对人才的需要和标准,将每个人的兴趣和能力分配到适合的位置上去。"①他认为,班级既是一个由师生组成的正式组织,又是一个学生群体,每个学生成员的个人情意、认同感与归属感都影响着班级正式组织的活动。能否把个体的行为与组织的行动统一起来,取决于教师的指导,而教师的指导又与他的价值取向有关。按照他的说法,班会课对于学生而言,将会起到一个社会化的作用。社会化包括初级社会化和次级社会化两个阶段,这涉及不同的社会化机构。学校、同辈群体、组织、媒体以及工作单位成为个人社会化的主要力量,在这些环境中的社会互动,帮助人们学习组成其文化模式的价值观、规范和信仰。

班级作为一个社会体系,不仅具有正向功能也有反向功能,不仅具有显性功能而且具有隐性功能。默顿十分重视社会制度或结构对行动者的行为的影响,其中特别强调应该注意分析社会文化事项对个人和群体所造成的客观后果。他认为,社会价值观决定着社会追求的目标,社会规范规定着为达到目标所可采用的手段,一旦文化结构与目标同社会结构或制度化手段之间发生抵触或脱节,就会出现社会失范甚至导致越轨行为等后果。② 班会课的主题和内容要遵循社会规范、符合社会价值观,发挥班会课的显性正向功能,避免隐性负向功能所产生的消极影响。

此外,李茂编译的《今天怎样"管"学生:西方优秀教师的教育艺术》中③,介绍了西方教师是如何开班会的。总的说来,西方的班会课主要有三种类型:解决学生行为问题的班会、开放式讨论班会、教育——诊断式班会。该书重点介绍了加拿大资深小学教师多娜·史黛利斯以自己家里的家庭会议为原型,创设了一个能让所有学生分享自己的想法、自行解决班级问题的制度,多年来取得了非常好的效果。

与我国中小学的主题班会不同,西方中小学的班会主要是指主管教师和学生在一个固定的时间坐下来,对班级事务进行集体讨论,并作出集体决策的班级会议。班会召开的时间和频率根据具体情况而定。一周一次或每日一次皆可。每次时间 15—45 分钟不等。通常教师和学生共同确定班会主题,大家围坐成一个大圈,前面不需要桌

---

① 厉以贤:《西方教育社会学文选》,台北五南图书出版公司 1992 年版,第 140 页。
② 曲贵卿,张海涛:《帕森斯与默顿的结构功能主义比较分析》,《通化师范学院学报》,2008 年第 9 期。
③ 李茂编译:《今天怎样"管"学生:西方优秀教师的教育艺术》,华东师范大学出版社 2008 年版。

子。教师的主要作用是控制会议场面，包括为班会定基调，负责开场白和结尾，确保班会主题集中，以及学生遵守班会规则。班会的召开不仅是为了处理班级出现的问题，也是为了促进学生对学校、班级事务的参与，加强师生之间和学生之间的沟通和交流，促进学生学会思考，增强他们的自信心，特别是增强他们的语言表达能力，让他们感到自己能够参与到对自己有重要影响的决策中来。

班会课从前期策划到具体实施都是在社会这个大背景下进行的，在日常的学校生活中，班会课作为正规教学之外的特例。课堂是一个群体性的活动场所，也存在群体间的种种社会关系。班会课因其具有情感唤醒功能、加强群体团结、建立社会共同体的功能，而具有仪式的意味。德国学者克里斯托弗·乌尔夫[①]指出："仪式建构社会，并促使儿童的活动空间——'集体'产生。除了互动和交流形式的象征性含义之外，集体教育最重要的先决条件在于此类仪式化的实践活动具有演示性，可以导演集体活动；同时生成一种秩序，权力关系在这种秩序的形成中扮演重要角色。"

【本章小结】

通过对班会课的性质、功能，班会课与班主任专业素养的关系，如何开好班会课，以及班会课的国内外研究现状的系统梳理，从理论与实践两个层面形成对班会课作为一门综合实践活动类课程的认识与思考。进而增强班主任对班会课的研究意识，以及创造性地开展研究与大胆实践的自主意识。

【实践与思考】

1. 谈谈你对班会课的性质与功能体会最深的一点认识与思考。
2. 请以"我的第一次班会课"为题，做一个班会课的初步设计。

---

① 克里斯托弗·乌尔夫：《教育中的仪式：演示、模仿、跨文化》，《北京大学教育评论》，2009 年第 7 卷第 2 期。

第二章　班会课的规划与设计

"为了每一位学生的发展"是新课改的基本理念。如何将这一理念落实到具体的教育实践中呢？作为一名班主任，要关注学生在不同年龄阶段的生理变化、心理发展、学习和生活状态，倾听他们的烦恼，在此基础上，通过多种方式满足他们的需求，解决他们的具体问题，从而促进学生身心健康、生动活泼的发展。从学校工作的整体出发，结合不同年段学生的身心发展特点，对于班会课做整体性的规划与设计，这样可以避免班会课的随意性和无效性，提高班会课实际的育人效果。

一、小学班队会的规划

小学阶段，班主任要关注不同年龄阶段学生的发展特征，根据不同年级学生成长中需要关注的问题，有针对性地组织开展教育活动，可以使儿童发展中的阶段性和连续性有效地结合起来，引导学生在实践中体验，在体验中快乐成长。

［案例］

南京市扬子二小阿福童德育课程设计(节选)

一、德育目标：

学校德育在"赋能养正"教育理念下全面落实。德育的过程也是给学生赋权增能、濡养正德的过程，学生借由学习、参与、合作等过程或机制，通过各种途径、方式，给予其积极的能量，让他们增生内在的控制感、效能感、力量感，从而达成自己理想的目标。学校德育是以儿童为中心，遵循儿童道德发展规律，从儿童实际出发，精心设计儿童自我发现和体悟的德育项目活动,达成德育目标的"养正"之路。

学校德育塑造的理想儿童具有"知"、"孝"、"礼"、"健"、"勤"、"智"、"信"、"能"的"八字"至精品质,以及自信心、表现力、责任感、世界观、探究欲的"幸福儿童"品质。"八字"至精品质是学生最精要、最本真的品格,是中国传统美德的延续和发扬;"幸福儿童"品质是新时代学生风貌的体现,是具有国际视野的时代骄子的基本素养。各项德育活动和工作围绕"幸福儿童"品质塑造来实施。

根据科尔伯格道德发展阶段理论以及雷夫的道德教育六阶段理论,学校德育课程总体思路是:

低年级以"效仿跟学争章"为支点,让学生在模仿好行为、好语言等活动中,对道德行为逐渐有清晰认识,并在争创阿福童成长章中体验道德愉悦,强化道德意识,养成道德行为。

中年级以"争做校长助手"为支点,赋予学生在各方面充分表现和展示的权利,针对学生希望获得教师特别是校长、班主任的肯定和赏识的心理,点燃学生向上求索的激情。

高年级以"争做被敬之人"为支点,以积极的心理预期来看待学生,肯定学生已具备的优点、已经尝试过的努力,学生在教师较高的期许中,获得自我认可,自我信任,争做某一方面的佼佼者,自身能量不断提升。

二、课程结构

1. 以项目为中心的德育课程结构

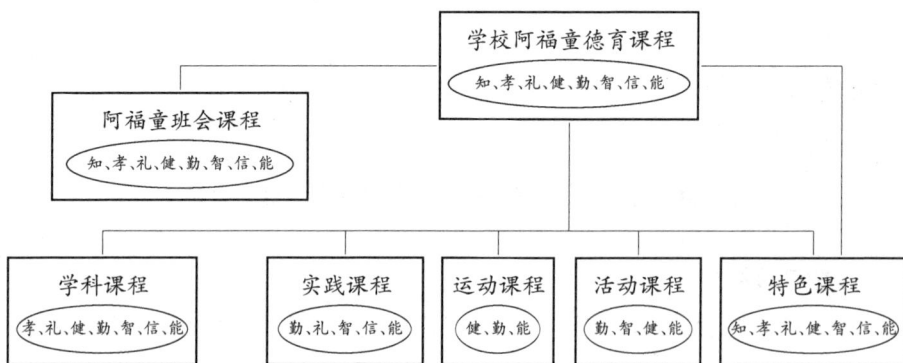

2. 以时间为轴心的班会课程结构

学校德育课程分为"班会专题课程、校级兼科课程、班级特色课程"三级,从项目角度建立学校德育框架。另一方面,德育有很强的完整性、系统性、延续性等特点,需要按学生道德生长的序列来建设课程。德育课程以"幸福儿童"品质为核心,每月的德育主题除八大至精品质以外,还增加了"谦让"、"善良"、"尊重"等 12 个儿童美好品质,使学校德育课程重点突出,特色鲜明。德育课程建设过程中,邀请学生介入德育活动甚至课程建设中,建立主题鲜明、序列清晰、操作简便、学生参与、儿童喜爱、成效显著的德育课程体系。

年段 / 主题 目标	知 9月	礼 10月	智 11月	孝 12、1月	健 2、3月	信 4月	勤 5月	能 6月
低年级 自信心、表现力	知班级、谦让、宽容	敬礼、容礼	启智、开智	孝心、孝悌	健康、健实	信任、可信	勤劳、勤快	我能尝试、自理
中年级 责任感、世界观	知人、善良、助人	礼仪习礼	聪智、锐智	孝行、孝慧	健体、健壮	自信、诚信	勤恳、勤俭	我能探索、自立
高年级 探究欲	知己、尊重、合作	礼让、文礼	智达、智用	孝智、孝道	矫健、健拔	守信、信行	勤谨、勤奋	我能惜时、执著

三、儿童道德认知发展特点及德育引导策略建议

美国儿童发展心理学家科尔伯格着重研究儿童道德认知的发展,提出了"道德发展"三水平六阶段理论。"56 号教室"的雷夫老师将六阶段运用到班级管理中,创造了轰动全美的教育奇迹。他的成功在于以信任为基础,遵循儿童道德认知的发展规律。所以,知晓儿童发展规律,走进儿童内心世界,才是"以学生为中心"的德育发展观。

我们在科尔伯格"道德发展阶段"理论基础上,着眼小学阶段,分三阶段试述儿童道德发展特点及德育引导策略建议:

第一阶段:服从于惩罚的道德定向阶段(低年级)

这一阶段的儿童以惩罚与服从为导向,由于害怕惩罚而盲目服从成人或权威。道德判断的根据是是否受到惩罚,认为凡是免受惩罚的行为都是好的,遭到批评、指责的行为都是坏的,缺乏是非善恶的观念。

因为"我不想惹麻烦"、"我不想吃苦头",所以我会听要求做事。如果忽略儿童的

这个心理存在而单纯看德育结果，儿童可能一直徘徊在第一阶段发展水平。所以，低年级以"效仿跟学争章"为支点，不仅要得到德育结果，更要看清儿童良好行为背后是否是正向力量支持，让学生在模仿好行为、好语言等活动中，对道德行为逐渐有清晰认识，并在争阿福童成长章中体验道德愉悦，强化道德意识，养成道德行为。

建议一：保护儿童积极表现、对事物好奇的天性，并在此基础上，提升儿童表现力、自信心和探究欲。

第二阶段：相对的功利主义的道德定向阶段（中年级）

这一阶段的儿童对行为好坏的评价首先是看能否满足自己的需要，有时也包括是否符合别人的需要，稍稍反映了人与人之间的关系，但把这种关系看成类似买卖的关系，认为有利益的就是好的。

此阶段儿童积极主动了。但是，教师要看到，这一阶段的儿童对行为的好坏评价不在行为本身，并不知道为什么要这么做，而在于是否满足自己的需要，如是否能获得阿福童成长章成为行动的主要动力源。所以，中年级针对学生希望获得教师特别是权威教师如校长、班主任的肯定和赏识的心理，以"争做校长助手"为支点，鼓励学生为做校长小助手而努力。但重要的是让孩子看到，除了他们的需要得到满足外，他们的努力，他们想做好的动机都是更有价值的回报。要重视创设让他体验到进步本身带来愉快感受的情境，逐渐消退功利的单一推动力量。

建议二：让儿童明白成为校长小助手的重要特质，即他本身有自信心，能看到学校一些事情或现象，有探究欲和责任感，同时他以学校主人的身份来看待这些问题，提出建议，世界观逐渐形成，表现力较为突出。

第三阶段：好孩子的道德定向阶段（高年级）

此阶段的儿童以"好孩子"为导向，对道德行为的评价标准是看是否被人喜欢，是否对别人有帮助，是否会受到赞扬。为了赢得别人的赞同，当个好孩子，就应当遵守规则。

这一阶段，道德发展内驱力在提升，他们会不断地主动调整纠偏。但缺憾的是行为中"我"的成分的缺失。所以，高年级以"争做被敬之人"为支点，以积极的预期来看待学生，肯定学生已具备的优点、已经尝试过的努力。教师给予学生较高的期许，学生在这些期许中获得自我认可，自我信任，展现意愿强烈，争做某一方面的佼佼者。更重要的是让孩子逐渐意识到，做"被敬之人"不是简单的赢得别人的赞同，教师喜欢的是他们为成长付出的努力的状态，以及不断要求自己"做好"的动机。从而让学生自身能量不断提升。

建设三：引导和期望儿童展现较强的自信心、表现力、责任感、探究欲以及有追求、有创新、有合作、有实践的世界观，成为"被敬之人"。

以上三阶段有一定的顺序，从一个阶段向下一个阶段的转变中，包含着对先前阶段的一种重新构造和取代。教师所要掌握的德育策略主旨是以儿童为中心，尊重、信任、关爱、接纳、陪伴、鼓励，让儿童在知情意行上得到真实的道德发展。

四、课程方法

课程方法概括为主题性、层次性、参与性。

1. 主题性。主题性是指德育课程围绕主题深入推进，避免主题杂乱、零敲碎打的随意课、应时课。学校设计了八个主题，正是德育目标的"八字"至精品质。基本每月一主题，每月一个至精品质的精进。九月，结束两个月暑假的学生初进校园，"知"己"知"人"知"集体；十月，知书达"礼"，以"礼"相待；十一月，"智"慧学堂，明"智"睿"智"；十二月至一月，岁末盘点，成长尽孝；二至三月，勤劳勤俭，勤学勤奋；四月，健身健体，健康快乐；五月，诚实守信，信用宝贵；六月，能量积蓄，我行我能。一学年实施八大主题教育，体现了道德教育整体性原则。德育目标除"八字"至精品质成为贯穿全年德育主题之外，自信心、表现力、责任感、世界观、探究欲的"幸福儿童"品质的提升则渗透在整个德育过程中。

2. 层次性。每月学校有核心德育主题，但根据儿童年龄阶段的特点，遵循道德发展的顺序性、层次性特点，在每个主题下设计年段主题。这样，学校德育整体有核心主题，各年段有具体目标，学生经历六年学校生活，接受到八大至精品质、三段道德发展层次、四十八个德育主题活动的较为完整全面的道德教育。

3. 参与性。参与式学习指的是学生基于自身对于世界、事物等的爱好，以及自身成长中的困惑，而主动发起或者参与相关的求知过程。班会的主体是学生，各年级可以释放教师的一部分主导权给学生，摒弃教师单方面的说教，邀请学生参与到德育的设计中：让学生根据自身情况参与班会课的德育目标确定，自己设计更多让同学们参与其中的活动环节，可以让学生来设计整节班会，筹备班会，主持班会。总之，让更多的学生主动参与进来，让更多的时间给学生参与。

五、主题教育："我是勤劳的阿福童"

1. 主题说明

今天的儿童是 21 世纪的主人，是未来的建设者和创造者，通过"我是勤劳的阿福童"主题道德教育,帮助培养儿童增强自立能力和自信心,鼓励队员积极参加自我服务性劳动、力所能及的家务劳动和公益劳动,从而使学生懂得劳动光荣,懒惰可耻。结合成长银行,引导孩子们把所受教育落实到平日言行中,及时晒晒儿童的进步言行,积聚正言正行的动力,感受勤劳带来的舒适和幸福,形成会做肯干的自觉行动。只有这样才能成为21世纪的强者、智者、能者、勇者,才能在困难和挫折面前不气馁,为祖国建设作出应有的贡献。

2. 德育时间:5月

3. 各年段主题教育设计

低年级(二年级)

(一)德育目标:通过系列活动培养学生懂得自己的事情自己做,知道劳动最光荣。学会整理自己学习用品、能按规定摆放自己的物品;学会正确使用扫帚、抹布等劳动工具的技能。提高学生的自理能力、培养学生的责任心和集体主义精神。

(二)活动项目:

1. 开展"劳动最光荣"的师生共读绘本的活动。

2. 开展"我为小课桌洗个脸"的活动,引导学生掌握正确使用抹布的技能。

3. 开展"神奇的扫帚"的活动,引导学生掌握正确使用扫帚的技能和扫地的方法。

4. 开展"我的班级我做主"的活动,引导学生为班级划定区域,并为区域制定标志。(如:水杯吧、图书角、植物角、书包柜、垃圾回收站等。)

5. 开展"我的小手最能干"的活动,通过比赛收拾书包,提高学生整理学习用品的技能。

6. 进行"最美阿福童"的评选活动。

(三)"我是勤劳的阿福童"启动班会设计:

活动背景:

现在的孩子基本上都是独生子女,在长辈们的呵护下长大,劳动意识淡漠,没有责任感。不会使用简单的劳动工具,依赖性强、独立能力也较差,本次班会重在培养低年级的学生"自己的事自己做"的意识,掌握简单的劳动技能,做个自立、有责任感的小学生。

活动目标:

通过"我是勤劳的阿福童"主题队会,培养低年级学生"劳动最光荣"意识,进一步掌握一些简单的劳动技巧,激发学生争做"最美阿福童"的热情。

活动准备:ppt 比赛需要的物品 数码相机 记录表 歌曲

活动过程:

● 小故事,导主题。

(出示"小红母鸡"的图片)同学们,你们还认识它吗? 让我们再来回顾一下它的故事好吗? 师生共同阅读绘本《小红母鸡》。说说你的感受。

对,勤劳的人才会有所收获。这学期,学校号召我们要做一个"勤劳的阿福童",你们愿意做勤劳的阿福童吗? 怎样才能成为一个勤劳的阿福童呢? 学校邀请勤劳的阿福童自己创作了劳动歌,愿意读吗?

出示儿歌,全班读儿歌。

抽 屉 整 洁 歌

小抽屉真干净,书本摆放要整齐。

铅笔盒,水彩笔,放在书本的旁边。

有垃圾,下课扔,别让抽屉脏兮兮,

抽屉整洁笑嘻嘻!

足 球 服 之 歌

足球服,要整理。不能脱了就乱扔,

运动前,穿上它;运动后,脱下它,

对折对折再对折,平整放进书包柜。

扫 地 歌

小扫把拿出来,扫一扫,垃圾堆小山。

垃圾桶旁也要扫!

小山全都进簸箕,地上变得真干净!

擦 桌 歌

小抹布洗干净,放平对折擦桌子。

从左往右认真擦,每个角落不放过。

1. 对照自己,这些儿歌所说的内容,哪些方面做得好,为自己竖大拇指;哪些方面要努力,需要多读读学学?

2. 重新分组:把四首儿歌放在四个小组桌上。你哪方面做得最好,就到哪首儿歌那一组。请四个小组同学分别大声自豪地读儿歌。

3．再重新分组：你哪方面要努力的，就到哪首儿歌那一组。

小组讨论：你从这些儿歌中学会了什么？

4．小组发言。（学生自由总结。）

● 小竞赛，促内化。

按照刚才的分组分别比赛收拾抽屉、叠运动服、擦桌子、扫地。教师相机拍照作为评讲的依据。

师生共同评选"最能干的阿福童"。

六、发号召，争最美

刚才很多同学都已经掌握了劳动的方法，做一天勤劳的阿福童不难，只有天天勤劳的阿福童才是"最美的阿福童"！老师发给每个小朋友一张"我是最美阿福童"的记录表，如果你每天做到了上面的要求，就给自己画个笑脸好吗？

发记录表。

播放歌曲：劳动最光荣。

附：

我是勤劳的阿福童

第（　　）周

	抽屉整洁	运动服整齐	正确擦桌子	正确扫地
星期一				
星期二				
星期三				
星期四				
星期五				

中年级（三年级）

（一）德育目标：通过"我是勤劳的阿福童"的主题教育，学生进一步清楚并强化自己的事情自己做，懂得勤正衣帽、衣冠楚楚是高素质人的表现，强化自我管理的责任感。在为家庭、班集体服务的过程中，学习简单的摘菜、抹橱柜等家务活，感受到劳动学习的趣味，享受到为他人、为集体劳动带来的幸福和快乐，树立学生别人的事情帮着做的为他人服务的意识，并开始形成为集体做履行自己职责的行为。

（二）活动项目

1. 阅读《小学生学会做人的美德故事》。

2. 举办一次学习基本快速拖地、擦玻璃、抹橱柜等劳动技能的晨会。

3. 每周一节晨会说自己是勤劳阿福童的进步、困惑或烦恼。

4. 值日生在《班级日志》记录班级微镜头，每日记录一个劳动现象，宣传"集体事情大家做"。

5. 召开两次"我是勤劳阿福童"班会课，第一次是启动指导课，第二次是评比提升课。

（三）活动背景：

五月的第一天是"劳动节"。"劳动光荣，创造伟大。"这是党的十八大报告中对社会主义劳动者人生价值和实践成果的最充分肯定。但在平常的观察中以及与家长的交流中发现，随着生活条件的不断发展，不少中年级孩子在长辈的精心呵护中成长，"四肢不勤，五谷不分"，缺乏劳动意识，更享受不到劳动的快乐和光荣。而家庭教育和环境也是造成这样结果的主要原因。但是小学中年级学生有较强的"向善"的内在驱动力，我们借助这股力量，为他们创造积极美好的德育环境，实现德育目标。

（四）活动目标：

1. 通过活动懂得勤正衣冠是高素质人的表现，养成勤正衣冠的好习惯。

2. 通过活动使学生懂得做一些力所能及的家务劳动是一种美德，愿意为家里服务，从小培养爱劳动的好习惯。

3. 通过体验让学生树立正确的劳动观念，感受到劳动的滋味。

4. 通过评价和对比，同学们锻炼了自理能力。

高年级（六年级）

（一）德育目标：

马斯洛的需要理论中，提出人的需要层次，充分利用小学高年级学生希望在同伴中获得认可和尊重的需要，通过"我是勤劳的阿福童"主题道德教育，培养儿童为班集体、学校等团体服务的责任感和意识，帮助学生练就一双发现所处集体里需要自己动手帮助的慧眼，在自己能力范围内乐于出手，对同伴拥有的简单动手修理物品的手艺充满浓厚兴趣并乐于学习，在劳动中体验劳动的快乐，享受同伴的尊敬和师长的肯定，内心获得力量感，建立正确的劳动观。

（二）活动项目：

1. 上好"我是勤劳阿福童"启动课，引导学生将目光投向集体，为集体做力所能及的事。

2．了解勤劳者的故事，尤其是同学们耳熟能详的人和事。

3．参加学校红领巾志愿岗服务，在这一周中的周一、三、五的晨会课进行安排、经验交流、总结短会。

4．"我有一双慧眼"系列晨会之"发现勤劳的你我"，引导学生在日常生活中发现勤劳者。

5．上好评选总结班会课。

（三）活动背景：

为期一个月的"我是勤劳阿福童"的主题活动接近尾声，这期班会课上，本班对本主题教育进行评价和总结。本月活动中，有的学生主动为班级义务服务，大部分学生主动参加学校志愿岗服务。这可以成为本次班会课的重要资源。

活动目标：对本月"我是勤劳阿福童"进行评比。让学生在评价中进一步看到身边的榜样，聆听其成为榜样的故事，在与事例对比中产生"我也能"的感慨，并提供机会让学生将感慨兑现为行动。

二、初中班会课的规划

初中阶段的学生在不同年级有着明显不同的特点。这些特点给教育工作提出了不同的要求，了解这些特点，对于初中班主任教师是很重要的。初中生的特点如下：

（一）初中一年级——中学生活的"适应期"

（二）初中二年级——中学生活的"关键期"

（三）初中三年级——人生道路的"选择期"

在不同时期有针对性地设计一些孩子们乐于接受，又能帮助孩子成长的活动对于孩子今后的发展将会起到道德奠基的作用。

［案例］

"南京市百家湖中学自主成长"系列主题班会

［前　言］

德国教育家卡尔·威特说过一句话："孩子自己能做的事就让他自己做，千万别替他去做。"请我们所有的班主任都要记住这句话，把管理权放心地交给学生，让学生成为班级管理的主人!

　　班级是学校为实现一定的教育目的,将年龄相同、文化程度大体相同的学生按一定的人数规模建立起来的教育组织。班级不仅是学生接受知识教育的资源、也是学生社会化的资源、学生进行自我教育的资源。整个学校教育功能的发挥主要是在班级活动中实现的。一个班级的集体意识主要是在班级活动中形成的,每位学生自身的潜能可以借助各种各样的班级活动得到挖掘与施展。(王晓根:《自主生长:让每一个生命都精彩》)

初一年级

1. 我们是初中生了(习惯养成)

2. 我想当班长(自我管理)

3. 我的班级我做主(文化建设)

4. 人生目标从这里起飞(理想信念)

5. 我们是好朋友(热爱同学)

6. 做个文明的百中人(文明礼仪)

7. 好书伴我成长(心灵阅读)

8. 我是一颗"星"(自我评价)

初二年级

1. 我自律,我成长(自我教育)

2. 我有一个健康的体魄(体育节)

3. 老师,我们爱您(爱老师)

4. 我的才艺我来秀(艺术节)

5. 提升我们的生命质量(珍惜时间)

6. 拥有一个健康的心理(心理健康)

7. 我爱科学(科技节)

8. 在社团中成长(学会合作)

初三年级

1. 善用学习资源(工具与网络)

2. 过好自己的休闲时光(学会生活)

3. 感恩父母(爱父母)

4. 我心中的偶像(学习榜样)

5. 开个学习经验交流会（经验交流）

6. 给自己的学习做个设计（做好复习）

7. 我给自己的心灵放个假（调适压力）

8. 让生命有光泽（放飞梦想）

［案例］

主题四：人生目标从这里起飞

一个人若看不到未来，就把握不住现在；一个人若把握不住现在，就看不到未来。生活历来是智者的游戏，而理想和信念则是人生的导向标。在走向远方的途程中，理想的力量在于不会迷失方向，信念的魅力在于即使身处逆境，亦能找到隐藏在我们内心的烛光。相信自己，要知道，有梦想和坚持的地方就有奇迹！

——信念是鸟，它在黎明仍然黑暗之际，感觉到了光明，唱出了歌。（泰戈尔）

——人与人之间、强者与弱者之间、大人物与小人物之间最大的差异，就在于意志的力量，即所向无敌的决心。一旦确立了一个目标，就要坚持到底，不在奋斗中成功，便在奋斗中死亡。具有这样的品质，你就能在这个世界上做成任何事。（伯克顿）

● 名人故事（追求理想的名人故事）

在美国西部的一个小乡村，有一位清贫的少年，每当有了闲暇，他总要拿出祖父在他8岁那年送给他的生日礼物——那幅已经卷了边的世界地图看。

15岁那年，这位少年写下了他宏伟的《一生的志愿》："要到尼罗河、亚马逊河和刚果河探险；要登上珠穆朗玛峰、乞力马扎罗山和麦金利峰；驾驭大象、骆驼、鸵鸟和野马；探访马可·波罗和亚历山大一世走过的道路，主演一部《人猿泰山》那样的电影；驾驶飞行器起飞降落；读完莎士比亚、柏拉图和亚里士多德的著作；谱一部乐曲；写一本书；拥有一项发明专利，给非洲的孩子筹集100万美元的捐款……"他一口气列举了127项人生宏愿。不要说实现它们，就是看一看，就足以让人望而生畏了。

然而，少年的心却被那些庞大的志愿鼓荡得风帆鼓起，他的全部心思都倾注在自己的志愿上，并从此开始了将梦想转为现实的漫漫征程。44年后，他终于实现了《一生的志愿》中的106个愿望……

他就是20世纪著名的探险家约翰·戈达德。当有人惊讶地追问他是凭借着怎样的力量，把那许多注定的"不可能"都踩在了脚下，他微笑着如此回答："很简单，我只是让心灵先到达那个地方，接下来，就只需沿着心灵的召唤前进了。"

读了这个故事后你有什么感受？你有这样的志愿吗？说出来与大家一同分享。

● 知识窗

1. 人生理想

理想是我们对人生的展望,对未来的憧憬,是我们长远的人生目标,它将在相当长的时期内对我们的行为和各个时期的生涯抉择起到指导作用。一般来说,对于个人的生涯发展而言,我们的理想可以分为生活理想和职业理想。

生活理想是人们对未来生活的追求和向往。如,你想过怎样的生活?你在物质上(衣食住行等)和精神上(文化、娱乐等)有什么目标?怎样才能让自己生活得更有意义、更充实?人本主义心理学家马斯洛认为,人类的需求分为 5 个层次,从低到高依次分别为:生理的需要、安全的需要、归属与爱的需要、尊重的需要、自我实现的需要。在这些需求中,我们首先要满足最低层次的生理、安全的需要,然后再逐渐升级,满足自己高一级层次的需要。生命的质量就在于我们通过自己的努力,一层一层地满足自己的需要,在这个过程中逐步实现自己的理想,我们的生命质量也因此获得了提高。

职业理想是指人们对未来的工作部门、工作种类以及工作业绩的追求。职业不仅是我们谋生的手段,也是实现人生价值的重要途径。孩童时期,我们的职业理想更多的是对未来职业天真烂漫的幻想或想象,而中学阶段则是开始对职业进行评价,探索自己职业前途的重要时期。

阶段目标	具体举措
提高作文水平	多读课外书,坚持写好日记
体育成绩达标	每天坚持跑步
……	……

2. 人生信念

信念就是根据对自己的认识,相信自己在未来的工作世界中能达到的结果。如,我的理想是做一名优秀的教师,我认为自己有这个潜质。对未来的信念是实现人生理想的精神支柱,有了信念,在理智上会对自己的未来深信不疑,在行动上会身体力行,在情感上会强烈支持自己的行为。我们只有了解了自己的信念,才能有目的地规划我们的未来。

3. 说说你自己的人生理想(梦想)

我希望……

友情提示

人生理想是通过一步一步的目标来实现的。目标既要有挑战性，又要适宜适度。目标过低不利于挖掘潜能，对进步无益；目标过高，华而不实，流于形式，只会使自己丧失信心。一般以"跳一跳，摘得到"来确定自己的目标才是适宜的目标。通过一个一个目标的实现，最终实现自己的人生理想。

● 自我探索

人生规划，就是同学们根据自己的兴趣、爱好、个性特长和社会发展的需要，精心绘制自己的人生蓝图，挖掘自己的潜能，培育自己的核心竞争力，从而获得人生的幸福和快乐。

1. 你准备怎样把自己的人生理想转变为具体的目标？

2. 你希望几年以后，自己成为什么样的人？结合目前对自己的认识，你打算怎样度过中学的时光？

● 集思广益

哈佛大学有一个非常著名的关于目标对人生影响的跟踪调查。对象是一群智力、学历、环境等条件差不多的年轻人，调查结果发现：

27%的人没有目标；

60%的人目标模糊；

10%的人有清晰但比较短期的目标；

3%的人有清晰且长期的目标。

25年的跟踪研究结果，他们的生活状况及分布现象十分有意思：

那些占3%者，25年来几乎不曾改过自己的人生目标。25年来他们都向着同一个方面不懈努力，25年后，他们几乎都成了社会各界的顶尖成功人士，他们中不乏创业者、行业领袖、社会精英。

那些占10%有清晰短期目标者，大都生活在社会的中上层。他们的共同特点是，那些短期目标不断被达成，生活状态稳步上升，成为各行各业的不可缺的专业人士，如医生、律师、工程师、高级主管，等等。

其中60%的目标模糊者，几乎都生活在社会的中下层面，他们能安稳地生活与工作，但都没有什么特别的成绩。

剩下27%的是那些25年来都没有目标的人群，他们几乎都生活在社会的最底层。他们的生活都过得不如意，并且常常都在抱怨社会、抱怨世界。

● 召开一次主题班会，向同学公开表达一下自己的理想和信念。

附：主题班会案例

● 马上行动

你的理想是什么？确定了人生的理想之后，就要拟订自己的计划，以达成未来的愿望。请根据下面的步骤，设计自己的人生计划书。

● 我的人生计划书

1．现状分析

2．我的升学理想设计

3．我的终身理想追求

4．我最希望得到的帮助

● 我的人生计划书案例

不经历风雨怎么见彩虹。每个人都希望成功，但成功不是想来的，而是靠不懈的努力才能得到！

奋 斗 目 标		具 体 措 施
时　间	内　　容	1．半年以内：看完三本书：《中国现代桥梁之父——茅以升》、《河与桥的故事》《科学大师的成才故事》。 2．1个月以内：在全国科技大赛上获奖。 3．当前：写完所有寒假作业。 4．急需改正的问题：粗心大意。 5．我的日期安排 　（1）早上8点起床 　（2）9点到11点研究课题 　（3）中午睡觉 　（4）下午写日志 　（5）晚上写作业 6．我的座右铭 　从头到尾，从易到难，全部做完
远　期	成为一名桥梁工程师	
中　期	上东南大学	
近　期	上南师附中	

● 网络资源

人生指南——梦想成真

http://www.rs66.com/a/2/91/mengxiangchegnzhen_64292.html

做最好的自己

http://www.tianyabook.com/jingji/zuozuihaodeziji

● 延伸阅读

1．小故事：

唐太宗贞观年间，长安城西的一家磨坊里，有一匹马和一头驴子。它们是好朋友，马在外面拉东西，驴子在屋里推磨。贞观三年，这匹马被玄奘大师选中，出发经西域前往印度取经。17年后，这匹马驮着佛经回到长安。它重到磨坊会见驴子朋友。老马谈起这次旅途的经历：浩瀚无边的沙漠，高入云霄的山峰，凌峰的冰雪，热海的波澜……那些神话般的境界，使驴子听了大为惊异。驴子惊叹道："你有多么丰富的见闻呀！那么遥远的道路，我连想都不敢想。""其实，"老马说，"我们跨过的距离是大体相等的，当我向西域前进的时候，你一步也没停止。不同的是，我同玄奘大师有一个遥远的目标，按照始终如一的方向前进，所以我们打开了一个广阔的世界。而你被蒙住了眼睛，一生就围着磨盘打转，所以永远也走不出这个狭隘的天地。"

2．王珊．信念左右你的一生．北京：北京工业大学出版社，2009．

3．[美]安东尼著，卢晓兰译．自信的秘密．天津：天津教育出版社，2009．

[案例]

主题三：我的班级我做主

班级是每位同学在校生活的"家"，它是我们实现成长和社会化的重要基地。在班级文化建设中，我就是班级文化建设的主人。作为班级文化建设的主人，我们要在班级文化建设这个舞台上锻炼自己的能力，增长自己的才干，挖掘自己的潜能，发现新的自我。

● 成长故事

我是从一所乡村学校转学到了这个新的集体中的。刚到这个班级我除了兴奋更多的是胆怯。接着就是为了快速适应这里的班级生活，不自信和自卑让我手忙脚乱了一阵子。好在很快就有了我们同学自己共同制定的《班规》和《班风》，它们给我指明了前行的方向，使我逐渐地找到了自信，也逐步跟上了同学的脚步。

每次失去信心时，我都会抬头凝神注视着《班规》《班风》，读着、看着，我就又鼓起勇气向前冲。因为这时我感受到的仿佛是老师的鼓励和表扬再一次地一字一句地重刻在我心灵中，让我重新做起，因为他们仿佛告诉我："虽然你是新来了，但你也是我们的一份子，不要灰心，你只要每天进步1%，你的明天会更加美好。"

特别是在《快乐心语》中，我为自己贴上一个美好的标签。就这样在贴上"标签"的那一刻，我仿佛找到了自己的位置而更加自信，并按照这个标准努力去做了，带着"我努力、我成功"的信念,我体会到点点滴滴的成功喜悦。《快乐心语》不但给了我快乐,更给了我温暖的力量,点燃了信念的灯火,通往知识大门的道路被照亮了。

读了这个故事后你有什么感受?你参加过哪些班级文化建设?哪一次活动让你印象最为深刻?

● 知识窗

1. 班级文化

班级文化是指在班级管理中,把一个班级的全体同学团结在一起的行为方式、价值观念和道德规范的总和。这种文化是在班级的共同生活和学习中逐渐形成的。积极良好的班级文化可以让一个班级的同学感到心情愉快,积极向上,产生战斗力;良好的班级文化的形成是一个长期的过程,需要在班主任以及全体同学的共同努力下,经过实践的检验而最终形成。

班级文化可分为"硬文化"和"软文化"。

所谓硬文化,是一种"显性文化",可以摸得着、看得见的环境文化,也就是物质文化,比如教室墙壁上的名言警句,英雄人物或世界名人的画像;摆成马蹄形、矩形、椭圆形的桌椅;展示同学书画艺术的书画长廊;激发同学探索未知世界的科普长廊;悬挂在教室前面的班训、班风等醒目图案和标语等。

软文化,则是一种"隐性文化",包括制度文化、观念文化和行为文化。制度文化包括各种班级规约,构成一个制度化的法制文化环境;观念文化则是关于班级、同学、社会、人生、世界、价值的种种观念,这些观念弥漫在班级的各个角落,潜移默化地影响着我们的每一位同学;因制度和观念等引发出来,从同学身上表现出来的言谈举止和精神面貌,则是行为文化。

友情提示

在建设班级制度文化时,要注意以下三方面:第一,必须与学校的规章制度一致;第二,要符合教育教学客观规律、同学的年龄特征与班级实际;第三,要注意突出班级目标追求、价值观念、作风态度等精神、文化方面的因素。

自我探索

这里有一个特色班级文化建设方案,结合自己班级的实际,你能为班级提出一个特色班级文化建设实施方案或是一个金点子吗?

2. "阳光·书香"班级文化建设实施方案

为了落实学校的"阳光·书香"校园文化建设思路,凸显班级个性化管理模式,充

分展示班班有特点、班班出特色的班级管理品牌,创建浓厚班级文化氛围,特制定本实施方案:

一、建设目标

1. 切合"阳光·书香"学校文化建设的主旨

2. 彰显班级个性的"阳光·书香"文化特质

3. 呈现班级同学卓越发展的轨迹

4. 创设班级同学素质展示的平台

5. 让每位同学在阳光书香里卓越成长

二、建设内容及具体方法

(一)个性化班级简介的班牌(教室门口)

个性化班级的班牌内容

1. 班级集体照、个性化班级命名——幸福的"书香学园"、快乐的"英语之家"……

2. 班级口号(班级精神)

3. 班级文字简介(100 字左右)

4. 荣誉栏

考核流动红旗班　　文明礼仪示范班　　经典诵读示范班

卫生建设标杆班　　文化建设品牌班　　行为习惯明星班

(二)拟定突出班级精神的班训

(三)突出班级特点的自主管理模式

(四)主题文化版块建设

1. 读书展示版块(读书摘抄、经典诵读过级、读书沙龙、好书推荐、读后感等)

2. 同学风貌展示版块(校园生活、人际交往、快乐故事、卓越成长等)

3. 同学素质展示版块(作文、书法、美术、剪纸、信息传递等)

4. 班级活动展示版块(班团活动、综合实践活动等)

(五)"阳光·书香"班级主题文化版块建设的操作步骤:

① 培训——② 领会内化——③ 构思设计——④ 收集素材——⑤ 师生、师师、家长合作共赢参与创作——⑥ 完善提升

(六)主题文化版块建设标准与要求:

1. 充分结合班级实际,凸现班级个性。

2. 充分表现美感和教育效果。

3. 充分体现精品意识(内容定位、版面的设计布局、标题的斟酌把握)。

4. 突出书香、阳光、自主、卓越的元素。

5. 发挥主人翁精神,合作到位,参与到位,质量到位,品质到位。

(七)学生良好行为习惯的培养

(八)班级图书角

(九)班级管理栏

三、具体工作安排

1. 制定班级方案:根据本班同学的特点构思本班的"阳光•书香"文化建设布置的方案,并以书面形式形成文稿,撰写一份"班级阳光书香文化"建设方案,内容包括:班级精神、个性班名、班训、班级文化主题板块的内容、班级的特色、班级文字简介等。班主任老师出思路,配班老师参考、合作。

要求上交电子稿和文本稿

2. 班牌的构思与设计与制作

具体操作程序:先由美术小组设计班牌的款型、图案、色彩,设计好班牌后,由班主任老师根据班级布置的构思选择适合的班牌。

3. 布置班级文化

(1)黑板报:主题:绿色教育和书香班级结合,分两个板块设计,预留三分之一书香板块专栏,凸显本班的书香班级文化特色。

(2)班级图书角的建立:收集各类书籍并进行分类,确定书柜管理员,做好书籍的借阅登记工作。

四、工作要求

1. 认真按照培训——消化——构思——收集素材——师生、师师合作共赢参与创作——小结评比——完善提升等程序全面完成班级文化建设。

2. 班主任和配班教师全程参与班级文化建设,多服务、多指导、多参谋。

3. 原来的布置一律废除,按全新要求创作。

五、集思广益

围绕下面六个方面,请你为班级文化建设出主意想办法。

1. 怎样建设有特色的班集体的目标与计划。

2. 怎样建设干净整洁的班级环境,形成物质文化。

3. 怎样建设丰富多彩的主题活动,形成行为文化。

4. 怎样建设严格的规章制度,形成制度文化。

5. 怎样建设良好的学风班风和良好的人际关系,形成精神文化。

6. 怎样建设富有生命活力的班级评价机制。

召开一次主题班会,由同学们共同制定班级文化建设方案。

附:主题班会案例

● 马上行动

你在班级文化建设中最想做的是什么?积极行动起来,让自己的心愿成为大家共同的愿望。

● 案例:教室的布置

两侧的墙壁可以贴一些字画、人物等(由同学们选出);教室的四角,可以把它安排成自然角、科技角、书法角等;后面的黑板报做到经常更换,由同学们自己排版、策划;教室前面黑板的上方可以挑选一句整个班级的座右铭……

● 网络资源

班级文化建设—为您服务教育网:

http://www.wsbedu.com/jia/banhua.asp.

福建德育网:http://www.fjedu.gov.cn/dy/content.

● 延伸阅读

周勇.我是怎样建设班级文化的:一位博士的班主任生涯回顾与反思.成都:四川教育出版社,2010.

符红艳.班级文化建设修炼.南京:江苏美术出版社,2011.

三、高中班会课的规划

学生的高中阶段是介于少年时期和青年时期之间,是人一生中发展的重要时期。这个时期高中生心理的发育具有动荡性、不平衡性、自主性、前瞻性、进取性、封闭性和社会性等特点,高中阶段,随着学生年龄的增长,从高一到高三呈现出不同的心理特点。如何使高中学生顺利度过高中的各个阶段并健康成长是一个需要研究和探索的问题。山东省临沂第一中学、南京市建邺高中、上海华东师范大学附属第二中学等一批学校做了班会课程或德育课程化体系设计的思考与实施方案。

高中德育课程设计①

山东省临沂第一中学

一、课程目标

学校德育课程的总体思路是：高一年级以"适应"为支点,规范行为,打好基础,立志成才。高二年级以"人格"为支点,关爱生命,健全人格,自主管理。高三年级以"成年"为支点,强化责任,关注社会,报效祖国。

高二年级是整个德育课程实施承前启后的关键一环,各种德育活动要积极为学生健全人格,形成自主管理能力、强烈的责任感和使命感提供帮助。

学校把"自律合作、民主正气、创新包容、有责任心、有丰富情感、有国际视野"作为对学生的培养目标,从这个目标出发,教育引导学生懂得如何珍爱自己,尊重别人,懂得正确处理个人与他人、个人与集体、个人与社会关系,养成说话有礼貌,办事有分寸,行为有规范的良好习惯,培养学生具有崇高国格,高尚品格,优秀性格,强健体格;引领学生全面发展、富有思想,有协作精神,有创新意识,遵守社会公德,有较强的法制意识,进取意识;强化"自理、自律、自主、合作"的学生个性发展。

二、课程结构

通过德育课程建设,使德育摆脱随意、零散、突击式的浪漫作法,建立一个贴近学生生活,符合学生身心特点,着眼于学生的未来和实际思想品德素质提高的、主题明确、层次分明、形式活泼、操作规范,注重实效、能够充分发挥整体德育功能的科学全面的德育课程体系。

三、课程方法

我们概括为三句话：序列化、活动化、实践化。

1. 序列化：高中德育课程"序列化",是指德育课程是有规划地根据德育目标和内容开展的。一是从纵向看,所有德育课程是一个有机整体,在高中三年一直开设,德育活动具有层次性,形成序列;二是从横向看,运用多种途径和方法开展德育活动,能使之相互联系、相互促进,发挥整体德育功能。

---

① http://mingxiaozhang.qlteacher.com/School/3713000001/Article/6977.aspx

2. 活动化：寓教于乐，是德育工作的一条规律。避免单纯的宣读、说教、批评、表扬等单调的方式，通过丰富多彩的活动作为德育课程的载体，创新形式，加强研究，从德育自身规律的角度来加强德育。

3. 实践化：鼓励学生投身社会，走进社区、农村、工厂，通过和不同人的沟通交流实践德育思想，完善人格，全面发展。

（一）高一德育课程设计

1. 课程目标

人生最重要的时段莫过于青春，青春最重要的时段莫过于高中，高中最重要的时段莫过于高一。高一是三年高中生活的开始，是观念初步形成的开始，是思想逐步成熟的开始，是性格趋于定型的开始。可以说，在高一时形成的思想认识、价值观念、行为习惯，将直接决定学生高中三年的生活状态、学习能力、学业水平，甚至将决定学生一生的追求、人格、胸怀和境界。我们把高一年级的德育总体目标确定为：在高度和深度上影响学生、感染学生、统摄学生。具体目标为：

（1）全力渗透优秀的传统文化，促使同学们形成正确的人生观、价值观，养成良好的思维习惯和行为习惯；

（2）促使同学们养成自我反思的习惯，自觉进行自我教育、自我约束；

（3）营造良好的成长氛围，促成同学之间的互相教育、互相影响。

2. 课程结构

教育要直指人心，德育教育尤当如此。教育真正的影响应当是心灵上的影响，是思想上的影响，是行为习惯上的影响，是情感、态度、价值观方面的影响。

2009级高一新生入学伊始，就启动了传统思想渗透行动，我们把它命名为"修心养正主题月"。所谓"修心"，就是修正自己的心，从内心修正错误的认识、消极的思想和不良的言行；所谓"养正"，就是培养正确的认识、正向的思维、正直的性格、正气大气的品质；所谓"主题月"就是指结合每个月份的有影响力的重大节日、国内外即时发生的重大事件、学生生活中集中关注的话题、学校年级管理工作的需要等，为每月确定一个主题。再围绕该主题设置一系列的相关活动，逐步深入落实主题思想。

高一学年，我们共筹划、组织了八次养正主题月活动。

上学期：9月养正主题——"慎始谋初"，10月养正主题——"家国天下"，11月养正主题——"知恩报恩"，12月养正主题——"惜福种福"。下学期：3月养正主题——"诚正信实"，4月养正主题——"天地人和"，5月养正主题——"勤敏精进"，6月养正主题——"孝亲尊长"。

3. 课程方法

我们概括为四句话：统一主题，集中力量，立体开展，深度影响。

（1）统一主题——所有活动围绕一个主题设计开展，有助于集中学生的注意力，收束学生驰骛的心，把一个主题做深、做透、做到学生心里。

（2）集中力量——集中全体老师同学的智慧，集中全体班主任的力量，集中全部教育教学资源，凝聚全体学生的注意力，集中开展教育。

（3）立体开展——动员年级、班级、学生会、社团、老师、学生等所有力量，利用会议、文字、板报、视频、征文、演讲、表演等各种途径，开展立体式教育。

（4）深度影响——通过一系列活动的推进，使学生第一时间进入状态，让学生在认识角度、在情感态度、在思想层面、在心灵深处等方面受到深度影响。

4. 课程安排

（1）"慎始谋初"

A. 活动时间：9月份。

B. 主题说明：九月是09级同学正式开学的第一个月，是高中三年竞赛的起跑线，是同学们整个高中生涯的开始。古人云："欲善终，当慎始。"有什么样的开始，就可能有什么样的结局。要想在三年后的终点取得完美的胜利，开始起步时就要高度重视、谨慎对待、仔细谋划、明确目标、预估难度、做好计划、想好对策、踏实前行。良好的开始，是成功的一半。从教育指导的角度来说，开学之初，很多同学在认识上、学习上、生活上暴露出不少急需解决的问题，需要班主任和教师们及时教育、积极引导，需要同学们高度重视、主动改善。

C. 活动项目：

① 印发一封信件，宁静千颗心灵。全年级印发《慎始笃心，敏行致远》，敦促同学们尽快屏除浮躁，回归冷静，从成功者向成熟者过度，开启高中全新的生活。

② 召开一节班会，开启三年征程。以"赢在起跑线"、"起点"或"启航"等为主题召开主题班会。

③ 精读四篇美文，体悟慎始深意。印发《生命在于开始》等四篇美文。

④ 办好两份板报，营造积极氛围。以"慎始谋初"、"赢在起跑线"、"启航"等为主题，办一期黑板报和粘贴板报。

⑤ 贡献一份创意，营建班级文化。开启班级文化建设。

⑥ 创作一篇文章,展露一抹亮丽。以"初识一中"和"启航"为话题,描写第一印象,规划高中三年,畅想未来一生。

(2)"家国天下"

A. 活动时间:10月份。

B. 主题说明:十月份有三个节日都与"家"有关——八月十五中秋节、10月6日国际老人节、九月九日重阳节,十月份还有一个节日与"国"有关——10月1日国庆节。我们依此四大节日确定了"家国天下"这一主题。希望同学们通过"家"主题,感受家庭温馨,体会亲情珍贵,以此培养亲情味、人情味和一抹温情;通过"国"主题,感受祖国伟大,体会时代雄浑,培养自豪感、责任感和一份豪情;通过"天下"主题,感受天下情怀,体会个人价值,培养一种视野、胸怀和境界。

C. 活动项目:

① 召开主题班会,探讨如何认识家庭责任,如何展示爱国情怀,如何在大时代、大社会里定位自己。

② 组织养正征文,创作主题板报,从"家·梦·路"、"六十年·十六岁"、"少年心事当拿云"中任选其一。

③ 开展演讲比赛、红歌比赛。

④ 播放经典视频:《复兴之路》。

⑤ 印发精品文章:周恩来、诸葛亮、《与妻书》、《我的祖国》、《冬天》等。

(3)"知恩报恩"

A. 活动时间:11月份。

B. 主题说明:十一月份最具有影响力的节日是"感恩节"。古人云:"受人滴水之恩,当以涌泉相报。"现在很多孩子都是独生子女,家人的溺爱导致孩子觉得别人的关怀是理所当然,不少学生不懂得感谢、感激,只知道索取;甚至对太过关心自己的家人产生逆反、厌烦情绪。加之目前的教育太关注分数和升学率,让学生知道感谢,怀有一颗感恩之心越来越有必要。我们确定"知恩报恩"这一主题,希望学生们学会换位思考,珍惜朋友,理解父母,真诚地去体贴关心别人,促进人与人之间互相理解、尊重、信任和帮助。

C. 活动项目:

① 播放邹越演讲视频《感恩父母,感谢父母》;

② 发起"做一件家务,尽一颗孝心"活动;

③ 以"感恩的心"、"知恩报恩"为主题,设计一期板报;

④ 征集"感恩的心"养正感悟；

⑤ 给父母敬写一封感恩信,家长会时交给父母。

(4)"惜福种福"

A. 活动时间：11月份。

B. 主题说明：12月份的重要节日很多都与疾病、残疾、战争、痛苦有关,比如"世界艾滋病日"、"世界残疾人日"、"世界强化免疫日"、"世界弱能人士日"、"世界人权日"、"南京大屠杀纪念日"等。这些沉重的节日正像一面面镜子,反照着今天年轻人的幸福生活,也反照着今天年轻人的思想境界和心灵高度。我们特地从疾病、残疾、战争、痛苦这些元素的反面——"幸福"的角度,确定了"惜福种福"这一主题。希望身处和平时代、出身幸福家庭、深得呵护关爱、享受健康快乐的现代年轻人能够珍惜现在享有的健康、团圆、和平、快乐等福分;同时,也希望同学们既能"惜福",也要"种福",不只是珍惜幸福、享受幸福,还要继续为自己播种幸福,为别人奉献关爱,创造幸福。

C. 活动项目：

① 召开主题班会。

② 欣赏视频《李嘉诚：内心的富贵》《慈济功德会》。

③ 组织主题标语大赛、征文比赛。

④ 组织"暖冬"行动给西藏、甘肃、四川等贫困地区的孩子捐献冬衣。

⑤ 开展"一月一班一善"活动。

⑥ 组织"感恩的心"文艺演出及颁奖典礼。

5. 课程时间

本课程长度为一学年,所列课程内容在高一上学期进行。

(二) 高二德育课程设计

1. 爱心教育

A. 活动时间：9、10月份。

B. 主题说明：对学生进行爱心教育是教育的一个永恒话题,爱心教育的实施对人一生的健康发展将起到促进作用。只要在学生心灵中播下爱的种子,一定会收到丰硕的果实。

C. 活动项目：

① 设立班级爱心募捐箱。

② 组织学生到福利院慰问。

③ 组织学生为盲童捐献挂历。

④ 组织学生到敬老院看望孤寡老人。

⑤ 办一期黑板报和粘贴板报。

⑥ 鼓励学生参加社区各种献爱心活动。

2．文明礼仪教育

A．活动时间：11、12月份。

B．主题说明：中国是礼仪之邦，注重礼仪是中华民族的传统美德。礼仪不仅是思想道德的重要组成部分，也是反映精神文明建设的重要形式；礼仪不仅反映一个人的精神面貌，更能折射出一个单位、一个地区乃至整个社会的道德风尚。重视和加强对学生的礼仪教育，是学校德育工作任务之一。

C．活动项目：

① 召开动员会，发布倡议书。

② 编印《文明礼仪手册》。

③ 评选校园"十大文明行为"与"十大不文明行为"。

④ 举行漫画和摄影比赛和展览。

⑤ 举行"文明礼仪"知识大赛，评选"文明之星"。

⑥ 请专家作报告。

3．挫折和生命价值教育

A．活动时间：1月份。

B．主题说明：面对生命中的挫折，应该以一种什么样的态度面对？让学生了解生命的珍贵，还要让学生知道如何珍惜生命，如何善待生命。

C．活动项目：

① 国旗下的讲话。

② 联系驾校，参观安全教育基地。

③ 各年级设立心理辅导室。

④ 举行演讲比赛。

⑤ 举行主题班会。

⑥ 读书心得交流会，推荐学生阅读《老人与海》、《钢铁是怎样炼成的》、《平凡的世界》等。

4．民族精神教育

A．活动时间：3、4月份。

B. 主题说明：以校园文化为载体,引导学生塑造民族精神。开展形式多样的教育活动,增强国家观念和民族忧患意识。

C. 活动项目：

① 组织学生到华东革命烈士陵园扫墓。

② 参观"沂蒙精神展"。

③ 开展"革命歌曲大家唱"活动。

④ 举办民族精神图片展。

⑤ 组织学生了解"两会"信息,学习"两会"精神。

⑥ 举行"我和我的祖国"征文活动。

5. 环保教育

A. 活动时间：5、6月份。

B. 主题说明：公众环境保护意识水平的高低从一个侧面反映了民族素质,提高公众环境意识,培养公民环境道德势在必行。

C. 活动项目：

① 发布环保倡议书。

② 发布废旧电池回收倡议书。

③ 开展植树活动。

④ 参加文明城市创建"城市清扫"活动。

⑤ 鼓励学生开展环境调查。

⑥ 开展"低碳环保"活动。

6. 课程时间

本课程长度为一学年,所列课程内容在高二两个学期进行。

附:

"师生共同规划,学生自我策划教育"班会课[①]
南京市建邺高级中学

(一)课程目标

1. 落实学校办学理念,让每个学生拥有主动发展的品质,为每个学生奠定生涯成

---

① 案例提供者：南京市建邺高级中学袁子意老师。

功的基础,让所有学生都能找到主动发展的方向,培养学生自我规划的意识。

2. 确立、实现班集体建设的目标。

● 短期目标:班集体初步形成,有明确的学风班风,班干部队伍团结上进。

● 中期目标:创建优秀班集体,每个学生能够实现自己合理的个人理想。

● 终极目标:让7班成为每一位学生的骄傲;让7班因为每一个学生而骄傲。

3. 培养学生的团队精神和合作品质,学会恰当的自我定位。培养学生积极健康的情感,让学生在班会课上自由地表达情感,体验人间真情,感受世间大爱。培养学生自我展示的信心。既不怯懦也不嚣张。培养学生学会评价,对成功的评价,对同学的评价,对失败的评价。做到合理但不失礼。打造德育品牌化活动,特色化活动,在大型对外展示活动中培养学生的心理素质与自信心。

4. 让学生学会学习,理解学习,借助网络学习,在团体之中学习,不但要学会学习书本知识,更要学会组织能力,交际能力的社会知识。培养学生对成功的理解,让学生知道什么是成功的男人,成功的女人,什么人能成功,什么人成功会让大家信服。让学生感受班会的成功,感受在班会成功中的付出的辛劳,能够真切、合理地感受成功。

5. 对"主动发展,快人一步,自我规划,乐在其中"班级管理理念的理解与阐释,增强学生对快乐的理解、对"家和万事兴"班级文化的理解,让学生有班级归属感,乐意为班级付出。培养学生的目标意识与合作意识,确立自己的发展方向。

6. 教育过程中努力营造出四个环境:共同规划自主策划的班会环境;明确定位拼搏奋斗的学习环境;公平竞争友爱融洽的人际环境;温馨平等独立自主的家庭环境。

(二)课程结构与内容

本课程包括六大主题板块,七大活动系列:

● 高一上以理想为主线,高一下以感恩为主线:突出融合、理想、目标、视野、感恩、文化。

● 高二上以团队为主线,高二下以亲职为主线:突出挫折、定位、升学、亲职、心理、情感。

● 高三上以学业为主线,高三下以意志为主线:突出意志、细节、减压、团队、技巧、心理。

在长期的探索与实践过程中,形成了三个品牌化活动:高一的理想愿景诗歌朗诵;高二的职场应聘教育心理剧;高三的压力与动力心理剧和成人仪式活动。其中的特色活动有：

（1）教育心理剧：教育心理剧是基于心理剧的理论基础之上，通过学生扮演当事人或由当事人自己借助舞台来呈现他们各种典型的教育问题与心理问题，在老师和全体参与演出者以及观众的帮助下学会如何应对和正确处理心理问题，从而使全体受到教育启发的一种团体教育与心理辅导治疗方法。已开发了《职场应聘》《隐形的翅膀》《一个女孩跳楼的背后》《睡神》等并在全国班主任网络培训中发表。

（2）生成性班会课：以品牌活动为基础，由学生和老师一起组织头脑风暴，生成班会网络。

（3）自主性班会课：班会由学生与班主任共同策划，形成项目负责人，逐级分解任务，落实导演、编剧、主持人、多媒体制作等。

1. 六大主题版块

高一（上）——以理想为主线：

品牌活动：《我的理想与愿景》诗歌朗诵活动。

生成性活动：《名人成长记录》活动、《认识自我》名字背后的含义、《我的高中规划》《中国大学，你了解多少》、贯穿整个高中的特色活动《高中的困惑》（校园教育心理剧）、《高中学习方法和生活习惯指导》《方向比距离更重要》。

高一（下）——以感恩为主线：

品牌活动：《感恩的心》。

生成性活动：《理解，架起爱的桥梁》《谢谢你，老师》《朋友，相识是缘分》《自信是成功的基石》。

高二（上）——以团队民主为主线：

品牌活动：《和老师一起做课题——问题学生的形成与转化的反思》。

生成性活动：竞争与合作 雁行理论的介绍、班级与我共同成长 短片回顾、班委竞聘与述职、优秀班干部三好生的民主选举、《细节决定成败》。

高二（下）——以亲职为主线：

品牌活动：《职场应聘与热点问题讨论》。

生成性活动：《快乐就在我们身边》《良好心理素质的培养》《珍爱生命，感受大爱》。

高三（上）——以学习指导为主线：

品牌活动：《压力与动力》。

生成性活动:《班级同学学习方法交流》、《如何有效管理自己的时间》。

高三(下)——以意志为主线:

品牌活动:《成人仪式》。

生成性活动:《意志·性格·命运》、《我的大学你在哪里》、《填报志愿之前》。

2．七大活动系列

构建"规划高中系列"、"学习指导系列"、"生涯设计与理想教育系列"、"快乐高中系列"、"集体主义与团队精神教育系列"、"感恩与责任教育系列"、"意志教育系列"七个活动系列。具体内容如下:

(1) 规划高中系列

让学生对自己高中三年如何度过有所规划,有计划、有准备地安排好高中生活:《高中的困惑》校园教育心理剧、《认识自我》、《放飞理想》、《我的一生该如何度过》、《方向比距离更重要》。

(2) 学习指导系列

通过教师引导或同学交流对学生进行学习方法指导,提高学习效率:《班级同学学习方法交流》、《高中学习方法和生活习惯指导》、《如何有效管理自己的时间》。

(3) 生涯设计与理想教育系列

引导学生对未来人生进行规划,激发学习的热情和动力:《中国大学,你了解多少》、《我与课外书》、《职场应聘 abc》、《职场应聘与热点问题讨论》、《我的大学你在哪里》、《名人成长记录》。

(4) 快乐高中系列

对高中学生进行心理指导,让他们在高中保持健康的身心,在奋斗过程中既体验失败的痛苦也感受成功的快乐:《快乐就在我们身边》、《压力与动力》(校班会展示课)、《做情绪的主人》、《学会自我修炼》、《残缺的一角》。

(5) 集体主义与团队精神教育系列

引导学生共同构建良好的班级氛围、和谐的集体环境,这样也能更好发挥学生的潜力。竞争与合作(雁行理论的介绍)　班级与我共同成长　短片回顾　班委竞聘与述职　优秀班干部三好生的民主选举。

(6) 感恩与责任教育系列

教育学生懂得感恩与理解,懂得付出与回报,增强社会责任感,激发学习动力:《理解,架起爱的桥梁》、《谢谢你,老师》、《朋友,相识是缘分》。

（7）意志教育系列

教育学生成功需要不懈的努力与奋斗，坚强的意志是成功的必要条件；细节决定成败，自信是成功的基石；《意志·性格·命运》。

（三）课程方法

本课程以班会课为主要载体，结合学校组织的各种课外活动，运用集体诗歌朗诵，心理剧，舞蹈，小品，讨论，游戏，户外活动，心理测试，专题讲座等多样的学习形式，设计丰富多彩的课程学习内容，并要求学生在每次的活动后写下活动感悟与评价。

（四）课程时间

开课时间：高中三年，每个学期。每月两节，共20个学时。

（五）课程评价

1. 形成班会小结制度，每次班会后所有学生都要有班会小结。

学生要对本次班会有所评价，从班会中学习到了什么，感悟到了什么，有何反思，对本次班会有何建议。

2. 评选班会最佳策划人，最佳组织奖，最佳男女主角，最佳剧本，最佳主持人等，每年一次由全班票选，邀请家长与任课教师颁奖。

3. 评选班级主动发展学生标兵，并做主动性的品质归因。

4. 班级日志活动，通过我对某某说活动，让学生对在班会中有突出表现的学生评价。

5. 学生成长档案袋　学生每次参加班会的体会与感悟。

6. 在家长会上，家长对孩子的通过参加班会课各方面的能力的包括对家长的态度予以评价。

四、生涯规划班会课的设计

（一）初中生人生规划与职业指导[①]

[案例]

一、前言

调查显示：绝大多数初中生虽然都有自己的人生理想，但没有意识到如何去实践

---

① www.doc88.com/p-73040671553.html 2012-7-20

自己的人生理想,对经济社会发展的需求、社会职业以及自己的兴趣特长不了解,其人生发展规划缺乏正确指导。许多初中生学习动力不足,面对学习压力选择的是逃避甚至辍学,没有认识到读高中就是"增强个人和家庭的可持续发展能力";在升学方面,不是从自己的实际情况出发选择有利于自身今后长远发展的高中学校,而是盲目地舍弃职业高中而选择普通高中。许多初中生对自己未来的职业生涯缺乏思考,更多的是听从家长的安排。因此,有必要对初中生进行人生规划指引专题教育,以有效减少初中阶段的辍学率,使更多的初中毕业生自愿接受高中阶段教育并正确选择就读的学校类别,真正落实党的十七大关于优先发展教育事业的战略决策,确保完成加快普及高中阶段教育、全面推进素质教育的战略任务,为我县经济社会的可持续发展提供高素质的劳动力。

二、专题教育的性质

"初中生人生规划与职业指导"是学生人生发展的必修专题教育。"初中生人生规划与职业指导"专题教育指导初中学生了解社会发展与个人发展的关系,引导初中学生正确认识自己,学习科学、合理地规划自己的人生发展,适应社会发展变化,在人生的不同阶段、不同境遇能作出最适合自己的决定,培养学生对人生规划的主控力及学习作决定的方法。因此,开展"初中人生规划发展指引"专题教育,是初中生人生观教育和责任意识教育的重要内容,是落实初中生人生观教育的关节点,是初中思想品德课的重要补充,是每一个初中学生的必修课程。

"初中生人生规划与职业指导"是旨在培养学生的职(创)业意识和素养,为人的终身发展奠定基础的专题教育课程。该课程具有对学生人生理想、思想品德、职业意识的熏陶和感染的文化功能,使学生在学习与探索过程中潜移默化地受到教育。该课程通过课内与课外相结合的形式,主要以探究的学习方式,使学生增强科学规划人生与职业的意识和观念,进而形成基本的职业、就业与创业的心理基础,具有初步的人生规划和职业生涯规划能力。

三、专题教育的理念

1. "促进学生的和谐发展"的理念。这是专题教育的核心理念。"初中生人生规划与职业指导"专题教育应根据素质教育和基础教育课程改革的要求,借鉴国内外职业生涯规划教育的经验和实验成果,引导学生个性全面和谐发展,促进学生综合素质的提高。

2. 以学生的自主学习与实践探索为主。"初中生人生规划与职业指导"专题教育应立足于学生的生活经验和社会现实,体现综合性、实践性、自主性和开放性等特点,注重感受与体验;注重理论与实际的结合;体现其教育发展价值,符合学生身心发展的规律和要求。教学内容应以学生的视角观察、体验职业,展现职业的特征和魅力,激发学生的好奇心、进取心以及他们对未来美好生活的向往,使学生在对职业的初步认识、探讨和实践的过程中,发现自我的兴趣与爱好,激发职业理想,从而规划职业、规划人生。

3. 搭建学校与社会联系的桥梁。"初中生人生规划与职业指导"专题教育将学生现阶段的学习活动、未来的职业选择与广东经济社会发展的需要紧密联系起来,在学生个人潜能的发展与未来的职业定向之间及早建立联系,架起学校与社会联系的桥梁,打开学校教育面向社会人才市场的大门,培养有利于学生终身发展的职业素养。

四、专题教育的目标

"初中生人生规划与职业指导"专题教育指导学生了解社会发展与个人发展的关系,着重培养学生对人生规划的主控力,指导学生学习在不同的人生阶段、不同的境遇作出最适合自己决定的方法。将培养学生勤奋学习、热爱生活和追求事业的情感作为个性心理品质发展的起点,注重对学生的独立性、坚韧性、适应性、合作性、缜密性等心理品质的塑造。专题教育的目标具体表现为情感态度与价值观、过程与方法、知识与技能三个方面:

● 情感、态度与价值观:

(1)了解人生规划的意义,认识成功的人生要从规划自己的人生开始;理解人生理想与职业理想的关系,增强升学意识,培养对个人、家庭和社会的责任心;

(2)理解升学对个人未来职业和家庭的影响,理解职业与个体成长发展的关系,形成职业平等、劳动光荣、行行出状元的职业观念,养成正确的劳动、生活和学习态度;

(3)正确认识自我和人生发展,努力完成初中学业并接受高中阶段教育,做好人生发展规划,走好人生每一步。

● 过程与方法:

(1)了解人生与职业生涯规划的一般方法;

(2)具有初步收集职业信息的意识与能力;学会收集各种职业与创业信息,学会比较、抽象、概括等思维方法;

(3)理解兴趣、能力与职业的关系,认识正确选择高中升学的重要性;学会根据社会需要、家庭情况及个人的兴趣、能力等特点,选择适当的职业方向,为实现自己的职业理想储备知识,锻炼能力。

● 知识与技能：

（1）了解人生规划的一般常识，尝试在老师的指导下做好自己的人生规划。

（2）以人生与职业为主线进行职业生涯教育与升学引导，着重培养学生的职业心理品质和人生与职业生涯规划意识。

（3）了解我省经济和社会发展对产业结构及职业变化带来的影响；在掌握行业、职业等基本知识的过程中，逐步形成职业观念，初步具备分析、理解职业信息的能力，主动适应我省经济社会持续发展的需要。

（4）了解中等职业技术教育招生和资助政策以及就业前景，根据自身条件合理选择高中学校类别。

五、专题教育的主要内容

引言：成功从人生规划开始

（一）正确认识你自己

1. 我的个人风格

2. 我的兴趣

3. 我的价值观

（二）职业知识 ABC

1. 职业的含义与意义

2. 职业的类型分析

3. 职业准入与要求

（三）人才需求面面观

1. 经济社会发展对从业者的基本要求

2. 行业发展变化与个人的应对

3. 行行出状元

（四）面对升学选择

1. 普通高中与职业高中

2. 各有各精彩

3. 我有我选择

（五）家庭伴我成长

1. 接受家庭现实

2. 倾听父母意见

3. 表达自己心声

（六）我的人生我做主

1. 权衡利弊做抉择[综合以上各种因素,按不同权重,列出平衡表]

2. 画出人生彩虹

（七）走好人生每一步

1. 确定人生目标

2. 制订计划策略

3. 圆满完成初中学业,走好人生重要的一步

六、使用教材

《初中生人生规划与职业指导》(上、下册,广东教育出版社)。

七、课时安排

初中二年级下学期5个课时,初中三年级10个课时。

八、专题教育教学建议

1. 坚持正确的思想导向

在教学中,要坚持以科学发展观为指导,以落实党的十七大对教育事业发展的要求及建设人力资源强国的战略决策为宗旨,坚持正确的导向,坚持正面教育,体现教育的方向性和原则性。

2. 强调联系生活实际

教学活动要贴近学生实际、贴近社会生活,开发和利用学生已有的生活经验,选取学生关注的话题,分析典型案例,围绕学生在升学选择和职业选择方面的问题,帮助学生学会科学规划自己的人生,为实现自己的人生理想储备知识,锻炼能力。

3. 引导学生自主学习

在教学中要以学生为主体,积极引导学生自主学习,主动探索职业与人生发展、社会需求与个人兴趣的关系等问题,在形式上要新颖多样,通过参观、调查、讨论、辩论、访谈、游戏、角色扮演等活动,在合作与分享中丰富、扩展自己的经验,提高人生及职业生涯规划能力。

4. 充分利用各种社会资源

实行开放式教学,充分利用社区、村庄、厂矿、科研院校资源,要向广大家长延伸,利用家长、成功人士对学生进行教育,通过各种职业观察,丰富学生的职业情感体验和职业要求认知。

（二）高中生涯规划课程设计①

1. 开设高中生涯规划课的必要性

随着我国高等教育规模的飞速发展，高考千军万马挤独木桥的时代已经过去。2010 年高考的报名和录取人数分别是 956 万和 657 万，全国将近 70% 的考生可以进入大学学习。而北京、上海等发达地区更是超过了 80%。但与此同时，大学生对自己的专业满意度却并不高。2007 年中华女子大学主持的一项全国性的课题"女性高等教育问题调查"显示，有 42.1% 的学生对所学专业不满意；如果可以重新选择专业，有65.5% 的学生表示将另选专业。2010 年中国青年报社会调查中心通过民意中国网和新浪网进行的调查发现，仅 29.5% 的人表示满意自己当年的高考专业志愿，41.0% 的人表示一般，还有 29.5% 的人表示不满意。高考填写志愿可以被看作是学生未来职业生涯规划的起点。据调查，现在学生和家长更多的只是根据一本高考报名手册来进行简单的分析，只是考虑到自己的分数和这个学校的专业能否匹配，没有考虑到自己报考的专业和未来的职业发展是否匹配。如果在中学教学中设计有效的生涯规划课程，帮助学生在中学阶段就对自己的生涯发展有初步的认识，并能够科学地根据自身情况和社会需求规划自己的人生发展道路，则可以降低此类人才浪费的情况，无疑对个人和国家都有相当大的益处。

与此同时，近年来随着我国人民生活水平的提高，高中生出国留学的情况也越来越多。以我所在的学校为例，我校不仅有专门的 IB 文凭项目班，每年自费出国留学的高中毕业生也占相当的比例。可以说学生的发展道路越来越多元，但学生的自我规划能力却没有同步提高。为了躲避高考压力、随大流出国的学生不在少数，随之而来的出国后适应问题也日渐显现。"海龟"、"海带"等新名词也在一定程度上反映了这一问题。而要解决这一问题，开设生涯规划课无疑是可行且必需的。

2. 理论基础

（1）埃里克森的人类发展模式认为人在成长过程中的每一个阶段都有危机，如同生病时发高烧一般，成功解决的话症状就会解除。危机的出现有特定的时间，高中生

---

① 案例提供者：苏州中学黄小辉老师。

属于发展期中的认同与认同混淆阶段。对自我的认识,建立统合的自我概念是此时期高中生的重要任务。如何在这个信息爆炸的时代,帮助学生建立对自我概念的完整认同,使学生在人生道路上有力量继续前行,是普通文化课所不能及的,而在生涯规划课中,则可以引领学生深入、全面地认识自我,度过这一阶段的危机。

（2）格林豪斯研究人生不同年龄阶段职业发展的主要任务,并将职业生涯发展分为五个阶段,其中第一阶段是职业准备阶段,典型年龄段为0—18岁,主要任务是发展职业想象力,对职业进行评估和选择,接受必要的职业教育,一个人在此阶段所作的职业选择,是最初的选择而不是最后的选择,主要目的是建立起个人职业的最初方向。教育部办公厅2007年关于《大学生职业发展与就业指导课程教学要求》的通知,已经明确要求在大学阶段开展生涯规划课程。但是广大青年人在18岁之前的生涯规划准备阶段目前接受的教育还几乎是空白,可见在中学阶段开设生涯规划课很有必要。

（3）舒伯在他的生涯发展与角色扮演理论中,提出了生涯发展观,并以"生涯彩虹图"表示。每个人一生中扮演许多角色,就像彩虹的许多色带,主要角色包括儿女、学生、休闲者、公民、工作者、配偶、家管人员、父母及退休者等九埠,主要舞台在家庭、社区、学校及工作四个场所。高中阶段的角色包含学生与为人子女等,在学习上则更能接触外在世界,了解工作世界,并逐渐为工作者的角色作准备。高中生在角色上处于由学生向工作者过渡的准备阶段,然而我们的传统教育在高中阶段过分强调了"学生"这一角色,教育工作以学科知识的灌输为主,造成很多学生进入大学后要么迷茫、困惑,白白浪费了人生中最宝贵的时光;要么仍然继续高中的苦读模式,直到找工作的时候才发现自身在生涯规划方面的缺陷与不足。

3. 设计思路

（1）课程目标

根据格林豪斯的职业生涯发展阶段理论,高中生处于职业生涯的准备阶段,主要任务是认识、探索职业生涯。高中生涯规划课应服务于这一任务,培养学生生涯规划的意识,并锻炼学生规划生涯的基本能力,具体而言有如下几点:

① 认知方面:了解个人发展与生涯规划的关系及其重要性;认识自我、了解社会与职业、掌握获取职业信息的方法;制定出短期的个人发展目标,规划行动方案。

② 情感方面:培养积极、主动的生涯态度与信念;培养生涯规划的自主责任意识。

③ 能力方面：统合生涯发展资源；整合信息完成生涯评估；运用生涯决策方法确立生涯目标；落实生涯行动。

生涯规划课中应着重以能力的培养为核心。学生规划自己人生的能力，不仅对其生涯规划有着重要作用，同时也能迁移到其文化课学习上来。更关键的是，当学生掌握了这些技能，能够真正地规划自己人生，为自己的人生负责时，其自我认同感会大大地提高，甚至其生活信念也会改善，是对德育工作的良好补充。

（2）课程内容

职业生涯规划是指个人和组织相结合，在对一个人职业生涯的主客观条件进行测试、分析、总结研究的基础上，对自己的兴趣、爱好、能力、特长、经历及不足等各方面进行综合分析与权衡，结合时代特点，根据自己的职业倾向，确定其最佳的职业奋斗目标，并为实现这一奋斗目标做出行之有效的安排。从这一定义可以看出，生涯规划课的内容主要应包含以下三个方面的内容：

① 了解自我：从各层面深入了解自我，包括性格、兴趣、能力、价值观以及自身潜能等方面。

② 探索世界：对于世界的认识，尤其是职业世界。包括大学、专业、职业的信息收集和深入了解等。

③ 整合信息：通过相关决策技能，将对自我的了解与世界的认识结合，作出初步的生涯规划，并掌握实现该规划的相关能力。

具体安排如下：

主 题	单 元	内 容
自我探索	一、生涯意识及成长过程	1. 回顾成长过程及其中的重要事件 2. 了解成长过程与生涯规划的关系 3. 认识生涯规划的概念和阶段理论
	二、个人特质及优势	1. 认识自身需求、兴趣、价值观等个人倾向性及其与生涯规划的关系 2. 认识自身性格、气质、能力等个性心理特征及其与生涯规划的关系 3. 发现自身优势与潜能
	三、生活角色与重要他人	1. 了解各种生活角色内涵及其互动关系 2. 认识原生家庭及重要他人对生涯规划的影响 3. 完成自我分析报告

主　题	单　元	内　　　容
职业探索	四、认识大学与专业	1. 了解大学、专业的相关信息 2. 了解大学生的生活及学习状况 3. 对特定学校及专业深度体验
	五、认识社会与职业	1. 了解当代社会对职业、个人的需求 2. 参与生涯发现之旅活动,初步认识职业的相关信息 3. 进行生涯人物访谈,对特定职业深入了解
生涯决策	六、决策风格及生涯规划	1. 探索、认识个人决策风格 2. 运用决策技巧,统合信息,制定生涯规划书 3. 模拟升学、职业选择等过程,完善生涯规划书
	七、执行生涯规划能力	1. 提升人际沟通能力 2. 提升情绪管理、时间管理能力 3. 掌握面试技巧

（3）课程模式

高中生涯规划课既有知识的传授,也有技能的培养,还有态度、观念的转变,是集理论课、实务课和经验课为一体的综合课程。态度、观念的转变和技能的获得比知识的掌握重要,态度、观念的改变是课程教学的核心,是一门经验课程。因此,在教学过程中,应以体验式教学方法为主,以讲授式教学法为辅。体验式生涯规划教学是指在生涯规划教学过程中,通过创设生涯问题或活动的情境,提供合宜的生涯探索项目与讨论式的对话机会,让学生参与到生涯探索活动之中,学生在经历生涯探索活动之后,分享自己的心得体会,体验反思自己所面临的生涯问题,教师在此基础上进行点拨和辅导,最终使得学生能尝试为自己的生涯发展作规划。本课程的三个主题分别设计了对应的问题和任务,在第一主题自我探索中,要求学生在完成该主题学习后,综合自己的各个方面,完成一份有深度的自我分析;在第二主题职业探索中,设计了生涯发现之旅和生涯人物访谈活动。生涯发现之旅以班级为单位,由班级同学自己组织,到某一位同学家长的单位去参观、访问。在活动过程中初步了解职业的基本内涵。生涯人物访谈是在之前课程和生涯发现之旅的基础上,选择一位正在从事自己最感兴趣职业的职场人,从各个角度深度访谈,对该职业产生全面了解。在生涯决策主题中,要求学生完成"我的生涯规划书",综合之前的各项信息,理性规划自己的目标和发展路径,写出一份有实际指导意义的生涯规划书。通过日常的教学以及上述的活动,使得此项课程覆盖课内课外,学生家长班集体,使得课程变得立体和生动,真正融入学生的高中学习生活。

(4) 课程评价

高中生涯规划课的综合性决定了在评价方式上,必须过程性评价和结果性评价相结合、定量评价和定性评价相结合,真正使课程评价服务于课程价值增值的目的,促进教学改进、学习增效、课程完善。

① 过程性评价:在课程进行过程中及时进行问卷调查,收集反馈情况,将同学们的核心困惑和需求糅合进课堂教学侧重点中,并及时记录课堂气氛。

② 结果性评价:在课程结束阶段再次进行问卷调查。同时辅以学生访谈、课程满意度调查等,便于改进课程和进行一对一的跟进个别辅导。

附:【高中生涯规划课设计范例】
生涯规划三部曲之一——生涯意识

中学生生涯规划,首先应从培养其生涯规划意识开始。通过丰富活泼的活动,让学生逐渐了解生涯规划的含义,并认识其对人生的重要价值。使学生对生涯规划产生兴趣,并能积极地参与今后各项生涯规划活动。

【教学目的】

1. 促进成员之间的相互了解,建立互动关系。

2. 唤起成员对职业生涯进行规划的意识。

【活动方案一】

一、Seven Up

活动程序:

每一位同学依次报数,但在轮到数字有7(7、17、27……),或数字为7的倍数时(7、14、21、28……),该同学必须站起拍手,且不可说出此数字。也可分小组举行,看哪个小组犯错最少。

二、生涯幻游

引导每位成员闭上眼睛对过去曾有过的所有职业梦想进行回顾,并展望五年后的某一天。想好后请把眼睛睁开。

为了示范和调动气氛,指导者先回顾自己的职业梦想。要求成员在展望未来时尽量逼真、生动。播放合适的背景音乐。

幻游结束后：

1. 所有成员中现在的梦想和以前的梦想类似或相同的举手示意。

2. 请几名成员谈自己幻游的内容,并问他们现在的职业梦想是什么。

3. 对其中的一位同学进行追问,包括:为什么现在的职业梦想是这个,怎么确定这个想法是否可行,为了这个想法做了哪些努力,为了实现这个想法有没有具体的计划。

三、洞口余生

活动目的:

帮助成员们思考生命存在的价值与意义,认清自己的追求目标。

活动道具:

用椅子或绳子圈定活动范围。

活动程序:

把成员分成6—8个人一组。每组围圈坐下,相互距离较近,留一个出口,为增强气氛可以拉上窗帘,关上灯,出口处最好靠近门或窗。

主持人说明:有一群成员到郊外旅游,不巧遇到泥石流倾泻,全部被困在几米的地下,只有一个出口,只可以过一个人,而出口随时有倒塌的危险,谁先出去就有生的希望,请每个人依次说出自己求生的目的及将来可能对社会作出的贡献,然后大家协商,看谁可以最先逃出,排出次序。

1. 成员在指定范围内随机席地做好,尽量挨紧。

2. 集中讨论,协商逃生顺序。

3. 按照所决定的逃生顺序,依次走出洞口。

注意事项:讨论时间不能过长超过活动时间,及时提醒。

分享点:

1. 活动过程及自己的感受。

2. 自己能否说出将来生活的指向?

3. 小组内依什么为标准决定逃生者的次序?

4. 听了别人意见后自己是否修正原有的想法?

结束语:"生命的意义"换句话说就是"你活着为了什么?"有的人会说是为了明天生活得更好,也有人认为是为了活着而活着,有吃、有穿、有住、有生命,又或者是活着是为了追求,是为了拼搏,是为了证明自己,是为了诠释生命。不知道大家同意哪些? 活着为了什么? 生命的意义又如何? 这可能是人们最关心的问题,也是讨论与思考最多的人生话题之一。我们活着,但是如果我们不知道为什么活着,人生最郁闷的也莫过于此吧。

幸好我们都还年轻,可以有更多的时间来思考这个问题,同时也用我们的行动来回答这个人生难题。

背景音乐:水木年华《生命的意义》

【活动方案二】

一、三人行

活动程序:

1. 先由领导者点成员甲,在其右边的成员代其回答"有",在其左边的成员代其举手。

2. 然后再由成员甲点成员乙,在其右边的成员代其回答"有",在其左边的成员代其举手。

3. 以此类推,使速度加快,增加团体互动气氛。

二、生涯彩虹图

想象自己未来的生活角色,找一张空白的纸,首先画出彩虹图的半圆,并标注年龄阶段和你可能扮演的角色名称,然后将你在某个年龄所希望扮演角色的区域,按照你认为它重要性的程度,涂上颜色(一种角色一种颜色)。

生涯彩虹图的相关知识:

1976年到1979年间,舒伯提出了生活广度、生活空间的生涯发展观(life-span, life-space career development)。这个生涯发展观,除了原有的发展阶段理论之外,较为特殊的是舒伯加入了角色理论,并将生涯发展阶段与角色彼此间交互影响的状况,描绘出一个多重角色生涯发展的综合图形。这个生活广度、生活空间的生涯发展图形,舒伯将它命名为"生涯的彩虹图"(life-career rainbow)。

(1)横贯一生的彩虹——生活广度

在一生生涯的彩虹图中,横向层面代表的是横跨一生的生活广度。彩虹的外层显示人生主要的发展阶段和大致估算的年龄:成长期(约相当于儿童期),探索期(约相当于青春期),建立期(约相当于成人前期),维持期(约相当于中年期)以及衰退期(约相当于老年期)。在这五个主要的人生发展阶段内,各个阶段还有小的阶段,舒伯特别强调各个时期年龄划分有相当大的弹性。应依据个体不同的情况而定。

(2)纵贯上下的彩虹——生活空间

在一生生涯的彩虹图中,纵向层面代表的是纵贯上下的生活空间,是由一组职位和角色所组成。舒伯认为人在一生当中必须扮演九种主要的角色,依序是:子女、学生、休闲者、公民、工作者、配偶、持家者、父母和退休者。

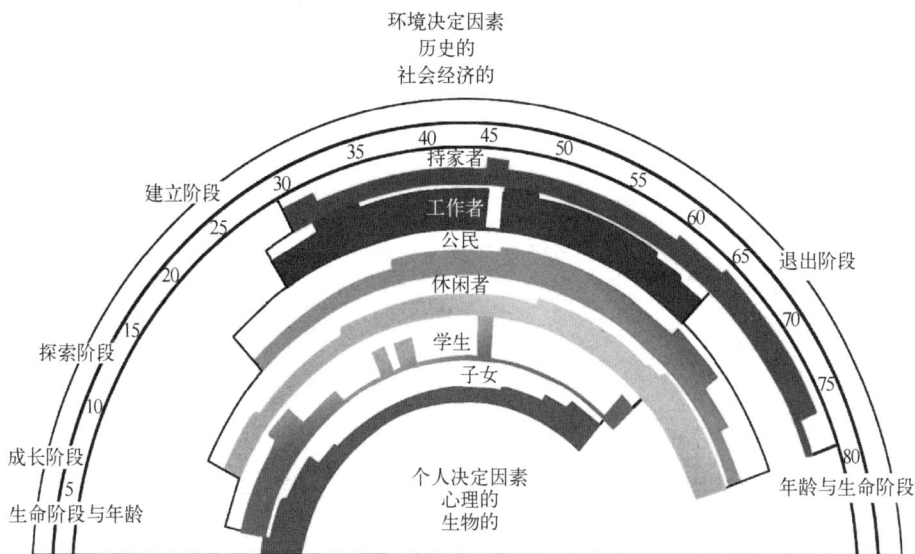

三、生命剧本

(一)生命剧本的书写—撰述自己的传奇故事

用8分钟左右的时间,书写自己一生的传奇故事,要求越详细、具体越好。完成后与全班同学分享、讨论。

1. 如果你的一生就按这出剧本上演,你是否满意?

2. 你是否想再给这出剧本加上些什么?

3. 如何可以书写令自己满意的人生剧本?

(二)生命剧本的思考——生涯规划基本要素

1. "知己"就是个人对自我的了解。包括:性格、兴趣、能力、价值观。

2. "知彼"就是外在工作世界及家庭环境的了解,也需了解目前的职业趋势及职业发展、社会动向、时代潮流,以及工作组织内的管理与进修。

3. "抉择"就是综合"知己"、"知彼"这两者的分析判断,作出最佳的生涯决定。

4. "目标"就是确立生命的航向,透过自己的努力与 意愿,编织自己的人生。

5. "行动"就是让一切作为有节奏、有决心、能坚持。因为过去是杂念,未来是妄想,把握现在才是真实,做就对了。

生涯规划三部曲之二——自我认识

科学的生涯规划建立在正确的自我认识基础上。高中生自我意识正在逐渐增强,但缺乏正确的方法全面了解自己。本单元从兴趣、能力、性格、价值观等方面帮助学生认识自我,为合理的生涯规划打下基础。

【教学目的】

1. 帮助成员认识自己帮助成员认识自己的人格特质、性格、能力等。

2. 引发成员自我探索,加强自我肯定。

【活动方案一】

一、猜猜我是谁

1. 给每位成员发一张纸,请写下3—5句描述自己的话。如"我是……"不写名字。写完后将纸折叠好,放在团体中央。

2. 每人随机抽取一张,打开纸上的内容,让大家猜一猜这一张是谁写的。猜中的人要说理由。

3. 引导成员发表自己猜中别人或被他人猜中的感受。

二、火警招工

表演事先排演好的小品:一位老板想从值得信任的小张、小王、小顾三位助手中,选拔一位财务总管,一位业务推广部经理,一位企划部主任。于是老板想出了一个计划。一天晚上,他安排三位助手下班后留在公司与他一起研究工作,这期间,他故意制造了一起火警,想要看看三个人的表现。

面对火警,小张连忙站起来说:"我们赶快离开这儿再想办法。"小王一言不发,马上跑到屋角拿来灭火器去寻找火源。小顾却仍坐在那里纹丝不动,说道:"这儿很安全,不可能有火灾。"老板通过三位助手的不同表现,找到了满意的答案。

讨论:

1. 老板会怎么如何安排这三位助手的工作? 为什么?

2. 你觉得自己适合其中的哪一个工作呢? 为什么?

3. 你了解自己的性格吗? 你觉得你的性格最适合做什么工作?

三、生涯拍卖会

1. 首先,领导者引发成员动机:

(1) 领导者问:"有谁不喜欢金钱。"

（2）领导者继续问："如果你有两万块钱，你希望买到什么？"

2. 领导者发下"价值大拍卖清单"，成员自己思考，并编列出个人的预算购买单，每物基本底价一千元。

3. 领导者分给成员每人两万元参加拍卖，领导者主持拍卖会：

（1）领导者开始一一提出每项价值观，成员喊价。

（2）每项价值观叫价经三次确认后，由最高喊价者获得。

4. 拍卖完后，团体讨论：

（1）你最想买的"价值观"有没有买到？没有买到的话，为什么？与你的个性是否有关？

（2）哪一项是你最想买的？为什么？

（3）有没有买到你不是很想要的？为什么？

（4）为什么你一样都没有买到？或者你只买到很少几项？

（5）为什么你要花那么多钱买哪一项？

（6）有些东西是否真的能用钱买到？如果不能，如何获得？

5. 团体分享活动心得，让成员回味拍卖会的过程和感受，及时写下自己的感受。

附：拍卖清单

1. 勇气——能勇往直前。

2. 成就——事业有成。

3. 健康——身体健康，没有疾病。

4. 环境——有良好舒适的工作或学习环境。

5. 安全——生活环境及精神感受安全。

6. 名声——有良好的名声。

7. 人际——与同事，朋友，家人相处良好。

8. 权利——有指挥人的权利。

9. 知识——有丰富的知识或高学历。

10. 自由——无拘无束。

11. 经济——有高收入。

12. 智慧——有聪明敏捷的头脑。

13. 毅力——做事坚持不懈。

14. 道德——有高道德感。

15. 信心——有自信。

16. 变化——生活,工作,学习富于变化。

17. 工作符合兴趣。

18. 其他。

生涯规划三部曲之三——职业探索

对职业、工作有全面的认识有益于中学生明确今后的目标,并以此为基础制定人生规划并指导具体的生活、学习。在本单元中主要通过课堂上的活动、问卷和课后的访谈、查询资料等形式,使学生对职业生涯产生初步的认识。

【教学目的】

1. 了解职业、职业生涯的概念。

2. 对自己感兴趣和适合的职业有进一步的了解和认识。

【活动方案一】

一、暖身活动——职业猜谜乐

领导者说出与某一职业相关的三个成语,请成员猜测这指的是哪一种职业,如:不辞辛苦——大街小巷——绿衣天使——邮差。

附:职业猜谜乐题目

1. 不辞劳苦—大街小巷—绿衣天使——邮差〔答案〕。

2. 红色警戒—十万火急—水深火热——消防人员。

3. 眼明手快—健步如飞—超越巅峰——运动员。

4. 博古通今—谆谆教诲—有教无类——老师。

5. 争先恐后—口齿清晰—独家新闻——记者。

6. 抬头挺胸—出生入死—投笔从戎——军人。

7. 辩才无碍—口若悬河—起死回生——律师。

8. 胼手胝足—春天吃饭—汗流浃背——农夫。

9. 任劳任怨—堆积如山—一尘不染——清道夫。

10. 笑容可掬—锱铢必较—欢迎光临——服务生、售货员。

二、情景剧表演

1. 安排两位同学表演实现排练过的情景剧。

2. 分组讨论问题:

(1) 对"司机"这个职业的看法。

（2）司机的工作态度如何，这种态度会为他带来什么回报？

（3）职业有没有绝对的好坏之分？如何判断一个人胜任一种职业？

3. 每组整合讨论结果，请一位成员代表发言。

4. 情景剧剧本。

旁白：台湾有这样一位出租车司机，平均每个月都会比其他出租车司机多赚几万元台币，他每天的行车路线都是根据季节天气，星期详细计划好的。

● 亮牌——早晨

出租车司机：早晨搭出租上班的人多，而最多的地方是"民生东路附近的中上等住宅区"，嘿嘿，起个早去那儿。

● 亮牌——9点左右

出租车司机：大饭店，好哇!! 人多。

小 A：刚吃完早饭，出差办事，人生地不熟，还是打车方便。（径直朝出租车司机走去）

出租车司机：先生去哪里？

小 A：去市政府……

● 亮牌——午饭前

出租车司机：该吃饭了，哦，我也饿了。不过还得先去写字大楼多的地方，那里出去吃饭人多。

C1：快点快点，饿死了，叫出租吃饭去，回来还得赶上呢。

C2：老板真抠，午休才这么点时间。

（径直朝出租车司机走去，上车走了）

● 亮牌——午饭后

出租车司机：刚刚送客到附近餐厅，自己顺便也把温饱问题解决了。

哎？他们也吃完了，我的车又上战场了。

● 亮牌——下午5点

出租车司机：这时候塞车，去机场或火车站或郊区，要不然浪费时间，MONEY 也飞喽。

小 E：先生去机场。

出租车司机：你是去机场附近吧？

小 E：对，是附近。

出租车司机：去机场附近的国贸二楼吗？

小 E：你怎么知道？对。

出租车司机：一是你没有大行李，不像是去坐飞机的。二是你手里拿的是英文文件，搞外贸的人大多这样拿，而搞外贸的地方在机场附近的国贸大厦二楼。

小 E：你还真仔细！！

● 亮牌——晚饭后

旁白：台湾夜生活丰富，出租车司机去生意红火的酒楼，接送那些吃晚饭的人，自己稍事休息一下，再去休闲娱乐场所……

三、命运之牌

活动目的：

1. 让学生学会接纳自己，懂得珍惜现在所拥有的资源，感知幸福。

2. 让学生懂得"命运掌握在自己手中"，积极规划未来。

活动道具：

写有不同内容的小纸牌若干(纸牌内容附后)。

活动程序：

(1) 主持人指导语：由于受到出生环境等各种因素的限制，每个人的命运是不同的。有的同学可能对自己的家庭环境不满意，有的同学可能对自己的长相不满意，也有的同学可能对目前的自己不满意……假定每个人能够获得第二次生命，每个人的命运可以重新选择。我手中有很多纸牌，每张牌就是命运的一种重新安排，它所包含的资料就是你新的生活资料，从现在起，你就是牌上的这个人。设想一下你处在这种情况下的命运，现在看看自己目前的处境、位置与假设的第二次人生选择的处境相比，有什么不同？

(2) 主持人把纸牌放在一个盒子里，让同学们随机抽取一张，不得更换。

(3) 全班同学交流全新的"自己"，并询问是否满意牌上的"自己"。生命只有一次，你该怎样面对已经拥有的生活？

附：纸牌的内容

(1) 自己不幸患了癌症，家里没有钱治疗。

(2) 因家中意外发生火灾，脸部被大火烧伤，留下了一个很难看的伤疤。

(3) 家中父母离异，经济困难，读书条件很差。

(4) 出生在本部一个贫困山区里，父母无力供养自己读书。

（5）自己的父母不幸患有重病，治疗花费了很多钱，家庭经济紧张。

（6）父母下岗，家庭经济困难，不能支付目前的学习费用。

（7）与周围的同学人际关系很紧张，很不受大家的欢迎。

（8）自己患有小儿麻痹症，生活很不方便。

（9）自己小时候因中耳炎治疗不好而变聋。

（10）自己一家三口挤在一个10多平方米的老房子里，食宿条件比较艰苦。

（11）自己的一只眼睛因意外事故而失明。

（12）自己的一条腿因在一次车祸中受伤严重被截肢。

（13）自己在一个条件很差的普通高中里读书。

（14）自己相貌普通，在班级里不引人注意，学习等各方面都一般。

（15）学习成绩优秀，但人缘很差，不受老师和同学欢迎。

（16）自己的妈妈对自己太唠叨，对自己管得太多，让自己不舒服。

（17）以前家里很富有，现在却因意外事故而陷入经济拮据状态。

（18）出生在一个普通的工人家庭。

（19）自己目前的学习成绩很差，经常被一些同学看不起。

（20）自己患有口吃，常被同学模仿而引起大家的嘲笑。

（21）因自己太胖，大家经常以此开涮，并且给自己起不太好听的绰号。

（22）自己身高低于同龄人平均身高20厘米。

（23）自己学习成绩在班级最后，努力用功后效果仍然不明显。

（24）自己除了学习外，其他业余爱好基本没有。

（25）自己是个塌鼻子，影响了容貌。

（26）自己患有先天性心脏病，很容易疲劳。

（27）自己在高一结束时取得全市物理竞赛一等奖。

（28）自己被评为十佳"校园明星"。

（29）自己出生在一个贫困山区的农民家庭里。

（30）自己的家人去东南亚旅游时因海啸而不幸遇难。

（31）走路时因不小心而被车撞，头部严重受伤。

（32）自己的父母对自己要求很严，很专制，很不自由。

（33）家庭经济条件好，但父母对自己缺乏关爱，不喜欢自己。

（34）自己经常受到别人的欺负，心里很忧郁。

【活动方案二】

一、跑得了,跑不了

所有人围成一个圆圈,左手摊开,右手伸出食指放在右边学生左手的虎口处。之后圆圈开始转动,指导员喊:"1,2,3,1,2,3,……"随机地喊出"4"时,所有人必须左手抓住其左边学员的食指,而其自己的右手食指也不能被抓到。在没有喊到"4"就松手的人或任务失败的人表演节目。

二、职业大采访

1. 请成员报告上一次的职业访查报告。

2. 团体讨论分享:

(1) 此职业的相关访查内容是什么? 有什么重要信息?

(2) 为什么会采访此职业?

(3) 采访后的心情怎样?

职业访查单

1. 职业名称。

2. 它和文学、数学、人际或事物,哪一个关系较密切?

3. 主要的工作内容是?

4. 主要的工作场所在室内,还是室外?

5. 计薪方式通常是固定计薪,还是按件计算酬? 月薪多少?

6. 工作时间是固定,还是自行调配?

7. 从业者所需要的教育训练是?

8. 从业者所需要具备的特殊能力和个人特质是?

9. 从业者是否需要专业执照?

10. 从业者的升迁发展机会如何?

11. 从业者的就业市场如何?

12. 从业者可能的压力来源是?

13. 从事该职业最突出的好处是什么?

14. 从事该职业最明显的不利因素是什么?

三、生涯平衡单

活动目标：

1. 促进成员深入、全面地分析自我的求职条件。

2. 成员整理自己的抉择盲点。

活动过程：

1. 领导者分发平衡单，请成员填写。

2. 填写完成后，成员轮流自我分析。

3. 团体共同讨论，分享。

考 虑 项 目						
	+	－	+	－	+	－
1. 适合自己的能力(*)						
2. 适合自己的兴趣(*)						
3. 符合自己的价值观(*)						
4. 能符合父母的期待(*)						
5. 能符合家庭经济状况(*)						
6. 未来的发展性(*)						
7. 学校(或工作单位)的声望(*)						
8. 老师的期待(*)						
9. 交通便利(*)						
10. 朋友的选择(*)						
合计						
总计						
最后选择						

步骤：（1）写出各种影响决定的因素。

（2）再给予每个因素从（＋10）—（－10）的分数（依据自己主观的判断）

（3）最后给每个考虑项目 1—5 的加权数。

（4）将所有分数合计之后，经过加减乘除计算之后，即可得知最后的总分。

【活动方案三】

一、你拍拍，我拍拍

活动程序：

要求所有成员围成一个圆圈，再向同一方向侧身。以八拍节奏拍打前方学员从肩膀，到背部，最后到腰部。之后，所有学员向后转，再以相同的节拍拍打上次拍打你的学员。从而放松团队的氛围。

二、兴趣岛

恭喜你！你获得了一次免费度假游的机会，有机会去下列六个岛屿中的一个。唯一的要求是你必须要在这个岛上待满至少三个月的时间。请不要考虑其他因素，仅凭自己的兴趣按一、二、三的顺序挑出你最想前往的三个岛屿。

R岛：自然原始的岛屿。岛上自然生态保持得很好，有各种野生动物。居民以手工见长，自己种植花果蔬菜、修缮房屋、打造器物、制作工具，喜欢户外运动。

I岛：深思冥想的岛屿。有多处天文馆、科技博览馆及图书馆。居民喜好观察、学习，崇尚和追求真知，常有机会和来自各地的哲学家、科学家、心理学家等交换心得。

A岛：美丽浪漫的岛屿。充满了美术馆、音乐厅，街头雕塑和街边艺人，弥漫着浓厚的艺术文化气息。居民保留了传统的舞蹈、音乐与绘画，许多文艺界的朋友都喜欢来这里找寻灵感。

我会选择哪个岛？

C岛：现代、井然的岛屿。岛上建筑十分现代化，是进步的都市形态，以完善的户政管理、地政管理、金融管理见长。岛民个性冷静保守，处事有条不紊，善于组织规划，细心高效。

E岛：显赫富庶的岛屿。居民善于企业经营和贸易，能言善道。经济高度发展，处处是高级饭店、俱乐部、高尔夫球场。来往者多是企业家、经理人、政治家、律师等。

S岛：友善亲切的岛屿。居民个性温和、友善、乐于助人，社区均自成一个密切互动的服务网络，人们重视互助合作，重视教育，关怀他人，充满人文气息。

三、天生我才

要求成员认真思考后填写该表，然后组内分享交流。

我最欣赏自己的个性是：＿＿＿＿＿＿＿＿＿＿＿＿＿＿＿＿＿＿＿＿＿＿＿。

我最欣赏自己对家人的态度是：＿＿＿＿＿＿＿＿＿＿＿＿＿＿＿＿＿＿＿＿。

我最欣赏自己对朋友的态度是：＿＿＿＿＿＿＿＿＿＿＿＿＿＿＿＿＿＿＿＿。

我最欣赏自己对做事的态度是：_____。

我生命中最重要的人物：_____。

我记得童年最开心的一个经验是：_____。

如果危机降临到我身上,生命只剩十小时,我最想做什么：

我希望别人怎么评价我：_____。

我最想给自己的一句话是什么：_____。

【本章小结】

在本章节中,收集了来自全国部分省市的从小学到高中的班会课课程规划,这些规划的设想是和学生的发展阶段密切相关的,具有时代气息和生活气息,涉及学生当下的学习生活等各方面内容,在规划设计中大量的活动方案师生共同参与,共同体验,在活动中无形地传递知识,锻炼能力,渗透思想方法。课程化是根据育人目标,结合课程教学,从认知—感悟—践行的循环规律出发,科学系统地规划整体学段(三年为一循环)班会主题的循环内容,使班会课程成为有目的的育德行为、有计划的育德过程。提升班会效能,提高德育的实效性,大力推进班会课程化建设有着极大的必要性和非常重要的现实意义。

班会课程化设计时的思考的基本结构包括五个方面,即：

1. 教学目标(整体的、阶段的、章节的等)；

2. 教学方式(聆听、观赏、讲述、游艺、表演、讨论等)；

3. 教学策略(信息技术演示、实践体验等)；

4. 教学过程(起、承、转、合)；

5. 教学评估(个案分析、教学反思)。

作为一名班主任,在带班之前能够将今后的三年做一个基本的梳理与思考,制定一个班级发展规划,了解每一个孩子的发展状态,明确每一个阶段的任务与目标,无疑三年后将是一个美满的结果。

【实践与思考】

1. 在制定班会规划时,应该从哪些方面考虑?

2. 如果您即将接手一个新班级,在基本了解学生情况后,请您制定一个班级三年或者是阶段性的班会课程规划。

第三章 特色班会课的设计与实施

　　班会是班主任运用综合手段达到教育目的一种教育形式。所谓综合手段,是指多种教育内容、多种教育形式的综合,发挥学生多种能力的综合。因此,组织设计班会就必须依据利用多种内容、多种形式,发挥学生多种能力的综合性原则。班会应是富含哲理的教育活动,同时,又以丰富的内容来体现,伦理、思想、政治、艺术等都可以综合在一个班会活动里,使学生受到教育,悟到真理,激发情感。内容的丰富性还体现在多样化的活动形式中,如激昂的辩论、有力的论理、热情洋溢的文艺活动、五彩缤纷的社会课堂、小发明小制作的展示等。形式丰富多彩、为学生喜闻乐见是班会课的特点之一,也体现出班会课综合化的教育作用。班会活动还是学生充分发挥多种能力的课堂,他们的思维力、想象力、创造力、鉴赏力以及实际操作能力,都可以在班会活动中获得展现机会。当下,中学生最迷茫的是心理困惑,最担忧今后的人生发展,最希望亲身参与,最渴望了解自己,融入团队。不少学校开展了很多有新意的班会活动,从内容上融入了生涯发展、职业规划、心理健康等内容,从形式上增加了大量的体验式活动,随着课堂内容的变化,课堂形式的变化,班会课以更加多样的方式在不同的学校开展着。

一、心理班会课的设计与实施

　　心理班会课又称为心理辅导班会或心理主题班会课,是渗透心理健康教育理念、以心理健康教育为主要内容的班会课。主要以人际交往、情绪调控、入学适应、情绪调控、面对挫折等为主题,在每个年级都有涉及,如新生入学适应、考前焦虑的集体疏导,等等,但随着大量的心理教师走进校园,以及班主任通过考取心理健康教师、学校心理咨询员等资格后,掌握了大量的心理学知识与能力,原先孤立的心理疏导式班会课逐渐整合为一门课程,由心理教师和班主任共同开发为一个基于学生心理成长的心理班会课程体系。

（一）课程目标

体验、成长。团体中的成员将一起主动地探索和发展个人目标,老师则是团体中的领导者,通过为成员设计各种体验活动,使成员更好地理解自己和他人,最终使成员获得心灵的成长;在校园人际关系中能娴熟地运用基本的人际交往策略来处理好各种人际关系;对于一些时尚的新事物,能抱有一颗理性的心去看待;对自己的内心世界始终怀有好奇心,能客观地批判分析。

（二）教学原则与方法

团体中的成员将一起主动地探索和发展个人目标,老师则是团体中的领导者,通过为成员设计各种体验活动,使成员更好地理解自己和他人,最终获得心灵的成长。教学方法主要有:体验活动、头脑风暴、心理测验、角色扮演、心理电影赏析等。

（三）评价建议

课程效果可从两方面评价。第一,学生在某节课前后心理态度的差异。要求学生作课后小结,主要是对本节课内容的反思,也可记录令自己印象深刻的课堂事件或课堂中某一刻的深刻感受。这类评价适合于情感、态度、价值观类的授课内容。第二,学生在课后运用课上表现出的所学知识与技能的程度和水平。这类评价适合于心理行为矫正类的授课内容。

附:高中生心理班会课主题采集方法及结果

用开放式问卷,调查了学生感兴趣或有困惑的问题,结果分类如下:[①]

（一）人际交往方面

1. 怎样才能交往到一个知心的好朋友?（虽然自己身边的同学很聊得来,可是能懂自己的却很少,怎样才能找到一个知心的朋友?）

---

① 案例提供:南京建邺高级中学吴梅老师。

2. 有些话该不该对朋友直说。（有些话说出怕伤到朋友。）

3. 与同学的交往。（不知在日常生活中是否应该与一些不好好学习的同学进行沟通与交往，害怕与他们交往可能会染上一些陋习，常言道："近朱者赤，近墨者黑。"）

4. 与同学相处时出现矛盾怎么处理？（出现了矛盾。）

5. 人际交往。（活着就是为了与人打交道的，面对各种难以选择、纠结的事，咋办？）

（二）关注自我方面

6. 同学之间相互交流，了解别人眼中的自己。（可以更深刻地了解自己、认识自己，也可以增进自己与同学间的友谊。）

7. 别人对自己有什么看法？（担心在别人眼中自己有很多不足，会让别人对自己产生误会，更希望自己可以做得更好。）

8. 如何根据别人的表情和行为判断别人的内心？

9. 怎样才能独立？（人都要长大，我希望自己以后可以更好地在任何情况下生活。）

（三）情绪控制方面

10. 影响心情变化的因素？（本人情绪有时不太稳定，时而高涨，时而低落，高涨时体力充沛，低落时体力贫乏，有气无力。）

（四）亲子关系方面

11. 如何能与父母和睦相处？（想跟父母友好相处。）

12. 如何和家人相处？（在家时间少，不愿听父母唠叨，经常与父母吵架。）

（五）学业压力方面

13. 老师布置作业太多。（改善学生学习时间，少一些重复劳动。多给学生一些自主学习的时间。）

14. 课业负担太重，课时太多，压力大。（平时学习太累，占用业余时间多。）

15. 什么样的学习方法能提高学习成绩，尤其是理科的学习？（想提高成绩，提高效率。）

16. 学习与玩电脑游戏的时间如何分配？（不知道如何分配学习时间，游戏每天都想玩，娱乐一下；但作业又多，不知道该怎么办？能否有个两全其美的方法，既能好好学习，完成作业，又能痛快地玩游戏。）

17. 如何让高中生活更有趣？（高中的生活很枯燥、乏味，每天只是上课、写作业，休息时间较少。)

（六）其他方面

18．动漫类的有趣篇目。(有趣的剧情使人着迷。)

19．星座、颜色等表现自我性格的话题。(渴望了解自我;对星座、颜色了解的欲望;有趣、活泼,调动心情。)

以下为心理班会课案例:

第一课　有　缘　相　识

一、活动目的

1．通过游戏让学生体验主动交往的乐趣。

2．学生在交流中发现共同爱好,寻找志同道合的朋友。

二、活动时间

大约需要 20 分钟。

三、活动道具

1．多种颜色的小方形纸若干,每张纸分别剪成四小块彼此能相互契合的形状。

2．选择欢快的乐曲作背景音乐。

四、活动程序

1．在背景音乐的欢快气氛下,主持人要求每个参与者到场地中央的盘子里选取一张自己喜欢的纸片。

2．根据自己所选纸片的颜色与形状,到群体中寻找能与自己图形契合的"有缘人"。

3．找到了"有缘人"后,两人坐在一起,相互介绍自己。通过交谈,找出彼此间三个以上的共同点。

4．全班交流分享。

五、活动片段

主持人准备了 48 张小纸片。每 4 张可以拼成一个正方形,共有 12 种颜色。

今天一共有 42 个学生参加游戏,每人领取一张后,还剩余 6 张小纸片。

这些纸片可能是被挑剩的,颜色不好看,如黑色的、白色的,也可能是被人漏选的。纸片多于参加人数,是为了给参与者自由选择的余地,同时也为寻找"有缘人"设置了难度,有人会找不到契合的"有缘人"图形。

每个人凭着手中的纸片在群体中寻找自己的"有缘人"，一对找到了……五对找到了……三分钟后，只剩下四个人未找到和纸片形状契合的"有缘人"，其他成对的"有缘人"在一起寻找着彼此的"三个共同点"。他们四个人显得孤零零的。主持人暗示他们，想一想还有什么办法可以找到自己的"另一半"？其中一位跑到群体中，快速地与人核对着，最后发现自己可以与一位已找到"另一半"的人契合，在他的主动要求下，他被吸收成"有缘人"，脸上露出开心的笑容。

见有人找到了归属，剩下的三人也有了希望和信心。其中两人不约而同地跑到圈中央，在剩余的纸片中寻找起来。不多久，他们发现有两张纸片可以相互契合，"啊，我们是有缘人"，他们兴奋地跑回座位。

以前交友往往凭第一印象，对有好感的人便会深入了解，这使我们无形中就戴了副有色眼镜，把陌生人分门别类。这个游戏告诉我们：交友前的一个最基本的原则是——一视同仁。两个陌生人因"有缘"而相识，这似乎给邂逅带来了一个机会。我想以这样的心态交朋友，才能够交到真心朋友。

六、学生感言

● 用一张小纸片去寻找自己的"另一半"，我们感觉游戏的设计比较新颖。在一群陌生人中，寻找自己的"另一半"，使彼此从不认识到相互认识，了解彼此的姓名、爱好、特长等，这种方式使人感到很自然，很亲切。

● 一张张小小的纸片，牵动着一颗颗充满好奇、充满期待的心。随着老师撒开色彩斑斓的纸片，大家开始寻找自己的"有缘人"，随之而来的更是激动和喜悦。

● 我们两两交谈，发掘彼此的共同点。令大家惊奇的是，我与我的"有缘人"竟然是同年同月同日出生的，真是不可思议啊！

● 通过这个游戏让我感觉到，我和身边的每个人都有可能存在着一种默契，只是我们未曾发现，本来么，相识就是一种缘分。让我们珍惜身边的点点滴滴吧！

七、活动点评

一群陌生人走在一起，如何主动介绍自己、认识他人？"有缘相识"游戏利用小道具——一张不规则的纸片，让你跨出主动交往的第一步。不管他是谁，不知道他在哪里，凭着手中的小纸片，努力去寻找。相信相遇是一种缘分，所以当彼此找到图形契合的"有缘人"时就会特别高兴，开心地坐在一起交谈，挖掘着彼此间的共同点。陌生感没有了，人与人的距离拉近了。当发现彼此有这样那样的相似时，就会特别兴奋，特别珍视。

第二课 "解手链"游戏

一、活动目的

1. 让学员体会沟通在解决团队问题方面的重要性。

2. 了解冲突如何得到解决,以及在沟通中倾听的重要性。

二、活动时间

20分钟。

三、活动道具

小茶杯。

四、活动程序

1. 将全班学生分成两个小组,每组10人,让每组成员手拉手围站成一个圆圈,记住自己左右手分别相握的人。

2. 在节奏感较强的背景音乐声中,大家放开手,随意走动,音乐一停,脚步即停。找到原来左右手相握的人分别握住。

3. 小组中所有参与者的手都彼此相握,形成一个错综复杂的"手链"。节奏舒展的背景音乐中,主持人要求大家在手不松开的情况下,无论用什么方法,将交错的"手链"解成一个大圆圈。

4. 第一轮由于每圈人数不多,较快地就完成了任务。第二轮把两个小组的成员合并,形成一个大圈,按第一轮的操作重复进行一次。

5. 全班交流,分享感受。

五、注意事项

1. 根据人数,要有足够的空间,而且要有清晰的背景音乐烘托气氛,产生静动分明的效果。

2. 强调记住自己左手、右手相握者,不要搞错。

3. 当出现"手链"非常复杂、有人想放弃时,主持人要暗示、鼓励:一定可以解开"手链"。解"手链"过程中,可以采用各种方法,如跨、钻、套、转等,但不能放开手。

六、活动扫描

随着游戏的进行,大家的兴奋度越来越高,因为从解开10人"手链"到20人"手链"表现出的兴奋度是不同的,感受的成就感也不同。大家通过团队的合作,感受到了成功与快乐。游戏开始,大家看到自己的手被纠缠在一起时,往往认为要解开这条"手链"是件不可思议的事。没有指挥,没有思路,每个人都是"当局者糊",各人产生的想法还会出现冲突。所以游戏需要有个过程,在这个过程中,领导者、指挥者、服从者自然出现,各人的思路进行碰撞、融合与认同,最后形成集体的智慧和力量。

当出现"死结"时,有人怀疑、有人动摇、有人绝望、有人想放弃,主持人的暗示与鼓励可以让团队重新激活,有人指挥、有人配合、有人建议,新的思路出现、新的希望出现、新的局面出现,"死结"解开了,大家感受到的兴奋与喜悦更强。

主持人安排10人"手链"、20人"手链"的目的,就是想通过增强难度,促进团队成员间的探索与合作,从而感受到成功的快乐。

七、学生感言:

● 大家随意走动,彼此的位置和先前迥然不同。一组人的拉手姿势也就呈现出错综复杂的状态,这时需要大家互相配合。经过很长时间的努力,终于混乱的交错形态舒展成一个大圈,此时大家都发出了惊喜的狂叫声,品尝到了打开心结的快乐与舒畅。除了快乐,我们还体会到,每个人属于一个集体,他的一举一动都会影响到整个集体。一个桶能装多少水,是决定于最低的一块板。所以,每个人的行为,不仅要对自己负责,也要对所在的集体负责。

● 在生活中,许多看似简单的问题,若要亲身实践,却非能够轻而易举地完成的,所以,今后遇事不能妄自主观臆断,只有亲自体验才能有更细致、更深刻的了解,才能准确地把握事物的本质。

● 手拉手,手臂与手臂相互交错,的确是结了一个复杂的"人结"。但是经过一番穿梭、跨越,复杂的"结"一点点变得简单、明显和容易。虽然在此过程中多少会遇到些麻烦,但在大家的共同努力下,最终还是变成了完整的圆。看到集体力量的成果,我们每个人心中都感受到了成就感。只要大家的心往一处想,再复杂的困难也会在微笑中被化解。

第三课 人际关系

一、课程目标

1. 了解人际关系的四个阶段及影响人际关系的七种因素。

2. 帮助同学们处理好学校中的人际关系。

二、教学过程

1. 人际关系的定义

人际关系就是人们在生产或生活活动过程中所建立的一种社会关系,属于社会学的范畴。是人与人交往关系的总称,也被称为"人际交往",包括亲属关系、朋友关系、学友(同学)关系、师生关系、雇佣关系、战友关系、同事及领导与被领导关系等。人是社会动物,每个个体均有其独特之思想、背景、态度、个性、行为模式及价值观,然而人际关系对每个人的情绪、生活、工作有很大的影响,甚至对组织气氛、组织沟通、组织运作、组织效率及个人与组织之关系均有极大的影响。如何搞好人际关系也是一门学问。

2. 人际关系的状态及其相互作用水平

图 解	人际关系状态	相互作用水平
○ ○	零接触	低
○→○ ○↔○	单向注意 双向注意	
◐◑	表面接触	
◐◑	轻度卷入	
◐◑	中度卷入	
◐◑	深度卷入	高

3. 人际交往的四个阶段

良好人际关系的形成和发展一般要经过以下四个阶段:

(1)定向阶段

在这个阶段,主要是初步确定要交往并建立关系的对象,包含对交往对象的注意、抉择和初步沟通等。人们对人际关系具有高度的选择性。生活中,人自然而然地特别关注那些在某些方面能够吸引自己兴趣的人。但究竟把谁作为自己人际关系的对象,常常还是要根据自己的价值观作理性的抉择。选定交往对象后,就会利用各种机会和途径去接触对方,了解对方。通过初步沟通,人们可以明确双方进一步交往并建立关系的可能与方向。定向阶段通常是渐进的过程,但也不缺乏戏剧性的发展。比如两个邂逅相遇却一见如故的人,其关系的定向阶段一次就完成了。

(2)情感探索阶段

在这个阶段,双方主要是探索彼此在哪些方面可以建立真实的情感联系。尽管已经有了一定的情感卷入,但还是避免触及私密性领域,表露出的自我信息比较表面,因此仍然具有很大的正式性。

（3）情感交流阶段

在此阶段,双方的人际关系开始出现由正式交往转向非正式交往的实质性变化。表现在彼此形成了相当程度的信任感、安全感、依赖感,可以在私密性领域进行交流,能够相互提供诸如赞赏、批评、建议等真实的互动信息,情感卷入较深。

（4）稳定交往阶段

这是人际关系发展的最高水平。双方在心理上高度相容,彼此允许对方进入自己绝大部分的私密性领域,分享自己的生活,成为"生死之交"。但实际上,能够达到这一层次人际关系的人很少,人们与自己的亲朋好友的关系大多都处于第三阶段的水平。

4. 影响人际关系的七大因素

（1）仪表因素。

（2）空间距离因素。

（3）交往频率因素。

（4）相似性因素。

（5）互补性因素。

（6）能力因素。

（7）个性品质因素。

三、互动讨论

哪些因素决定了你对某人产生好感并与之交往? 你与他处在何种交往阶段?

第四课　学会放松——音乐放松训练

一、活动目的

1. 让学生学会释放紧张的情绪,懂得松弛之道。

2. 让学生集体体验放松的感觉,掌握自我放松的要领和技巧。

二、活动时间

大约 30 分钟。

三、活动道具

放松音乐。

四、活动程序

在放松之前,安排了两个"紧张"的游戏。目的在于让同学们更好地体验放松的感觉,这种感觉越强,人的记忆就越牢固。放松训练对增强集体的能量水准、消除消极情绪、促成积极的心理状态有重要作用。考试焦虑症患者、人际交往中容易羞怯紧张的学生可以从中得到明显的收益。10分钟的"过电"游戏和肢体紧张训练很快让同学们的大脑和身体都处于紧张疲劳的状态。

1. 热身阶段:"过电"游戏

全体同学以圈形站立,伸出左手手心向下,伸出右手食指向上,与相邻同学的左手手心接触。当听到尾数是7的数字(如27,37,47……)时,要设法左手抓,右手逃。

2. 体验肢体紧张感

体验的顺序依次为手臂部、头部、躯干部、腿部。

(1)手臂部的紧张。伸出右手,握紧拳,紧张右前臂;伸出左手,握紧拳,紧张左前臂;双臂伸直,两手同时握紧拳,紧张手和臂部。

(2)头部的紧张。皱起前额部肌肉,像老人那样皱起眉头;皱起鼻子和脸颊(可咬紧牙关,使嘴角尽量向两边咧,鼓起两腮,仿佛在极痛苦状态下使劲一样)。

(3)躯干部位的紧张。耸起双肩,紧张肩部肌肉;挺起胸部,紧张胸部肌肉;拱起背部,紧张背部肌肉;屏住呼吸,紧张腹部肌肉。

(4)腿部紧张。伸出右腿,右腿向前用力,像在蹬一堵墙,紧张右腿;伸出左腿,左腿向前用力,像在蹬一堵墙,紧张左腿。

3. 让学生进行想象放松

在轻柔的音乐声中,同学们靠在沙发上,跟随主持人的指导语进行想象放松。10分钟后,当音乐结束时,许多同学还沉浸在自己的"海滩"中。

放松技巧介绍:

(1)放松的环境要保持安静,光线不要太亮。

(2)大家可以找到任意一个放松的姿势,使自己处于放松、不紧张的状态。

(3)放松时,闭上眼睛并配合深慢均匀呼吸。

(4)跟随指导语体验"有股暖流在体内运动":播放轻柔的音乐,根据指导语让学生进行想象放松。

我仰卧在水清沙白的海滩上,沙子细而柔软。我躺在温暖的沙滩上,感到舒服,能感受阳光的温暖。耳边听到海浪声音,感到温暖而舒适。微风吹来,使我有说不出的舒畅感觉。微风带走我的思想,只剩下一片金黄阳光。海浪不停地拍打海岸,思维随着节奏飘荡,涌上来又退下去。温暖的海风吹来,又离去,带走了心中的思绪。我感到细沙柔软、阳光温暖、海风轻缓,只有蓝色天空和大海笼罩着我的心。阳光照着我全身,身体感到暖洋洋的。阳光照着我的头,我感到温暖与沉重。

轻松暖流,流进右肩,感到温暖与沉重。呼吸变慢、变深。轻松暖流,流进我右手,感到温暖与沉重。呼吸变慢、变深。轻松暖流,又流回我右臂,感到温暖与沉重。又流进我后背,感到温暖与沉重,从后背转到脖子,脖子感到温暖与沉重。

我的呼吸变慢、变深。轻松暖流,流进左肩,感到温暖与沉重。呼吸变慢、变深。轻松暖流,流进了左手,感到温暖与沉重。呼吸变慢、变深。轻松暖流,又流回左臂感到温暖与沉重。我呼吸变慢,变得轻松。心跳也慢,有力。轻松暖流,流进右腿,感到温暖与沉重。呼吸变慢、变深。轻松暖流流进右脚,感到温暖与沉重。呼吸变慢、变深。轻松暖流,又流回右腿,感到温暖与沉重。

呼吸变慢,越来越深,越来越轻松。轻松暖流,流进腹部,感到温暖轻松;流到胃部,感到温暖轻松;最后流到心脏,感到温暖轻松。整个身体变得平静。心里安静极了,已经感觉不到周围的一切,四周好像没有任何东西。我安然躺卧在大自然中,十分自在。(静默几分钟后结束)

五、活动片段

可能是平时学习太紧张了,我已经好久没有这种放松的感觉了,想象着自己躺在海边的沙滩上,听着海浪的声音,感觉舒服极了。看来,只要掌握了一定的操作要领,放松并不是很难的事情,关键还是平时要把放松当成一种习惯。

六、活动点评

紧张和疲劳是现在许多人的感觉。对中学生而言,他们在繁重的学业压力下,情绪容易紧张焦虑。学会放松,不仅可以松弛自己紧张的神经,而且也是一个人在生活中所应持有的态度。本次心理活动课的主题是体验放松,目的是让同学们学会释放紧张的情绪,懂得松弛之道。在集体体验放松感觉的同时,掌握自我放松的要领和技巧。

第五课　星座的巴纳姆效应

一、课程目标

1. 一起感受星座文化的魅力,学习巴纳姆效应,并理性地分析星座魅力的秘密所在。

2. 了解12星座的心理效应。

二、课程过程

1. 热身阶段,在投影上打出12星座图片及出生日期起止时间段,让学生按自己的星座分组。同一星座的同学坐在一起讨论共同点与不同点。

下述六句话,分别描述了六种不同星座。看看你能猜中哪一个?

（1）你的身上总保持着一种天真、忠厚的气质,终生都充满着幻想。

（2）你喜欢丰富自己的思想境界,喜欢在与人交往之中了解别人的思想观点。

（3）非常珍视用自己辛勤劳动换来的财富。开销很有计划,不喜欢挥霍浪费。

（4）你宽宏大量,但不希望别人威胁和干涉你的神圣自由。

（5）喜欢更新自己的想法,而不喜欢无所事事和庸庸碌碌的生活。

（6）来无影、去无踪、心神不定、脚步不停。

（题号对应的星座为:1. 双鱼　2. 水瓶　3. 摩羯　4. 射手　5. 天蝎　6. 双子）

2. 巴纳姆效应

人们会对于他们认为是为自己度身订制的一些人格描述给予高度准确的评价,而这些描述往往十分模糊及普遍,以致能够放诸四海而皆准,适用于很多人。巴纳姆效应能够对于为何不少伪科学如占星学、占卜或人格测试等被普遍接受提供一定的解释。

3. 小实验（巴纳姆效应的应用）

看看这段描述符合你吗?

你企求受到他人喜爱,却对自己吹毛求疵。虽然人格有些缺陷,大体而言你都有办法弥补。你拥有可观的未开发潜能,尚未就你的长处发挥。看似强硬、严格自律的外在掩盖着不安与忧虑的内心。许多时候,你严重地质疑自己是否做了对的事情或正确的决定。你喜欢一定程度的变动,并在受限时感到不满。你为自己是独立思想家而自豪,并且不会接受没有充分证据的言论。但你认为对他人过度坦率是不明智的。有些时候你外向、亲和、充满社会性,有些时候你却内向、谨慎而沉默。你的一些抱负是不切实际的。

4. 互动讨论

星座带给我们的积极意义和消极意义分别在哪里?

5. 思考

你的人生目标是什么?

第六课　色彩心理学

一、课程目标

1. 了解色彩可以混淆人的时间感、色彩是有重量和冷暖的、色彩甚至可以将事物放大或缩小。

2. 使同学们在日常生活中学会巧妙地使用色彩。

二、课程过程

【引言】色彩心理学是十分重要的学科。在自然欣赏、社会活动方面,色彩在客观上是对人们的一种刺激和象征;在主观上又是一种反应与行为。色彩心理透过视觉,从知觉、感情到记忆、思想、意志、象征等,其反应与变化是极为复杂的。色彩的应用,很重视这种因果关系,即将对色彩的经验积累变成对色彩的心理规范。受到什么刺激后能产生什么反应,都是色彩心理所要探讨的内容。

人常常感受到色彩对自己心理的影响,这些影响总是在不知不觉中发生作用,左右我们的情绪。色彩的心理效应发生在不同层次中,有些属直接的刺激,有些要通过间接的联想,更高层次则涉及人的观念与信仰。

(1) 色彩的冷暖感

红、橙、黄色常常使人联想到旭日东升和燃烧的火焰,因此有温暖的感觉;蓝青色常常使人联想到大海、晴空、阴影,因此有寒冷的感觉;凡是带红、橙、黄的色调都带暖感;凡是带蓝、青的色调都带冷感。色彩的冷暖与明度、纯度也有关。高明度的色一般有冷感,低明度的色一般有暖感。高纯度的色一般有暖感,低纯度的色一般有冷感。无彩色系中白色有冷感,黑色有暖感,灰色属中。

(2) 色彩的轻重感

色彩的轻重感一般由明度决定。高明度具有轻感,低明度具有重感;白色最轻,黑色最重;低明度基调的配色具有重感,高明度基调的配色具有轻感。

(3) 色彩的软硬感

色彩的软硬感与明度、纯度有关。凡明度较高的,含灰色系,具有软感;凡明度较低的,含灰色系,具有硬感;纯度越高,越具有硬感;纯度越低,越具有软感;强对比色调,具有硬感;弱对比色调,具有软感。

(4) 色彩的强弱感

高纯度色有强感,低纯度色有弱感。有彩色系比无彩色系有强感,有彩色系以红色为最强;对比度大的具有强感,对比度低的有弱感。即地深图亮则强,地亮图暗也强;地深图不亮和地亮图不暗则有弱感。

(5) 色彩的明快感与忧郁感

色彩明快感与忧郁感和纯度有关。明度高而鲜艳的色具有明快感,深暗而混浊的色具有忧郁感;低明基调的配色易产生忧郁感,高明基调的配色易产生明快感;强对比色调有明快感,弱对比色调具有忧郁感。

(6) 色彩的兴奋感与沉静感

这与色相、明度、纯度都有关,其中纯度的作用最为明显。在色相方面,凡是偏红、橙的暖色系具有兴奋感,凡属蓝、青的冷色系具有沉静感。在明度方面,明度高的色具有兴奋感,明度低的色具有沉静感;在纯度方面,纯度高的色具有兴奋感,纯度低的色具有沉静感。因此,暖色系中明度最高纯度也最高的色,兴奋感最强,冷色系中明度低而纯度低的色,最有沉静感。强对比的色调具有兴奋感,弱对比的色调具有沉静感。

(7) 色彩的华丽感与朴素感

这与纯度关系最大,其次是与明度有关。凡是鲜艳而明亮的色具有华丽感,凡是浑浊而深暗的色具有朴素感;有彩色系具有华丽感,无彩色系具有朴素感。运用色相对比的配色具有华丽感,其中补色最为华丽。强对比色调具有华丽感,弱对比色调具有朴素感。

三、互动讨论

1. 色彩可以使人的时间感发生混淆

思考:快餐店和咖啡馆哪一处更适合等人? 为什么?

2. 色彩是有重量的

思考:同等重量的白色箱子与黄色箱子相比,哪个感觉更重一点? 为什么?

3. 色彩是有冷暖的

思考:列举一些冷色和暖色,并尝试回答不同颜色给人冷暖感觉的原因。

4. 颜色是可以将物体放大或缩小的

思考:让房间看起来更宽敞的秘诀是什么?(天花板较低、过道较深、卫生间较小)

第七课　认识你自己——奇幻的心灵探索

一、活动目标

1. 让学生聆听音乐令情绪平静、身体放松。

2. 随着音乐声眼前呈现出画面,通过对画面意义的分析,让学生思考和感悟自己的心态。

二、教学重点

1. 学生在教师的指导语下,通过调整身体动作,自然地进入放松状态。在音乐的诱导下,脑中自然地出现画面。

2. 学生回忆脑中出现的意象,并在 A4 纸上用彩笔画出意象图。要注意细节的描绘。

3. 教师分析学生的意象图,通过与学生的对话,让学生说出自己的心声,达到认识自我的目的。

三、活动道具

水彩笔、A4 纸、笔记本电脑、投影仪。

四、活动程序

【引言】如果你曾去雅典旅游过,那么在游玩阿波罗神庙时,一定听导游说过:在阿波罗神庙的门柱上用古希腊文刻有这么一行字——"认识你自己"。传说,这句箴言是雅典城建成时,神留给人类的箴言。直到今天,这行字在经历了几千年的沧海桑田后,仍然依稀可见,令许多旅游者感到古老而神秘。

"认识你自己",看起来这么简单的几行字,实际上却是人类迄今为止最难解释的一个话题。这是什么原因呢?

其实我们每一个人的眼睛都有向外发现和向内观看的两种能力。向外,可以发现一个无比辽阔的世界;向内,可以发现一个无比深邃的内心。可以说,外在的世界有多大,内心的深度就有多深,这是完全成正比的。可惜,我们这一生一直用于外在的发现,而从来看不见自己的心是怎样的。

为了给大家一次体验自我内心的机会,我们有了今天这节课——音乐与意象。

今天,我们要借助音乐这一神奇的媒介,来帮助大家看一看自己的心相。

下面,请大家按照我的指导语来逐步操作:

1.(引导语)每个人在自己的座位上坐直,让你的背充分地倚靠在椅背上,双臂自然下垂,眼睛平视前方……请将眼睛闭起来……眼睛一闭起来,你就开始放松了……注意你的感觉,让你的心灵像扫描仪一样,慢慢地,从头到脚扫描一遍,你的心灵扫描到哪里,那里就放松下来……现在开始,你发现你的内心变得很平静……

2. 室内保持安静,播放音乐。

3.(引导语)你已随着音乐,进入了另外一个奇妙的世界,眼前出现了一幅画面……

4. 3 分钟后。(引导语)请大家慢慢地睁开眼睛……相信大部分人都进入了某种状态而看到了画面。这些画面可能是静止的,也可能是变化发展着的。请你在空白的 A4 纸上画出自己脑中的意象。可以是一整幅意象画,也可以是由几幅意象画所构成的一个完整的故事。

5. 大家分享自己的意象画,主持人要认真聆听学生对画面的描述,注意捕捉画面中的细节。

6. 主持人分析学生作品,并归纳总结心理画分析技巧。

五、总结

今天的体验活动很成功,大部分人都能进入状态而看到了画面,看到了自己的内心。成功地体验了自我,这要归功于三大心理因素:音乐、意象、心理投射。

音乐确实是最深刻而且最容易介入人的潜意识的一种工具。许多心理问题和积压许久的精神创伤,音乐想象都能很快地捕捉其直接的心理内涵,并加以情绪性的引导与宣泄。在集体的音乐活动这种无威胁的、安全的人际环境中,人们可以通过音乐的非语言因素这个途径来自由地表达自己的情绪、情感和意念、思想。

在音乐的诱导下,我们的脑中会自然地出现许多画面,这些画面具有潜意识的象征意义,在心理学上叫作意象。意象之所以能反映人的心理,是因为意象具有心理投射的作用。我们每个人脑中出现的意象,正是我们将个人的思想、态度、愿望、情绪、性格等个性特征,不自觉地反应于音乐这一外部事物的结果。

虽然有人会觉得画面中的人与事跟自己无关,或离得很远,但仔细分析一下,会发现其反映的正是自己的心态或生活。

分析画面可以澄清问题、理清思路、认清自我,这也正是今天这节课的意义所在。

序 号	教师行为	学生行为	设 计 意 图
1	引 言	倾 听	一段贴近生活而又充满神秘感的引言,让学生的兴趣集中到本节课的主题上来。
2	放松指导语	调整动作、放松身体	进入音乐想象前的必要阶段。身体的放松才能带来心灵的放松。
3	播放音乐	音乐想象	需要注意的是,这里的音乐想象是指在音乐的诱导下,脑中自然地出现画面。这里运用的心理原理是:音乐、意象、心理投射。
4	分析画面	对话	通过对意象画的分析,引导学生说出自己的故事,起到情绪宣泄的作用。教师随后针对暴露的问题加以应对指导,巧妙地进行教育。
5	总 结	倾 听	了解这节课中相关的心理原理,认识这节课的意义。

二、体验式班会课的设计与实施

（一）体验的内涵

"体验"一词在《现代汉语词典》中的释义为："通过实践来认识周围的事物；亲身经历。"①体验这一概念自古有之：在我国，可以追溯到西汉淮南王刘安主持编纂的《淮南子·氾训论》中的"夫绳之为度也，可卷而伸也，引而伸之，可直而眡，故圣人以身体之"。在国外，德国哲学家狄尔泰较早明确地提出了"体验"这一概念并加以阐述。在狄尔泰那里，体验特指"生命体验"，是具有本体论意义的、源于个体生命深层的对人生重大事件的深切领悟。体验首先是一种生命历程、过程，其次才是内心形成物。②

在哲学认识论中，体验是指一种与认知相对而言的认识方式，是"主体通过自身直接的活动认识和把握客体，并把对客体的认识纳入主体的身心之中，通过主体的内心体察而内化为主体体认、把握自身存在和外部世界的一种认识方式"。③

体验作为一个心理学概念，主要是指人的一种特殊心理活动——人对情绪或情感状态的自我感受，这种心理活动是由感受、理解、联想、情感、领悟等诸多心理要素构成的。在体验中，主体以自己的全部"自我"（已有的经历和心理结构）去感受、理解事物，因发现事物与自我的关联而生成情感反应，并由此产生丰富的联想和深刻的领悟。

体验作为一个美学概念即审美，它是"人在观赏和享受美时产生的深层的、活生生的、令人沉醉痴迷而难以言说的特殊的内心感受，伴随着紧张、剧烈的内部活动、丰富活跃的思想、热烈欢快的情感"。④ 在审美体验中，人所感受到的是一种生命的激越和飞扬，一种生命的领悟和升腾。

作为一个教育学概念，体验是在对事物的真切感受和深刻理解的基础上对事物产生情感并生成意义的活动。我们对某物有深刻的体验，必然会理解到它在我们心目中的独特意义，或者形成某种联想、领悟。总之，体验是一种能生发与主体独特的"自我"密切相关的独特领悟或意义的情感反应。体验的结果是产生情感（有内心反应，内心

---

① 中国社会科学院语言研究所词典编辑室：《现代汉语词典》（第5版），商务印书馆2009年版，第1342页。
② 王一川：《意义的瞬间生成》，山东文艺出版社1988年版，第109页。
③ 庄穆：《体验的认识功能初探》，《福建学刊》，1994年第6期。
④ 王一川：《审美体验论》，百花文艺出版社1992年版。

有感动)且生成意义(产生联想、领悟),两者缺一不可。光有情感没有产生新的意义就只是一般的情感,而不能算作体验;光有意义没有情感,就同单纯的认知性理解没有区别。

（二）体验的特征

教育专家们从哲学、心理学、美学、教育学等角度对体验进行了相应的阐释,但也只能揣测它的性状与蕴涵,相应地给出定义。我们可以从以上的定义中品味出体验的一些特性,如生命性、情感性、亲历性、整体性、生成性以及个体性的特征。

1. 体验的生命性

体验是和生命共生的,和生命有着一种共生性。也就是说,体验是和生命不可分离的。当我们说一个人在体验着的时候,也就意味着他在体验着生命。这是体验最为基本与原始的特性,同时也是人之为人的重要表征之一。体验其实就是个体的生命与自我、他生命、世界的相遇、互动的亲历过程与收获。也正是在这一亲历中,确证、彰显和发展着自我的生命。可以说,人不仅通过体验将对象融入自己的生命意识之中,用自己的整个生命去参悟和体会,而且通过体验把握自身的生命特性,感受生命的意义与价值。

2. 体验的情感性

情感是体验的核心。体验虽非单一的情感活动,却是带有浓厚情感色彩的心理活动。"体验的出发点是情感,主体总是从自己的命运与遭遇、从内心的全部情感积累和现在感受出发去体验和揭示生命的意蕴;而体验的最后归结点也是情感,体验的结果常常是一种新的更深刻地把握了生命活动的情感的生成。"[1]正是由于体验的情感性,学生在积极的参与体验时才会形成对事物积极的态度,全身心地投入。通过体验生发的情感不同于由单纯对事物的感受而产生的"感性情感",而是超越感知与经验,对生命意义有着深切领悟的"意义情感"。

3. 体验的亲历性

体验作为一种和生命、生存密切相关的行为,总是和主体自身的经历联系着。当我们说一个人对某种生活有了体验的时候,并不意味着他是从外在的、旁观的角度了

---

① 童庆炳:《现代心理美学》,中国社会科学出版社1993年版,第51页。

解了或认知了此种生活,而是指他曾经亲身经历过这种生活,并且在生活的过程中产生了对人生、生命的深切理解和感受。没有经历过这种生活的人是无法体会到这种感受的。只有当一个人对某种事情、某种生活经历了,并且在经历的过程中有了某种感悟,他才能生出体验。

4. 体验的整体性

体验是基于个体已有的认知与情感,投入个体的整个身心,对体验对象的总体把握。体验中有认知,但这种认知是对对象的整体认知,而不是把认知对象分解为若干片段来加以分析、比较。体验的方式并非阶梯式的、包含着一系列清晰步骤的归纳和演绎,而是跳跃性的全面领悟。体验的过程并非只有认知在起作用,而是包括认知在内的多种心理因素整体发挥作用。体验的结果不只是形成认知、观念,而且还产生情感、态度,乃至人的素质与精神。

5. 体验的个体性

"体验总是体验者自己的事,是体验者以自己的需要、价值取向、认知结构、情感结构、已有的经历等完整的自我去理解、去感受、去建构,从而生成自己对事物独特的情感感受、领悟和意义。体验不可以用理性的方式加以确证性的认识,而是个人性的、个体性的体验。"每个人来到这个世界上都是独特的,不同的人面对不同的事,体验自然不同,即使是同一个人,对于同一个事件,由于当时的环境不同,认知模式不同,情感结构不同,个体体验也不同。

6. 体验的生成性

体验是一种伴有情感反应的意义生成活动。体验的生成性不仅表现在主体与外部世界发生联系时通过想象、移情、神思等多种心理因素的交融、互汇,使外部世界在主体心灵中被激活、唤醒,生出新的意义上,而且表现在主体自我生命感的增强及精神力量的超越与提升上。

(三) 体验式教学的含义

体验式教学是指根据学生的认知特点和规律,通过创造实际的或重复经历的情境和机会,呈现或再现、还原教学内容,使学生在亲历的过程中理解并建构知识、发展能力、产生情感、生成意义的教学观和教学形式。体验式教学以生命哲学为基础,集合了教育学理论和人本主义心理学,是新型的教学模式。体验式教学的思想源远流长:在国外,包括苏格拉底、柏拉图、夸美纽斯、杜威、卢梭等在内的多位哲学家、教育家都提出过体验式教学的思想。在中国,孔子、魏晋玄学家、王守仁、蔡元培等思想家、教育家也提出过体验式教学思想。①

（四）体验式教学的特征

1. 体验式教学是基于生命的教学

体验是人的生命的体验,参与教学的师生都是有着丰富个性、需要的生命体,是由知、情、意共同构成的生命体。"注重学生体验的教学,则强调学生的个人体验,强调师生、生生间的生活联系,关注学生精神世界和生命意义的建构。这样的教学才真正使教育恢复其原有的本意,即自身生成、引导和唤醒。为此,我们的教学应关注学生的体验,真正激活学生的情感世界,引导学生作出自己的分析与价值判断,使其身心获得和谐发展。"②

2. 体验式教学是尊重人的生命发展教学

体验式教学尊重生命、拓展生命,蕴涵着高度的生命价值与意义。它所关心的不仅是人可以经由教学而获得多少知识,更在于人的生命意义可以经由教学而获得彰显和拓展。体验式教学强调教学过程是一个亲历体验、感受的过程,亦即意味着教学不是一个师生围绕书本,把知识对象化、目的化的过程,而是一个学生联系自己的生命经验,以自己的理解、想象等去直接感受、体味、领悟,再认识、再反思、再创造的生命体验过程,同时这也成为一个确证生命、发展生命的过程。

3. 体验式教学是关注生命感悟的教学

"人形成思想,要通过感悟,它是主体对外部知识、信息的深层次的内化。"③人为万物之灵,其实就在于人能感悟事物与生命。不经过感悟将外部知识、价值内化为主体自身的东西,外部知识、价值始终是没有意义的。感悟是在认知、理解、体验的基础上的自我觉醒,是对生命意义的内在追问。在体验式教学的生命感悟中,感悟的结果既有完成形式的,也有未完成形式的,有相当多的处在连自己还不能描述清楚的状态。感悟的结果就是意义的生成,有认知的意义,也有人的生活的意义,更有对生命存在及意义的感悟和追问。

---

① 辛继湘:《体验教学研究》,西南师范大学 2003 年博士论文。
② ［日］佐腾学著,钟启泉译:《学习的快乐——走向对话》,教育科学出版社 2004 年版。
③ 郭思乐:《教育走向生本》,人民教育出版社 2001 年版,第 149 页。

4. 体验式教学是生成性的教学

体验式教学不是静止的,而是一个过程,一个不断流动生成的过程。体验式教学不追求一种绝对稳定的秩序。学生是在自己不断的生命体验过程中把握世界的,学生的体验不是预先设定的,在教学的行进中经常会出现一些偶然的、随机的因素,但这些不被视为问题来看待,而是正常的。这些偶然的教学因素可能恰恰就成为促进教学深入发展的良好契机。

5. 体验式教学是师生生命共成长的教学

师生之间"是一种生命与生命的关系,是教师生命主体与学生生命主体共同建构的关系"。①"在体验教学中,教学不是单纯的认识过程,而是事实与价值、理智与情感融为一体的过程,是师生之间、生生之间生命对话的过程,是生命整体性相遇交融的过程,是一个充满挑战和生命活力的、富有生命动感的生成过程。"②

体验式教学中的师生关系是通过教学中的交往、对话、理解而达成的"我—你"关系,而不是单纯的"授—受"关系。对学生而言,课堂教学不再是枯燥、抽象的知识的记忆与复制的场所,而是充满生命律动的、生命活力焕发的地方。对教师而言,课堂教学不仅仅是为学生、为社会奉献的活动,也是建立自己的生命家园、实现自我生命价值、体验生命激情的乐土。师生双方都作为自由自主的人投入于一同创造的教学氛围中,相互接纳,各自独立,而又相互理解与回应。在这种关系中,师生相互尊重,彼此信赖与激励。教师理解生命的独特性,充分尊重学生的相异性,对学生个性给予接纳和肯定,对学生的不同思想、不同见解能够宽容与支持。教师不只是面向学生的说话者,更是体谅学生的倾听者。教师总是为学生彰显各自的生命力量、发展各自的独特精神提供一个广阔、融洽、自主的空间,让学生的心灵得以自由地舒展,让生命的意义得以真正地实现。

以下为体验式班会课案例:

职场应聘与自我策划系列班会

(一)职场应聘——终身学习与团队合作篇③

活动目的

通过本次职场应聘模拟活动,帮助同学们树立终身学习的理念,培养其团队合作

---

① [美]加涅等著,皮连生等译:《教学设计原理》,华东师范大学出版社1999年版。
② 闫守轩:《体验与体验教学》,《教育科学》,2004年第20卷第6期。
③ 本案例由南京建邺高级中学袁子意老师提供。

能力,并树立正确的理想观、人生观,让他们明白理想与个人奋斗之间的关系,纠正一些不正确的观点,积极努力学习,成为社会的有用之才。

1. 讨论:拥有高学历但是不愿从基层干起的人是否能被录用? 你是如何看待现在拥有高学历的人找不到工作的? 事实上,很多企业也有招不到高层次人才的问题。

2. 讨论:人际关系好但学历低的人是否能被录用? 你是如何看待学历知识与能力之间的关系的?

3. 讨论:文凭高但只会说空话且没有工作经验的与学历一般但脚踏实地并在工作单位有出色表现的哪一个更会被用人单位录用? 你是如何看待能力与态度的?

1965 年,法国人保罗·伦格兰德在联合国教科文组织召开的国际成人教育促进委员会上提出了关于终身教育的报告,他指出:"教育并非终止于儿童期和青年期,它应伴随人的一生而持续地进行。""教育应该是能够在每一个人需要的时候以最好的方式提供必要的知识和技能的。"联合国教科文组织"国际 21 世纪教育委员会"报告《学习——内在的财富》高度评价了教育在个人发展和社会发展中举足轻重的作用,强调了终身学习将从根本上改变传统的"学习"理念和阶段性的学校教育模式,将"学习"扩展为在时间上包括从幼年到老年,在空间上包括学校、家庭、社会,在形式上包括学校学习(基础教育)、职业学习(职业教育)、职后学习(继续教育)、拓展学习(兴趣爱好学习)等的贯穿于人的一生的活动。

合作学习是针对在教学条件下学习的组织形式而言,相对的是"个体学习"。它是学习者在小组或团队中为了完成共同的任务,有明确的责任和分工的互助性的学习。在合作学习中,团队成员积极地相互支持、配合,面对面促进性地互动;积极承担在完成共同任务中的个人责任,相互信任,深度会谈,沟通协调,克服有碍学习的自我封闭,表达、交流、分享学习的成果。

活动内容

1. 职场应聘现场模拟。

2. 游戏活动心理分析。

3. 脑库分析与辩论。

4. 专家分析与点评。

5. 演员谈心得体会。

6. 家长,班主任发言。

主题班会、黑板报、班级博客等同学们可以利用的资源。

活动程序

1. 演员表演提出问题。

2. 游戏互动分析问题。

3. 专家点评解决问题。

4. 回到现实分享感受。

具体程序如下：

第一场：演员表演，提出问题

（1）应聘方自我介绍。

（2）应聘方策划方案。

（3）招聘方针对性提问，应聘方答辩。

参演人员

主持人：吴晓晨　童　磊

刘策划：刘海洋　于经理：于利杰

郑经理：郑宇聪　牛牛公司总裁(牛总)：郑宁平

应聘者：

一号：陈　敏　　　二号：鲁　旭

三号：戎中祥　　　四号：陈冬梅

吴晓晨：大家好！今天的班会由我和童磊主持。班会的主题为职场应聘与自我
　　　　策划。

童　磊：我们每一个人都有自己的理想，在高一时我们就拟定了自己的奋斗目
　　　　标，可面临这个竞争残酷的社会，我们如何冷静地处理职场问题，是我们
　　　　取得理想职位的关键。

吴晓晨：此次班会为同学们提供了一个良好的平台，让大家在踏入社会之前就体
　　　　会一下职场的竞争压力，为以后的就业积累经验。

童　磊：那么，就让我们走入职场去感受和欣赏四位应聘者在应聘之中的得
　　　　与失。

刘策划：(介绍招聘方)

请让我介绍一下在座的几位。这位是本公司的销售部经理——于经理,这位是人事部经理——郑经理。当然,这位是最重要的"牛牛"公司的总裁——牛总。

【第一幕】

于利杰:有请一号应聘者。请先自我介绍一下吧。

陈　敏:我是一号应聘者,是某某大学应届研究生中最有才华的人。啊,你说什么?
　　　　噢,我优秀啊,哎,我优秀已经不是一两天的事了,你怎么现在才知道?
　　　　想当年,我伴随着一声惊雷来到这个世界上,这说明我注定有惊天动地之势,能够成就一番宏图大业!
　　　　在大学时,我刚进去就被列为重点培养对象。我的政治导师说,如果我从政,最起码是个省长;我的物理导师说,如果我搞科研,铁定可以获得个诺贝尔奖;而我的语文导师说,如果我写作,绝对是90后中最抢眼的一位。还有哦,我的经济学导师说,如果我下海经商,哇!中国股市一定会红得发烫!毕业时,校长亲自为我颁发毕业证书,并恳求我留校继续深造。可是啊,我觉得像我这样的天才,应该在外闯出一番事业,而我正是看中贵公司的发展潜力,特此才来应聘的。

郑宇聪:在没来公司应聘之前,你对你的将来有什么规划吗?

陈　敏:你们看,我有何等的荣誉,无限的才华。21世纪最缺的是人才,脱销的是天才,你们不要用这种崇拜的眼神看着我,我只不过个子比你们高一点,学历比你们高一点,能力比你们强一点,办事比你们牛一点罢了。

于利杰:哪像你这样的天才来我们公司有何计划呢?

陈　敏:我是出来闯荡的!要么不做,要做就做你们老总——牛总的位子!我觉得像我这样的高材生,只有在这个位子上才能够充分发挥我的能力!这不,我打算跟某公司联合,在半年内跻身全球500强,到时,公司打出品牌,一定会蒸蒸日上,业绩一定会节节拔高,当然你们的工资也会翻上一番!

于利杰:那我们给你一次机会,让你在我公司试用3个月,从基层做起,你有什么意见吗?

陈　敏:啊?从基层做起?那我做老总要多少年啊!

于利杰:我们会考虑你的想法的,请稍等片刻。

【第二幕】

郑宇聪:请二号应聘者自我介绍一下吧。你对我们公司了解多少?

鲁　旭：我是二号应聘者。我的学历不高,是个高考的落榜生,可是我充分相信自己的能力,而且我有足够的社会人际关系。前段时间刚认识你们销售部的一位副经理,我们经常一起唱歌、喝酒,我这个人为了公司,只要能让这件事做成功,我什么都能豁出去。上次为了签一份合同,在酒桌上吃饭,可是,签合同的条件是让我喝下一瓶白酒。当时,我一心想把这件事办成,就毫不犹豫地喝了下去,结果呢?我在医院住了整整3个月,医生说我不得了,连胃都给喝坏了。但是,我成功了,合同我给签下来了。

于利杰：呵呵,真是不得了。

刘海洋：虽然你的学历并不高,但你有足够的胆量,这是一般人无法做到的。我想问你一个问题,你当时把合同签成之后,那你是怎么回去的呢?一瓶白酒喝下肚,量可不小。

鲁　旭：我啊?我当然开汽车咯。

刘海洋：你难道不知道酒后驾车是违法的吗?

鲁　旭：我,我晓得!我开车这么多年了,莫得事。我能把合同签下来就大功告成了,其他的,多大事啊!

于利杰：是么?倘若公司要在海外发展,你会外语吗?你怎么能办好公司交代给你的业务呢?

鲁　旭：我啊,就向公司申请找个小秘就是咯。公司想我办成这个事,就铁定会给我配一个,不是吗?再说中国人喝酒能把事办好,老外还不是一样,换换口味,xo。请你放心,我的座右铭是"酒场如战场,酒品如人品,酒杯拿起,合同拿下"。

于利杰：你的情况我们已经了解,请等候通知。

【第三幕】

于利杰：请三号、四号应聘者自我介绍一下。

戎中祥：各位领导好!我是三号应聘者,今年21岁。我是个大学生。我是一个有理想、有效率、有热情的人。我的兴趣爱好很多,比如,打篮球、踢足球,我还喜欢搞电脑、玩游戏。在过去的大学生活里,我热爱生活,喜欢大自然,我一直认为我是个人才,我的格言是:走自己的道路,让别人说去吧!

陈冬梅：我是四号,大专毕业。文凭虽然不是很高,但有充分的工作经验,获得了自学高考英语专科文凭。之前在外企业绩突出，不断得到晋升。要是这次可以应聘成功，我不会让公司后悔的。

郑宇聪：请问三号应聘者，你为什么要到我们公司来应聘呢？

戎中祥：像我这样的人才，可以担任你们公司所需求的任何职务。俗话说，初生牛犊不怕虎，我连老虎都不怕，还怕什么呢？我不怕别人的指责，我会以我为中心，我有鲜明的特点，出众的素质，个人认为，文化只是人的装饰品，身外之物罢了。

你们再看看我这一身打扮，多么的个性！我到贵公司前已经做好了充分的准备了，我在大学是学企划的，我有充分的理论知识，可以应对所有问题！

郑宇聪：那么我就代表公司问你一点问题，请问戎先生我们牛牛公司的液态牛奶目前在全国份额第一，那么怎么样才可以把非液态牛奶的市场打开呢？大概要做什么？

戎中祥：这个吗？我还没有考虑。

郑宇聪：还有，前段时间，三鹿奶粉添加三聚氰胺的事件闹得沸沸扬扬，国际范围性的经济危机也给我们造成了很大的损失，你告诉我，怎么才能做好善后工作，并且即时采取措施呢？

戎中祥：额，貌似这个问题有点远啊，我还没有想好……

郑宇聪：最后我想问，你在大学中学到了什么？

英语六级过了没有？

戎中祥：没有。

郑宇聪：微软工程师证你拿到了没有？

戎中祥：没有。

郑宇聪：驾照你拿到了没有？

戎中祥：没有。

郑宇聪：计算机三级证你拿到了没有？

戎中祥：没有。

郑宇聪：那么什么你可以有？

戎中祥：我有校篮球队主力队员称号，我有校足球队主力队员称号，我有校园十大歌手称号，我有校园舞王称号。这些真的都有。望各位领导支持我，给我一个好的职位。

哦，顺便我想问一下各位领导，你们公司最近很火，公司的经济效益如何？月薪多少？名牌大学生的待遇如何？名牌大学生工资起码在八九千吧！

郑宇聪：好，我了解了。那么，陈小姐你呢？

陈冬梅：我喜欢超越自我。

记得第一次应聘的时候，公司问我是否会打字。我当时愣了一下，心里想先说再学就不算说谎，于是告诉公司我会。结束后我就冲出去买了台打字机，苦练了6天，最后连筷子都拿不起来，可我却成了一名专业的打字员。

还有一次去应征导游，当时我的英语很烂，连英语句子的成分都搞不清楚。公司给了我两个月的时间进行培训，英语考试每次都是临时命题的，出题的老师曾经在牛棚蹲过8年，牛津大辞典倒背如流，出题时天马行空，从天文到地理。听说他出题考到60分就不错了，结果我考了80分，公司就直接让我去带团了。我讨厌一成不变，我喜欢丰富自己。

郑宇聪：你知道牛牛公司是一家怎样的公司吗？

陈冬梅：牛牛老总的一段演讲吸引了我。我相信有这样的领导，牛牛一定会是一家让人向往的企业。Life is neither heaven nor hell. but, we are shocked time and time again when we face the unknown fate at the crossroads of life. 人生不是天堂也不是地狱，然而在人生的十字路口，未知命运敲门的声音的确是如此动人心魄。我愿意从销售员做起，从最基层做起。

郑宇聪：你是一个踏实、勤劳的女孩，有着刚强不屈的意志。你能为我们解释一下你名字的含义吗？

陈冬梅：我出生于腊冬，梅，则是指梅花。自小我就很喜欢梅花，它纯洁无暇，不俗、不媚、不艳、不娇，只是把心头的清香在寒风里飘洒。它拒绝的是对生命的虚伪，拒绝的是对意志的亵渎！宁肯独居寂寞，宁肯遭遇风雪，也要保持一颗冷艳不屈的心！"墙角数枝梅，凌寒独自开。遥知不是雪，为有暗香来。"

郑宇聪：人如其名，你的确很优秀。最后请你翻译一下，这句话，相信你并不陌生吧。In this winter of our hardship, let us remember these timeless words. With hope and virtue, let us brave once more the icy currents, and endure what storms may come.

陈冬梅：在这个艰难困苦的冬天，让我们记得这些永恒的话语。怀着希望和美德，让我们再度冲破结冰的逆流，度过将要来临的暴风雪。

郑宇聪：谢谢你的精彩翻译。

于利杰：很好，我们对二位已有了大体的了解，详细结果还待我公司总裁的决策，请退出稍候。

第二场：游戏互动，分析问题

（1）情境模拟反应与团队合作测试。（情境模拟具体以游戏为主，首先由招聘方介绍游戏规则，应聘方同学进行短暂的交流后即开始游戏，游戏结束后由专业老师进行点评。这个游戏主要是用于考察同学们的组织领导能力以及考察招聘方各位成员的团队合作精神。）

游戏：all tied up。

（借着被绑在一起来完成一件或数件任务。）

人数：不限。

场地：不限。

道具：绳子或其他可以绑的东西。

适合：全部的人。

游戏方法：

① 分组，不限几组，但每组最好二人以上。

② 每一组组员围成一个圈圈，面对对方。主持人帮忙把每个人的手臂与隔壁的人绑在一起。

③ 绑好以后，现在每一组的组员都是绑在一起的，主持人想些任务要每组去完成。

（2）招聘方考核、讨论、点评。

管理游戏（management game）是一种以完成某项"实际任务"为基础的团队模拟活动，通常采用小组形式进行，数名被测评者组合成一个小组，就给定的材料、工具共同完成一项游戏任务。

在游戏的过程中，测评者通过观察被测评者在游戏中的行为表现，对预先设计好的某些能力与素质指标进行评价。管理游戏的优点在于：① 集中考察被测评者的多种能力。管理游戏是为了解决某一问题或达到具体目的而设计的,被测评者在游戏过程中,参与问题的解决,集中反映了多种能力素质。② 测评效度高。在管理游戏测评过程中,由于被评价者处于一种更为放松的状态,其行为表现会更加真实,可以减少掩饰的机会,提高测评的效度。

可测评指标:团队领导能力、沟通能力、创新意识、主动性等。

一号应聘者是一名成绩优秀的名牌大学毕业生。成功的学习经历,树立了他超强的自信心。他的观点是,名牌大学就代表了自己的精英身份,自己是优秀的,因此是高人一等的。迅速的反应是其行为特征,因此在宣布游戏开始时,他首先拿起了水壶。但他的缺点是过分自信造成的性格上的不可一世、目中无人。在和二号的争执中,我们看到一个绝对以自我为中心的人,缺乏团队协作精神。

二号应聘者和一号应聘者的情况刚好相反,他学习成绩不好,没有高学历。让人印象深刻的是他对朋友的仗义和热情。在他的观念里,学历不能代表什么,社会交际能力是成功的关键。他行动同样果断迅速,在看到一号拿起水壶,欲先给自己加水而不管别人时,立刻激起了他的不满。可能他最不欣赏的就是这种万事都只想到自己的人,因此他开始和一号争辩。言语之中,透露出其莽撞易激动的个性特征。

三号应聘者虽没有一号的名牌大学学历,但也没有一号的不可一世;没有二号的仗义热情,倒也多了一份冷静和理智。但"绅士"接下来的行为让我们有点失望,他没有给出自己的建议,而是退出了团队决策,只是一味地服从,缺乏主动性。

四号应聘者品学兼优。有效地制止了队友的争执,说明其沟通能力过硬。并且,其创新意识在游戏中也得到了很好的体现,有效地解决了问题,展现出了团队领导能力。

第三场:脑库分析与辩论

(针对四位应聘者的表现,作出相应的判断与分析。)

吴晓晨:感受就业压力,激情带动活力。提前进入职场,提早做好人生策划。应聘会正如火如荼地进行,里面正在激烈地讨论,不如我们也来讨论讨论。

童　磊:是呀。大家也来猜猜谁会成为赢家! 那么,让我们动起来吧,请你站在你支持的应聘者的身后,我们会随机请同学谈谈你支持的原因。大家准备好了么?

第四场：专家点评，解决问题

（招聘方针对四位的表现给予相应的评价，并宣布最后结果。）

于利杰：有请四位应聘者上场，下面有请我们牛牛公司的牛总和刘策划为大家点评，并宣布结果。

郑宁平：一号应聘者：我花了十年时间，才取得了今天的成就，才有了今天的牛牛。而你，虽然有很高的学历，很优秀的成绩，但毕竟是一名应届毕业生，没有任何的从业经验，让我把这么大的公司交给你，你认为我会放心吗？况且企业重视的是你的工作经历，而不是你在学校里怎么样。没有实践，毕竟是不太容易获得信任的。再者，学与用完全是两回事，要不就不必讲究是否学以致用了！企业期待的是能够为企业找到长久效益的人才，企业依靠人才得以永久辉煌地生存，但学历不代表能力。学历是一张纸，职场上，纸不能换钱。即使是学校最优秀的毕业生，能在短时间内转换成优秀人才的也是不多的。我们很欣赏你这样的人才，如果你肯从基层干起，我想不出十年，你就能有我今天的成就，但以现在的你，恐怕还不行。

总之一句话，态度决定一切。

刘海洋：二号应聘者就由我来做一下简短的点评。

现在已经是 21 世纪了，中国也加入了 WTO。我公司也与国外几家大公司有合作，所以我们对人才的要求更加苛刻，审视人才的视角也从单一的个体层面转向多元层面，是知识、创新、合作、实践等多种因素的立体视角。

像二号应聘者这样有人际交往能力的人才我们很需要，但一个公司要想能够有长远的发展，对人才的要求则更看重其发展的潜力，对员工的要求是能够在法律的层面下灵活地处理好各种问题，帮助公司健康成长。酒后驾驶是违法行为，2009 年 6 月 30 日晚 20：30，张明宝酒后驾车至南京市江宁区岔路口地区，连撞 9 人，导致 5 人死亡，这太让我们震惊了！他的法律意识太淡薄了，他把生命看得太轻了！我们公司是不会允许员工有违法行为以及危害社会的行为的。所以只能对二号应聘者说抱歉。

三号应聘者，你在个人素质、学识、创新等方面都有着不错的能力。

可是,在我们看来,你空有抱负但不切实际,让我们对你的工作态度以及能力产生怀疑。希望你能够从实际出发,不断完善自己。

在招聘中我常常遇到像你一样的应聘者,对策划一点都不了解,有的甚至连策划岗位是做什么的也一无所知,就去应聘策划岗位。要是我们问得仔细一点,听到的往往是"我喜欢"、"我对策划很感兴趣"。

如果一个人对一个职业很感兴趣,他对这个职业却没有一点点了解,这个结论也许不容易站得住吧?! 我想我们还是有机会合作的。

<u>四号应聘者</u>,你让我们觉得你既掌握了丰富的知识,又具有独立思考和解决问题的能力,善于自学以提高自身修养,可以将学到的知识灵活运用于生活。还有你积极乐观的态度,让你能在不断提高自己的过程中走向成功,我希望我们牛牛给你一片天空,你能还给我们一个世界。恭喜你,陈小姐! 欢迎你加入我们公司。

第五场:回到现实,分享感受

在表演结束后,演员相互交流角色扮演的感受和领悟,从不同的角度看待问题,了解别人的反应和感受,学会换位思考,改变不正确的认知。

主持人:在这次的应聘过程中,我想四位应聘者都学到了很多,下面有请他们来谈谈这次应聘的心得。

陈　敏:我饰演的这个人物,学历很高,相信也有一定的能力,本应该毫无疑问地应聘成功,为什么是首先被淘汰呢? 我的总结就是:还没进公司,就想当总裁,又心高气傲,肯定无法录取。有没有学历、能力是一回事,你眼高手低,落选已经是铁板钉钉的事了。

鲁　旭:文凭很重要,有良好的人际关系也可以为自己的工作铺平道路。激烈的竞争之前,应让自己肚中有货,这才是敲门砖。

戎中祥:先靠自己勤奋付出,把经验和智慧总结出来,初步具备工作的思路和方法,当别人看到你的这种能力的时候,机会就会像雪球一样一个接一个地向你滚过来。踏实、实践、总结,机会只会留给有准备的人。

陈冬梅:人要学会在超越别人的同时也超越自我,完善自我。要有充分的自信心,总有一天我也会成功。如果说是什么促使我往上走,那就是这种来自自卑的不断的刺激,就像不断有鞭子抽打着,我克服并超越了这种自卑。在任何一本字典里,绝对没有不可以。Believe you can do it. So, In my dictionary，Impossible，it means impossible.

第六场：家长代表、班主任谈感受

每一次班会都要认真准备，大家都是受益者。在活动中，可以看到很多学生在成长，看到学生才华的展现，看到大家的团结，看到平时我们看不到的你们，希望大家把班会打造成班级的品牌，做班会的主人，做班会的受益者。

> 活动要求

1. 职责明确，精心准备。

2. 把活动看成是一次锻炼的机会，敢于表达自己，敢于秀出自己。

3. 把活动看成是一次全面提升的平台，抓住每一个细节，反复锤炼。

4. 你想在活动中收到一份感动、一份震撼、一份喜悦、一份激动、一份你在平时无法收获的内心体验的话，就认真准备吧！

> 活动后记

本次班会是由班主任与部分学生共同策划完成的。班会设计的意图是，在高一时，几乎所有的学生都是带着对名牌大学的梦想制定自己三年的学习计划的，他们中不少人的理想还是南大东大这些南京，甚至是全国著名的大学。然而经过一年的学习，由于他们的态度问题、学习方法的问题、学习能力的问题，他们中的大多数现实的学习成绩与原先的设想产生了偏差，与他们理想中的大学更是相去甚远，这时他们心理上会产生一种茫然感，在男生身上体现的是一种颓废，比如放弃学习，上课睡觉，沉迷于游戏，或者和社会上不三不四的人来往，打架斗殴，成为今后社会不安定的隐患。在女生身上体现的是一种麻木，她们看上去是在学习，好像还很认真，但是在她们身上你丝毫体会不到成功带给她们的喜悦，她们的成绩始终无法得到较大的提升。与其说她们在坚持，不如说她们在煎熬。这样的问题得不到解决，理想与现实的差距越大，学生们的负担就越大。当差距大到他们无法承受的地步时，他们就会彻底地崩溃。这样的班会由学生自编自导自演自评自辩自悟，无形中给学生一种心理暗示：虽然高考没有考上本科，但只要我以积极的心态去面对人生，用心抓住机会，同样也能成功。这样设计的四位应聘者其实都有缺陷：一号的自大、目空一切、不愿从基层做起，二号的低学历，且由此形成的莽撞、易激动、做事缺乏长远的考虑，三号的不切实际、没有真才实学、空有文凭。四号的缺陷其实是她不高的文凭，这恰是这个班上很多学生在走上工作岗位时将要面临的问题,但这个缺陷却被四号积极向上的人生态度给掩盖了,被她良好的个性与合作能力给弥补了,所有人都希望她能成功,这样的希望同样也会投射到自己的身上,从而能够激发学生的热情,让他们看到积极的希望。一号、二号、三号的不成功,也是现在不少学生的问题:有成绩优秀但不愿参加班集体活动的,有觉得学习无用而放弃学习的,有为了文凭学习又在进入大学后因没有家长与教师的约束而全面放松对自己的要求的,这些都是我们希望通过这次班会能够传达给学生的一些心理暗示。

附:

模拟招聘会求职登记表

姓　　名		性　　别		民　　族		照片
出生年月		政治面貌		籍　　贯		
寝　室　号		班　　级				
联系方式						
特长及个人爱好						
获奖及成果						
外语和计算机能力						
外语水平	□一般 　□熟练 　□精通　其他:					
计算机水平	□一级 　□二级 　□三级　其他:					
职业资格证书						
实践经历(包括任职情况)						
自我评价						
应聘岗位			期望月薪			
其他要求						

三、团体心理辅导班会课的设计与实施①

（一）团体心理辅导班会课的概念

班会课是德育的重要途径，是班主任向学生进行思想品德教育的有效形式和重要阵地。团体心理辅导是指在团体领导者的带领下，成员围绕某一共同关心的问题，通过一定的活动形式，进行互动启发和诱导，形成团体的共识与目标，进而改变成员的观念、态度和行为，促进成长。结合班会课和团体心理辅导的特点和优点，我们认为，团体心理辅导班会课（下称团辅班会课）是以班级为主体，利用团体的磁场和力量，以游戏、体验、分享等团体辅导形式营造民主、活泼的团体氛围，让学生在参与和创建更合理的团体的过程中不断地发展自己的潜力，实现德育和心理健康教育的目的，并使班级的发展成为个体获得成长空间的重要条件。把团体心理辅导技术引入到班会课中，是使传统以说教为主的班会课变得更有趣味、更有活力、更受欢迎、更有效果的重要教育革新，促进个体成长与集体发展成为一个相互依赖、共同促进的过程。

（二）团辅班会课的特征

团辅班会课不同于传统的班会课，除了对班主任的管理、沟通能力有较高期望以外，更从心理学角度加入了掌握团体辅导技术的要求。团辅班会课的特点如下：

1. 亲和力

由于采用了团体心理辅导的技术，团辅班会课首先要有心理辅导的氛围。因此，在团辅班会课上，教师必须坚持尊重、真诚和理解的原则。对学生真心、用心、耐心才有可能收到理想的效果，实现团辅班会课的目标。只有以诚相待、理解学生，才能进入学生的精神世界，才能准确把握他们的情感和需要。当学生切实感到真实的温暖和安慰时，才会愿意把心底的秘密与大家分享。而分享越多，他们的收获也会越多，安全感、自信心也会接踵而来。因此，以师生真情的流露、心灵的交融营造一种平等、和谐

---

① 伍思翰、李翔等：《中小学心理健康教育》2011 年第 12 期。

的班级心理氛围,使团辅班会课具有十足的亲和力,是班主任在课堂上的首要工作。

2. 活动性

活动是吸引学生注意、引导学生参与、促进学生体验的成长过程,是课堂有效达到教育目的的重要教学形式,也是团体心理辅导的重要组织形式。传统德育通常采取灌输式教育,以教师为中心,将道德要求以说教方式传输给学生,不仅效率低,效果也不显著。而体验式的团辅活动依靠学生成长的内在动力,充分开发潜能,让学生通过体验、交流、碰撞、分享来改变认知并规范行为,进行情感、态度、价值观的教育,在内化基础上真正促进学生的成长发展,实现教学统一和知情意行的统一。

3. 团体性

既然是团体辅导班会课,就主要以团体辅导的形式展开。团体辅导区别于个体咨询,它作为一个整体,有很多个体咨询没有的优势,而其魅力和效果也正是来自团体的神奇力量。因此,团体辅导班会课摆脱了传统德育课教师主导、关注个人、忽视集体的旧模式,大胆开发了团体潜力,充分发挥了集体力量,在大家的分享、冲突、理解、领悟中达到更好的班会效果。

4. 开放性

团体活动是一种参与者之间相互建构的过程。团辅班会课不是规范、预设和说教,不是计划或蓝图的演绎,也不同于学科知识的传承,它让学生主动参与、自由创造,通过相互作用实现自我规范、自我反省和自我调控,最终实现心灵的成长。因此,团辅班会课必然不能预设性太强。相反,它一定是开放的、自由的、没有思想束缚和限制的。这也是团辅班会课的必备要素,体现了心理健康教育活动的开放性、建构性等特点。

(三) 团辅班会课的主题来源

团辅班会课的主题通常是班级中亟须解决的中心问题或学生需要发展的重要能力,因此,主题的确定要结合班级建设目标和学生的发展情况而定,避免随意性和盲目性。

1. 班级中最突出的问题

班主任通过观察和了解,发现、提炼班级中存在的突出问题,如学习懈怠、人际紧张等,有针对性地开展教育。对于学生的精神状态、学习状况、健康水平、舆论班风等,班主任都要做到心中有数。只有这样,在进行团辅班会活动时,其主题才具有针对性,才能贴近学生实际,提高团辅班会课的实效性。

2. 班级中大家最感兴趣的问题

在确定团辅班会主题时,一般采用集体讨论的方式,由师生共同商讨,确定现阶段大家最感兴趣的问题,对其加以探索。此种方式确定的班会主题一定是大家都愿意积极参与并热情投入的,学生会感受到此次班会与自己密切相关。带着这样的好奇和兴趣,学生会有更多的准备,也会在团辅班会中发挥更大的潜力,班会也会取得事半功倍的效果。

3. 教师评估学生最需要发展的能力和解决的问题

人生的各个阶段都有其相应的发展任务,中学生也不例外。教师还应根据自己的经验和对学生发展特征的了解,结合班级实际情况,评估出学生在现阶段最需要发展的能力和品质,解决其成长过程中的问题或人生课题,如建立自我同一性等。针对学生身心特点开展一些预防性的团辅班会活动,如以"我是谁"、"初恋"、"与父母对话"等为主题共同探讨,引导学生积极健康地成长。

(四) 团辅班会课的阶段

团辅班会课通常由以下几个阶段组成,各阶段层层递进、自然发展,最终达到解决问题和发展能力的教育目标。教师也可根据具体情况作灵活调整,以达到更优的效果。

1. 定向阶段

顾名思义,这是一个为团辅班会课奠定情感基础、探索发展方向的阶段。刚开始进入课堂的团体,彼此间一定有距离,成员相互之间会有一些心理防线,或者说不信任、不开放,在这样的氛围里,课堂可能会出现尴尬、沉默等问题,不利于达到良好的效果。因此,在这一阶段,我们一定要在团体间建立"安全感"和"信任感",打破僵局,使团体成员熟悉起来,为主体活动做好准备和铺垫,起到暖身破冰的作用。组织者通常会在这一阶段设计一个小巧灵活且与主题相关的活动,使学生们迅速建立初步的安全感和归属感。

2. 冲突表达阶段

这是主体活动的实施阶段,也可以说是暴露问题的阶段。此时活动设计和实施是难点和关键,应与团辅班会主题密切相关,体现其活动内涵。班主任可以通过各种各样的方式如情景剧、游戏等来展现团辅班会课的主题,从而进行后续的发展和处理。在这一阶段,成员可能由于尴尬而变得被动,甚至不愿意合作,因此活动的设计、气氛的营造,以及如何使学生们自愿分享自己的故事、相互理解和共情就变得特别重要了,组织者需要具备较高的专业素养和实践经验。

3. 整合阶段

虽然活动是团辅班会课的关键,但仍然只是载体和工具,活动中的体验和之后的分享才是团辅班会课的核心。因此,教师在整合阶段应鼓励学生分享其体验和感受,并从理性层面提升主题,引导学生深入思考,找到解决问题的办法,这也是整合阶段的主要任务。这一阶段,学生在正视自身问题的基础上解决问题,精神上得到了升华。这个阶段同样鼓励创新。运用更加新颖有效的方法去解决冲突阶段产生的问题,可以达到训练和灵活学生思维的目的。

4. 巩固总结阶段

在团辅班会课的最后,教师要在学生思考和感悟的基础上,总结其精髓,对主题加工达到"深、透、化"的程度,加强课堂效果。在这一阶段,教师可以花一部分时间继续处理前一阶段还没有完成的工作,然后进行总结、回馈与祝福,与学生一起积极维护团辅班会课的成果,方式可以是小游戏、互留祝福、写愿望贴纸等。

(五)教师在团辅班会课中的角色

虽说团辅班会课以学生团体为主,较传统班会课更自由、自然,更民主、活泼,教师似乎隐退二线,但团辅班会课对教师的要求却不降反升。其中一个重要的原因就是其在课堂上的角色更加多元和复杂,难以把握。

1. 主持人

教师在课堂上是一个主持人的角色。与其他课堂一样,团辅班会课的进行也需要完整有序的逻辑。课堂的丰富多样、自然发展不能以牺牲逻辑性作为代价。一堂优秀有效的团辅班会课一定是由浅入深、循序渐进、线索清晰的。逻辑性强的团辅班会课的安排会遵循学生的心理发展规律,自然过渡,流畅发展。教师在这一过程中掌握思路和情绪的发展,但并不承担说教、分析和评价的任务,只是带着逻辑"穿针引线"。因此,团辅班会课的内容是否经过精心设计、不失逻辑是一个重要的评判标准。

2. 各种教育资源的利用

教师在进行团辅班会课的策划时,要对各种教育资源加以合理利用。只有这样,团辅班会课才能达到锦上添花甚至是出人意料的惊喜效果。而在选择教育资源时,需要思考这样一些问题:要选择什么样的教育资源?是视频资料还是团体中的真实案例?教师想从这些资源中获取什么?希望学生能从中体验到什么?要如何利用此资源更好地打动学生、引起共鸣?等等。通过对这些问题的思考,确认使用这些教育资源的目的和手段。而对教育资源利用的合理性则是团辅班会课的另一个重要评判标准。

3. 学生情感的诱发

团辅班会课是以学生的体验感受为入口来引导其认知行为改变的,因此其不同于传统教育对学生参与度的重视。对活动的参与不代表学生全情投入其中,情感的共鸣才是教育的目的。著名教育家夏丏尊曾说过:"教育不能没有情感,没有爱,如同池塘没有水,没有水就没有池塘,没有爱就没有教育。"班集体中情感的宝藏是极其丰富的,教师要有一颗善于发现的心。因此,有没有贴近学生实际,让其感到格外亲切,并深入其内心引发感悟是团辅班会课的又一个重要评价标准。

以下是团体心理辅导班会课的案例。

秀出班级的名片

班会主题:秀出班级的名片——自信、团结、合作①

1. 班会背景

一个优秀的班集体一定要自信、团结、合作,但到底如何让学生意识到它们的重要性,又如何引导学生在哪些方面潜移默化地做到这些呢?如果按照传统班会的流程,先介绍什么叫自信、团结、合作,再说明具备和不具备这些优秀素质的差异,最后请部分学生谈谈自己还欠缺的有哪些,还需要做什么努力,很明显这个班会给学生留下的东西会比较书面化,学生对它们的理解不会很深刻。如何能让学生在愉快的过程中体验和总结他们的重要性是我这节班会的重点,我在设计流程中加入了体验式团体教育模式,起到了较好的效果。

2. 班会流程

(1)站成一个大圈,伸出你的手臂,先对着在班级中有贡献的人鼓掌,然后对着给

---

① 本案例由南京第二十四中学鲁正贞老师提供。

大家带来乐趣的人鼓掌。

（目的：热场，避免学生面对很多老师而过于紧张。）

（现象：当大部分学生把手指着我们的班长江楠的时候，班长非常意外，也非常感动，朝他们深深地鞠了一个躬。）

（2）内外圈（三分之一体验、三分之一讲解、三分之一分享）。

问题：① 你喜欢的小学老师是谁？为什么？

你不喜欢的小学老师是谁？为什么？

问题：② 小学最让你高兴的事是什么？

小学最让你悲伤、难过的事是什么？

问题：③ 小学和中学的同学最大的区别是什么？

小学和中学的老师最大的区别是什么？

小学和中学的你最大的区别是什么？

（请愿意和我们分享的同学讲解。）

（目的：说一些轻松简单的话题，打开学生的话匣子。）

问题：④ 你理想中的中学老师是什么样？

你理想中的中学班级是什么样？

你理想中的中学是什么样？你觉得现在的你基本达到理想中的你的请

站成一排，觉得和理想中的你相差较大的请站成另一排。

（现象：一开始有部分学生不知自己应站在哪排合适，等基本站好之后，有部分属于基本满意但又觉得这样有些不够谦虚，重新站到属于不满意的一排中。这些都说明现在有相当一部分学生对自己的行为没有准则和目标，更没有自信。）

（采访：

不满意的理由：作业质量不够高、上课容易走神、班级常规做得不够好，经常挨批，等等。

教师评价：他们能认识自己的问题，相信他们一定能很快改正。

满意的理由：在小学就意识到的一些缺点在自己的努力下有很大的进步，例如原来不喜欢英语，现在喜欢了。）

（教师评价：明确目标，做事有计划性，能成大事。）

问题：⑤ 我们现在的班级和你理想的班级区别是什么？

问题：⑥ 现在班级的问题出现在哪里？

问题：⑦ 你认为如何矫正班级所出现的问题，才会与我们理想的班级越来越近？（请愿意和我们分享的同学讲解。）

（目的：其实学生所提出的基本都是班级的一些琐事，只要学生有心，这些都可以很简单地解决。要指出班级的关键是人，而不是事。）

问题：⑧ 如果这些问题都解决了，我们的班级将会怎样？

问题：⑨ 这样的班级你喜欢吗？请用手中的笔任意画一幅画代表你理想中的班级。（说明可以抽象，不一定要画人。）

（请愿意和我们分享的同学讲解。）

（目的：让每位同学对我们班级的未来充满信心和期待。）

（说明：设计这个环节，其实我的心里是没谱的，我不知道学生能否在短短的时间里完成这样高难度的题目，连我自己都不知如何表达才是合适的。但是当他们在画而我在旁边巡视时，那一刻豁然开朗：同学们确实比我们想象中的厉害了很多。接下来请大家欣赏画作：三年后的我们。）

（我把这些画大概分为两类：个人的和集体的未来。）

问题：⑩ 大家对我们自己有信心吗？一个优秀的班集体，光有自信还不够，我们还需要一些其他的调料。下面我们来做一个游戏，大家感受一下，还需要什么？

3. 活动：松鼠搬家

（1）活动目的

① 让学生在游戏中体验竞争和被淘汰的残酷，感受合作的力量。

② 开拓学生的思维方式，在竞争中体验双赢的快乐。

（2）活动时间：大约十五分钟。

（3）活动程序：略。

（4）活动说明：

① 本活动人数越多越好，出现无家可归的"小松鼠"和没有"小松鼠"的"小木屋"即被淘汰。

② 关注被淘汰的"小松鼠"和"樵夫"，可以请他们表演节目或交流被淘汰的原因及心理感受。

（5）活动气氛：紧张而热烈。

（6）活动交流：

① 淘汰原因：

● 没有主动交往的意识,没有积极合作的态度,没有有效竞争的能力。

(教师评价:学生继续努力。)

●"小松鼠"找到家,但被"大松鼠"推出门外。

(教师评价:"小松鼠"的委屈哭诉让"大松鼠"意识到自己只顾竞争、不顾合作是不合适的。)

② 活动突发情况:没有被淘汰的"小松鼠"和"樵夫",出现了一屋住双鼠的情形。

(教师评价:这虽然违反规则,但是这个小屋很温馨,表现了"在竞争中合作,在合作中竞争"的精神。)

(7) 活动感受:

● 今天我们与众不同地为广大老师秀出了我们最精彩的一面。今天的班会除了极个别的同学的"独家表演"和"人民采访节目"外,我们大部分时间都在干什么呢? 当然是玩鲁老师精心为我们准备的游戏——松鼠搬家。它总共由 3 个环节组成,看似简单,实际不然。这项活动我们经过反复地尝试,后来就在同学们的欢声笑语中跑完了全场。

事后我就写了这篇感想,幸亏我在学校人缘一直不错,一次也没有成为无家可归的松鼠。我很感谢在我这儿搭桥或当松鼠的同学,以前虽然也感觉到在我们这个温馨的初一(6)班大家庭中,我们要有竞争的意识才不会被淘汰,但是通过这次游戏,我现在想说:同学们,让我们在竞争的同时,也要学会友爱互助,以及彼此信任。只有这样,班级才能强大起来,才能发展成为有凝聚力的集体。同学们,让我们团结起来,一起到达成功的彼岸吧!

● 在这个游戏中我们应该多多地互相帮助。我们就是一个团结的集体。如果把我们的班级比作是一艘巨轮的话,我们每一个人就是这巨轮上的一个小零件,少了任何一个零件,这个巨轮都无法在运作。所以我们每一个人都不能缺失,因为失去一个人,就意味着这个班级就不会再是一个团结的集体了。我们也是一个圆,缺失了任何一个地方,这就不会再是一个圆了。所以从现在开始,我们要互相扶持、互相帮助,这样我们的班级才会越来越强。所以我们不求最好,但求更好。

通过这个游戏,我知道了这样一个道理:我们一定要团结、自信、自强,要充分相信他人,不要忙中生乱,而且,在找家时,不要往人多的地方挤,要去人少的地方,这样才会更有机会找到家!

今天,我们班上的这节班会课,与往常的不大一样,因为我们面对了许多的老师。

我们的主题是秀出班级的名片。虽然这节班会课的内容很多,但最能秀出属于我们自己独特一面的,那还得是松鼠搬家了。这个游戏虽说没有平时玩的游戏有趣,但却包含这一个深刻的道理。有两只松鼠是没有自己的家的,但是机会是可以通过自己去争取的,它们可以在森林大火期间去争抢属于自己的家。没有家的松鼠那就只好表演一个节目了,还要发表一下没有家的感觉是什么样子的。最后我跟胡玉湫同时走进了一个家中,我们异口同声地说:家小没有关系,只要它是温馨的,也要比那些生活富裕但不快乐的人要幸福几百倍,甚至几千倍。

附:团体心理辅导活动方案

方案一:透支(无能为力)。

时间:2—5分钟。

人数:不限。

道具:一段直径12毫米的绳子。

概述:这是一个适合在培训之初开展的有趣游戏。

目的:说明即使优秀的人也会在一些游戏中失败。

步骤:1. 把绳子拉直后放在地上。

   2. 让队员们在距绳子30厘米处站立。

   3. 让他们下蹲,双手分别紧握脚后跟。

   4. 他们的任务是跳跃通过绳子,而手脚不能松开。如果有人完成了这个动作,将赢得一张新版10元纸币。他们只能向前跳跃,不能滚动或者倒下,同时双手紧握双脚,不能放松。

   5. 所有人都放弃后,告诉大家一个道理:在团体活动中,有时可能根本不能"赢"。成功和失败不是最重要的,关键是通过参与学到东西。对于看起来似乎"不可能完成"的事情,有些的确无法办到,但有些却也未必。总之,大家重在参与。

讨论问题示例:(1)这个动作有可能完成吗?

       (2)游戏的目的是什么?

方案二:生命之圈

目的:观察力的训练。

器材场地:12—16人一组,每组一个呼啦圈(每个呼啦圈有三到四种颜色更好)。

规则：

1. 每组围成一个半圆，由训练员面对伙伴手持道具，宣布：

"现在要进行的是一个很严肃，且每个人都会面临的生命课题——生与死。

我现在用 1 代表生、2 代表死。"（训练员开始示范 1 与 2 的表示方式）

训练员先将呼啦圈摆放到一个位置（例如转单数圈⋯⋯等）后，然后说明：

"注意看，这是 1。"

训练员再将呼啦圈改变摆放方式（例如转双数圈⋯⋯等），然后说明："这是 2。"

2. 示范完后，训练员开始变换呼啦圈的摆放方式（刚开始 2—3 次依照示范的方式，然后开始改变），然后询问伙伴："这是 1 还是 2？"

3. 当几位伙伴应答后，有伙伴答对时，训练员必须确认："对！这是 1（或这是 2）。"错误时，则告知："这是 1（或这是 2）。"

4. 如果学员表示知道，可请他继续参与、确认，或者举手向训练员单独确认。

请学员不要直接说出答案，以尊重其他伙伴的学习权利。

5. 答案在每次训练员的提问方式：

当问句是"注意看，这是 1 还是 2？"时，代表 1。

当问句是"这是 1 还是 2？"时，代表 2。

分享重点：

1. 人们都习惯用亲眼所见来判断事情，当你所看到的规则不断被打破时，你有什么感觉？是什么让你改变了原有的观察模式而找到答案的？

2. 过程中，你是否较多的时间都在观看训练员每次的示范动作，以及其他伙伴每次的行动？问题是否因此被解决了？你觉得自己的行动力够吗？

3. 当执着于动作、答案的对错时，你观察（发现）到了什么？当找到答案后，你又观察（发现）到了什么？两者有没有不同？

4. （过程中如果有人质疑训练员的对错时，较适合将这问题提出）当我们面对问题而无法解答时，你是先换个方向、反问自己，还是先质疑别人？在生活、工作中，有没有相同或类似的情形？

5. 团体中可能有某些人不气馁，不断提供答案（意见），这对你会不会造成影响？是什么影响？或者当团体越来越沉默时，会不会让你更不敢开口表达？在你的生活周遭，是否有类似例子？

6. 面对生死的议题，你是否可以豁达地看待？同样的，在你的生命中，有哪些问题是你可以从容以对的？哪些是你避免去碰触的？（这个部分可以请学员不必回答，而改用写的方式；如果愿意，事后可以找一位你愿意与他分享的人，彼此讨论这个话题。）

方案三：孤岛求生

孤岛求生是将每队学员分成三组,分别安置在盲人岛(喻基层员工)、哑人岛(喻中层管理者)、常人岛(喻高层决策者)。要求在规定时间内完成各自的任务,并集合在一处安全的地方。此项目强调主动沟通、信息共享的重要性,尤其说明了主管者运用资源和决策的重要性。

● 常人岛

任务：

1. 器械：一双筷子、一张报纸、一段胶带,要求利用这些器械让鸡蛋从高处落下不碎。

2. 数学题：ABCDE ＊ 3————EDCBA,
   A、B、C、D、E 各是几？

3. 利用一定的物理原理和器械,将所有的人集中到一个岛上。

时间：20 分钟。

规则：

1. 岛的周围是激流,任何人和物品一旦落水,都将被冲到盲人岛。

2. 岛的四周是松软的沙地,受力过重可能会塌陷。

● 哑人岛

任务：

将所有人集中到珍珠岛。

规则：

1. 只有哑人可以协助盲人移动。

2. 只有哑人可以移动木板。

3. 只有盲人完成了第一个任务后才能移动木板。

4. 哑人不得开口说话。

5. 岛的周围是激流,任何人和物品一旦落水,都将被冲到盲人岛。

● 盲人岛

任务：

1. 将一个球投入水中的一个桶中。

2. 所有的人集中到珍珠岛。

规则：

1. 第一个任务完成后才能离开盲人岛。

2. 岛的周围是激流，任何人和物品一旦落水，都将被冲回盲人岛。

器械：

1. 50 * 50 cm 木台 12 个，高度 20 cm。

2. 80 * 20 cm 木板两块。

3. 木桶或塑料桶一只。

4. 乒乓球或网球 3 只。

5. 一双筷子、一张报纸、一段胶带、鸡蛋一只、笔一支。

6. 任务卡片。

[总结] ● 团队表现：顺利完成项目。但"常人"长时间"忙于"包鸡蛋等项目，致使营救行动时间几乎用尽。

● 体会：① 盲人岛、哑人岛、常人岛各有优势，但又各有长短。各层分别相当于一个团队中的基层、中层、决策层。

② 中层（哑人）一味向基层（盲人）寻求沟通，而缺乏向决策层（常人）的汇报、沟通。中层对自己解决不了的问题应及时向决策层汇报。

③ 决策层（常人）被琐碎的事务所困扰，不能科学决策。

④ 基层（盲人）在整个"游戏"中是很无奈的，因此，作为一个团队，明确一个团队的目标和任务是非常重要的。

【本章小结】

本章节介绍了一些有特色的班会课。心理班会课、体验式班会课，团体心理辅导班会课等。体验式班会课从课堂模式上改革了班会课的形式。心理班会课、团体心理辅导班会课丰富了班会课的内容。只要班主任老师根据自身的特点，根据所在学校的特色，根据孩子的实际需求，还可以开发出更多的班会课的形式与内容，形成自己独特的班级课程。让家长走进班会课，让社会志愿者走进班会课，让哲学走进课堂，让更多的教育资源融入班会课。班会将给孩子更多的笑容，更理性的对生命的思考，更加成熟的对未来的规划,更好的对自己对他人的清晰的认识与合理的评价。

【实践与思考】

1. 如果你是一位新班主任,你对班会课的设想是什么,你有哪些班会课的资源?

2. 作为班主任的专业化发展,您认为规划设计好班会课,需要班主任具备哪些能力?

第四章 优秀主题班会课教学实录

主题班会是按照教育目的、任务的要求,在班主任教师的精心指导下,围绕特定的主题有目的、有计划、有组织地进行的班集体成员的自我教育活动。此处用"五好"来概括优秀主题班会的主要特点,即主题好、内容好、过程好、形式好、效果好。本章节涉及的班会课主题包括七个系列:理想系列、感恩系列、团队系列、职场系列、沟通系列、励志系列、毕业班会课系列。选录的班会课方案或课堂实录,带有极大的原创性,有的曾获得省市乃至全国的特等奖或一等奖,其中凝聚了学生与教师的心血,相信会给人以启发与思考。

一、理想系列

年少时,我们都曾有过一些美妙、绮丽而又略显天真和不切实际的幻想,就像河流边那些五光十色的鹅卵石。我们都曾陶醉于那些绚丽的颜色中。渐渐地,我们长大了,目光由脚边的鹅卵石移向前方。河流的源头,屹立着一座雄伟高峻的雪山,令人神往。我们把它称之为——理想。一个最美的字眼!理想,包含着我们对未来的向往,对未来的希望,对未来美好的憧憬。

理想是石,敲出星星之火;

理想是灯,照亮夜行的路。

理想是火,点燃熄灭的灯;

理想是路,引你走向黎明。

当然,理想也是一股动力,推动着我们前进永不气馁。

让我们为理想插上翅膀,让我们一起放飞自己的理想!

主题一　寻找自己

执教班主任　顾健

一、班会背景

认识自己、寻找自己,不仅是苏格拉底哲学的基本命题,也是我们人类的永恒困惑。在高扬个性旗帜却深陷应试泥淖的当今,这个命题更具有普遍意义。

二、班会目的

让学生正确认识自己,看到自己的优点和缺点,不要在时尚和题海中迷失人生的方向,不要失去一个人作为人存在的尊严与价值。真正明白:未经省察的生活不值得过。

三、班会准备

石头若干、发言席卡。

四、班会过程

主持人:各位观众朋友们,下午好!欢迎收看我们这一期的探索节目——认识你自己。我是节目主持人钱锦。

在浩渺无垠的宇宙中,每个个体都是独特的,都有无可取代的存在感与价值。然而,在这个世间,却有很大一部分人怀抱利器而不自知,身负异宝而黯然蒙尘。没有正确认识到自我并从中挖掘出价值的生命是懵懂而可悲的。在这个世上,总统与平民、乞丐与富人、愚人与智者都有自己独特的个性之美。首先,在节目的最开始,让我们把镜头对准付老师的课堂,付老师带领她的同学们展开了一段自我的发现与交流之旅……

付老师课堂:石头的寓意

付:同学们大家好!培根说:"兴趣是最好的老师。"我说,大自然也是最好的老师。今天我就带领大家走进大自然,从大自然中汲取知识,或许会给大家带来不一样的感受。我带来了一些特别的东西。碰撞时,他们会发出金属般的声音;静静观赏时,你会发现他们各具特色,神态各异。大家猜出来是什么了吗?

众　人:石头。

付:好,大家猜得没错,就是石头。有请我的两位助手上场。现在就让我们来玩一个小游戏。请大家选出自己最喜欢的石头,随心所欲地选,只要你喜欢就可以。我想知道,你们喜欢的石头是哪一块?你们为什么喜欢那块石头?有没有同学愿意回答一下?

(有几位同学讲了自己的理由。)

付:嗯,我觉得它像你一样高大。

付:正是因为石头普通,没有特点,所以刘坤喜欢它。

付:你的回答很有特点。

付:现在大家可以分组讨论一下,观赏一下同学们喜欢的石头。给大家两分钟的时间。

(走到同学桌前,依次和刘大静、孙洁琼耳语。最后终于寻找到了岳阳,为下边的提问作准备,长舒了一口气)好了,大家讨论得十分激烈!下面请两位同学把石头收上来。我发现,咱们班有好多同学戴了近视眼镜,下面就来测一测大家的视力。再次麻烦两位同学把石头带上场。大家睁大眼睛,你们还能找到你们喜欢的那块石头吗?(发现孙洁琼找到了,听到邵亚男转向孙洁琼说"你完了"时,我几欲笑出。)

你们找到了吗?嗯,岳阳找到了。

岳阳:我找到了我喜爱的石头。看!它是多么的与众不同:与众不同的颜色、与众不同的纹理,就像共性与个性一样。我正是认识到它的与众不同,才在茫茫的石海中发现了它。(一副陶醉状,我起了鸡皮疙瘩。)

付:你找到的石头很有特点,就像你一样充满诗意。黄睿婷,你找到了吗?你没戴眼镜啊。

黄睿婷:没找到。

付:因为她喜欢的石头很普通,所以没有找到。我想还有一个原因就是她对石头的认识不够全面。可能因为时间有限。(黄象征性地点点头。)

付:从两位同学的发言中我们可以看出,越是有特点的石头越容易被发现,而如果你喜欢的石头长着一副大众化的脸,就很难被发现。还有啊,找不到石头的原因还可能因为我们对石头的认识不足,就像我们认识自己一样,远远不够全面。我们在认识自己的道路上,还仅仅是在起点,因此我们有必要展开一段寻找自己的路程!

主持人:付老师的点子可谓新颖奇妙。的确,以石喻人,个性昭彰。然而再昭彰的个性,如果没有得到正确的认识,也是枉然。正如无法辨认出代表自己的石子一样,在很多情况下,我们都无法认识自己。不相信?下面,让我们把镜头转向庄严肃穆的法庭,在那里,正在进行两场特殊的庭审。

金陵中学高二(14)班自我教育委员会2009年第12场审判

被　　告:陈启阳。

公诉人:袁　睿。

辩护人:陆彦豪、丁饮啄。

陪审员:张艳萍、汪政扬、张晓然、李晶。

法　　官:胡安琦。

胡安琦:开庭!请公诉人提起公诉。

袁　睿:尊敬的法官,亲爱的陪审团,当然,还有被告:今天,我在这里,代表高二(14)班自教委向被告陈启阳同学提起公诉。陈启阳同学整天游手好闲、胸无大志,做起事来漫无目的,直到现在还一副不屑一顾的样子坐在大家的面前。下面,请大家看一组证据。画面上的,就是陈启阳同学。我在这里恳请法官大人依法处理。就算如被告律师所说,他昨天晚上进行的那些活动能给他带来一定好处,那么试问白天别人辛苦学习工作的收获,他难道还能用这样的好处来弥补吗?请问被告,你这种异于常人的行为,到底有什么目的?

陈启阳:我早上晚点起有什么错啊?你想想我昨天晚上先去看演唱会,看完演唱会又看欧冠,三四点钟才睡觉,这叫享受生活,你懂不懂啊?这还要什么目的啊?

袁　睿:如果我刚才没有听错的话,陈启阳同学应该是把别人工作、学习的时间用来睡觉,然后又在别人休息的时间进行了一些没有意义的娱乐活动!这种行为不仅对陈启阳同学本人的身心健康有很大影响,而且,对他的同学也做了一个很坏的榜样!

陆彦豪:刚才公诉人说的似乎头头是道,大义凛然,其实是错漏百出啊!聆听美妙的音乐,不仅能陶冶我们的情操,更能培养我们的审美能力与生活情趣。观看体育赛事,尤其是像欧冠这样世界顶级的足球比赛,无疑可以从中获得团结协作的真谛、无畏拼搏的气概,以及永不言败的坚定。这些收获对智商及情商的共同提升有着怎样的帮助,不言自明。敢问,"争分夺名"怎比这享受生活妙趣横生？"书山题海"怎及这大千世界广博浩瀚？

张艳萍：荒谬，这简直太荒谬了！我是一名武警，每天坚持锻炼，只为在与歹徒搏斗的那一刻能够一招制胜，大家请看我的肱二头肌，这就是我努力的成果。小伙子，你要是干了我们这一行，不是被淘汰，就是被歹徒砍死！

陈启阳：哥这叫个性！懂吗？

张晓然：个性？这难道是个性吗？法官大人，作为一名资深的心理学家，在这里，我要郑重地告诉被告到底什么才是个性。在我看来，被告的表现从心理学上来说，是一种典型的缺乏自我认识意识的行为。所谓自我认识意识，是指一个人对心理行为素质的知觉与了解，是一个人自我同一性的核心，也是人性格特点的基础。被告整日无所事事，生活没有目标，这归因于他缺乏自我认识意识，而这会导致其社会调试、心理、行为等方面的不良发展。

袁　睿：就如刚才那位心理学家所说，我认为陈启阳同学的行为只能算作一种与周围同学格格不入的做法，一种盲目的标新立异，这种做法，应该源于一种没有目标、没有计划的生活态度，又谈何个性呢？

汪政扬：个性？什么个性？！就这臭德行！我是一名待业青年的父亲，我儿子已经大学毕业十年了，到现在还没有工作！他以前就和你一个德行！个性？还谈什么个性？真是的，又是一个，气死我了！

李　晶：我不同意这位老先生的观点。有一位伟大的艺术家说过："我们只有抛弃心中的一切杂念，放缓人生前进的步伐，才有时间去欣赏这个世界的美。"这位艺术家正是秉承这样一种信念，才创作了无数永垂不朽的艺术作品。而这位才华横溢、万人景仰、名扬中外的艺术家，就是我。我想问：人生何必太匆匆？有了闲暇，我们才能感到生活之不乏味。独坐在窗前，品一杯清茶，眺望着远方绚烂的灯火，正是在这样清闲的一刻，灵感刹那间爆发，使我们把握住了时代的脉搏、生命的轨迹。因此我认为，陈启阳同学这种悠游自在、乐知天命的个性，正是我们应该提倡的生活态度呀！我仿佛看见了艺术界升起的新星！

陈启阳：这位艺术家说得太好了！俗话说得好啊，人生苦短！俗话说得好啊，人生得意须尽欢！俗话说得好啊，今朝有酒今朝醉！俗话说得好啊，all work and no play make jack a dull boy! 俗话说得真的很好啊！面对这个无限的时间、无限的空间,我们为什么要为那些毫无意义的名和利而拼命地忙碌呢?这就是我选择的生活方式,这就是我的个性。

丁饮啄:正如我的当事人所说,我认为,个性首先是必须建立在活生生的人的基础上的,陈启阳同学如果按照对方所说的生活方式,整日忙忙碌碌地生活的话,他连最起码的人的模样都没有,何谈个性呢?他必须得按照自己的意愿生活,才能够谈得上去追求属于自己的个性。

袁　睿:真的如被告所说,这是个性么?不,这不是个性,这是惰性。陈启阳同学做事拖拖拉拉,爱找借口,虚度时光,碌碌无为。惰性在不知不觉中磨去了他的骨气,弱化了他的个性,他的自我早已腐化在了精神的鸦片里。古人有"一日三省吾身",正是因为他们自觉地鞭挞自我,克服惰性,才能立言立德,流芳百世。而今陈启阳同学所缺的,就是这种自我探寻的意识啊!人不会因为本性去犯错,只会因为无知而犯错,醒醒吧,陈启阳!不要再一味地迁就自己,让惰性蒙蔽你的双眼。切莫待明朝,万事成蹉跎!

胡安琦:庭审到此结束。经过陪审团的交流讨论,根据金陵中学自主教育委员会第7章6款5条,本庭判决如下:

1. 每天清晨大声唱英文歌曲叫醒舍友,不少于3遍,由伏梓佑监督。

2. 每天大声朗读《什么是个性》这本书上的10页内容。

3. 每天22点前不准离开自习教室,由周天监督。

审判到此结束。

金陵中学高二(14)班自我教育委员会2009年第13场审判

被　告:刘小哲。

公诉人:田志鹏。

辩护人:耿功伟、周楚青。

陪审员:柳旭、何泽成、王心恬、李储君。

法　官:朱文瀚。

朱文瀚:开庭!请公诉人发言。

田志鹏:在我即将开始讲话之前,我想先请诸位看一段视频……视频中这位特立独行的学生,不是别人,就是今天坐在被告席上的刘小哲同学。正如大家所看到的那样，当别人在球场上英姿飒爽时，当别人在周一晨会上高唱国歌时，当别人利用课余时间进行适当的自我放松时，被告都只有一种姿态，那便是学习。作为一名90后，本该青春飞扬、朝气蓬勃的他，已然在作业中迷失了自我。他的生活只有埋首苦学一种底色，面对此情此景，又怎能不令人痛心疾首?! 被告在题海中如此地废寝忘食，可我真的想问：你有思考吗？子曰："学而不思则罔。"被告这种只学不思的盲目学习，只会让自己在应试的泥潭中越陷越深，并最终迷失了前行的方向。大家看看，就是到了这个时候，被告也仍在那儿奋笔疾书。题海茫茫，何处是彼岸？我们必须先向作业表明自己的价值，才能发现作业的价值。另外，"一张一弛，文武之道"。只有劳逸结合、张弛有度的高效学习，才是学习的王道。恳请法官大人让他明白自己的罪过吧！愿他能走出单调而迷茫的题海，找回迷失的自己。

朱文瀚：被告有什么要说的？

刘小哲：法官大人我冤枉啊，我冤枉啊！我只是用别人喝奶茶的时间来写数学题；用别人听音乐的时间来听英语；用别人看电视的时间来写作文。"少壮不努力，老大徒伤悲"啊！试问，我何罪之有啊？

柳　旭：我只是出来打个酱油的！但是，惨相，已使我目不忍睹；狡辩，犹使我耳不忍闻。我还有什么话可说呢？我明白众多学生疯狂学习却仍无所作为的缘由了。盲目啊盲目，不在盲目中爆发，就在盲目中灭亡！

耿功伟：尊敬的法官大人，各位陪审员：对于公诉人提出的指控，我们不能认同。公诉人提出，刘小哲整日埋头写作业，迷失了自我，应判其有罪，这显然是站不住脚的。试想，我当事人作为一名高中生，又是一名中国的高中生，每天面对的是如此多的作业，如此多的试卷，不埋头苦学、奋笔疾书，又如何交的了差？况且，他知道自己在做什么，他现在的目标是高考，至于什么参加活动、培养能力，完全可以在大学完成，现在正是打基础、学知识的黄金时期。我当事人的行为无可厚非，他要先做一个好学生，要先实现自己的大学梦，这样，才会有一个美好的将来等他去享受。因此，我衷心地希望陪审团判其无罪，恳请法官大人将他当庭释放！

何泽成：曾经有一份美好的高中生活摆在我的面前，可是我却没有好好珍惜，人世间最大的悲哀就莫过于此！如果上天再给我一次机会，我一定会对作业说三个字:"我恨你!"如果要给这三个字加个期限,我希望是一万年!作为刘小哲同学的校友,我觉得他简直是罪大恶极,罪大恶极!!!

朱文瀚:请陪审团控制情绪!

周楚青:公诉人口口声声说要"劳逸结合",可是我认为这实属空谈。公诉人仔细算过吗?刘小哲同学目前有十门功课的学习任务。语文、数学、英语,一天一个小时;物理、化学、历史、政治、生物、地理,一天半个小时,那他一天也要六个小时来完成学习任务。而他一天在学校累计上课 8 小时,上学、放学、吃早饭、中饭、晚饭,累计 3 个小时,给他 8 个小时的休息时间,6+8+3+8=25 呀,就算是爱因斯坦,一天也搞不来 25 个小时啊!你要刘小哲怎么劳逸结合呀?

李储君:周律师算得很正确。身为一名普通高中老师,我非常理解刘小哲同学的行为,在如今的高考形势下,面对如此高的竞争压力,刘小哲这样完全是迫不得已,我支持法庭判他无罪。

(刘小哲拥抱李储君。)

朱文瀚:请被告注意情绪!

王心恬:我多年从事大学教育工作,很多像你这样的同学到了大学就没有发展潜力了。为此,我只能改用辛弃疾的一首词来形容:"试卷日放花千树,更吹落,星如雨。分数等第香满路,凤箫声动,玉壶光转,一夜鱼龙舞。蛾儿雪柳黄金缕,笑语盈盈考试去。众里寻他千百度,蓦然回首,作业却在灯火阑珊处。"呜呼!如此美好的青春年华居然被葬送在了作业中,悲夫!悲夫!

朱文瀚:公诉人还有什么要问?

田志鹏:我体谅被告的无奈,我理解被告的苦衷,但我更想提醒你:没有什么比迷失自我更为可悲的了。不光是你,还有千千万万迷失于学海之中的学子们,你们只知金榜题名,只知亲人期许,只知竞争激烈,只知像陀螺一样屈服于世俗的鞭绳!纵使现阶段的目标只为学习,只为高考,也不能以精神家园的荒芜作为代价。没有精神家园的心灵看不到远方,就像一束失去指引的光芒,永远只能照在原地。而被告将自己摧残至一个麻木的躯壳,没有思考,在单调的生活中没有自我地活着,难道还有比这更可悲的吗?被告,还有千千万万像被告一样在题海中迷途的学子们,在应试的漫漫长夜里,要坚信光明的存在。这光明不是骄人的分数,而是我们作为一个人存在的价值和尊严!请在心中默默许下这样的诺言:黑夜给了我黑色的眼睛,我却用它来寻找光明!

朱文瀚:法庭辩论到此结束。根据金陵中学自主教育委员会第 27 章 26 款 25 条判处被告:

1. 每天必须与不少于 5 名同学聊天,每人不少于 3 分钟,由乔雨宸监督。

2. 每天模拟科比投篮状不少于 20 下,由臧宇豪监督。

3. 每天 23 点前必须睡着,由刘忠监督。

审判到此结束。

主持人:法律是公正而严峻的!英明睿智的法官告诉我们,我们中很大一部分人确实将自我迷失在了学习与生活的迷宫里。第一场庭审中,陈启阳同学对自我的认识是肤浅的,他所张扬的并不是所谓的个性,仅仅是一味迁就自己的鲁莽。自身惰性对理性思考的压抑,使得陈启阳同学的行为表现走上了"闲"的极端。第二场庭审中,刘小哲同学则是彻底迷失了自我,他走上的极端是"忙"。外界的压力让他选择了对自我的囚禁。无法认识自己,就无法成为自己,因而这种忙往往只能做无用功。怎样认识自己,怎样才能在两个极端中取到不偏不倚的中庸之道,观众朋友们有答案了么?我没有答案。在节目的最后,我们将为大家带来一则哲理故事:《寻找》,就让我们在袁睿的朗诵中寻找属于自己的答案吧。

今天的节目即将结束,感谢大家的收看,下周三同一时间探索节目与您不见不散!

袁睿朗诵《寻找》

我们拥有缺陷,我们不完美。所以我们总是在不停地寻找、寻找……

"认识你自己!"我们带着这个小小的愿望上路。"成为完美的自己!"我们的心底其实埋藏着大大的野心。于是……这是一个关于【寻找】的故事

它是一个石头,是一个缺了一角的石头。有一天它动身去寻找失落的一角。

它向前滚动,唱着这样一首歌:喔,我要去找失落的一角,啊哈哈,上路啦,去找我那失落的一角。

有时候,他要忍受日晒,接着又是一场冰凉的大雨。

他因为缺了一角，不能滚得很快，所以也会停下来跟小虫说说话。

或者闻闻花香。有时候它超甲虫的车，有时候甲虫也超它的车。

最愉快的就是这样的时刻。蝴蝶停在他的头上，他们聊着天。这种时候，他就会忘记自己缺失的那一角。

有一天，他突然看见了一个石头，很像他失去的那一角。他又想到自己是个不完美的石头，他想找到另外一角，

但是这个太小，

这个又太大了，

这个又太尖锐了些，

这个又太方正……

有一回，他好像找到了合适的一角，但他没有抓牢，又掉了。

另外一次，他抓得太紧，弄碎了。

后来有一天，他又遇上了另外的一角，看起来很合适："哈哈！这就是我的一角！感觉真好！"

它向前滚动，因为不再缺少什么，所以越滚越快，从来没有滚过这么快，快得停不下来，它从小虫边上滚过，却不能跟小虫说说话。从花儿旁边滚过，也不能闻闻花香。它快得蝴蝶不能在它身上落脚。

它又想起自己上路的时候唱着的歌：喔，我要去找失落的一角，啊哈哈，上路啦，去找我那失落的一角。

他又想起小虫，想起花儿，想起曾经和它聊天的蝴蝶。

每天我们忙忙碌碌，却并不是总能感到充实。

有时候，会觉得很累；

有时候，很无奈；

有时候，又很无聊。

这一切都是因为没有找到真正合适自己的那"一角"。

在忙碌的间隙，如能抽出时间细想自己寻找的东西，你就不会再有那么多烦恼。

想想自己：想做什么？能做什么？做了什么？

也许是你没有认真地去找；也许你很努力，但是还没找到；也可能是你也不清楚自己要找的是什么。

你每想一次,就记下自己的答案,

直到你的答案不再变动。

那就是你成熟了……

成熟,是时间雕刻的过程。

我们还在寻找。

我们寻找的不是那个"完美的自己",仅仅是"自己"而已。

我们抛弃了那个很重的很大的野心,

目标只剩下小小的一个——"认识你自己",

然后我们又添上小小的一笔——"成为你自己"。

我们继续寻找,我们还在路上……

主题二　畅读红色经典,传承红色精神

执教班主任　卢昱洁

一、班会背景

时间:2011 年 5 月 27 日。

主持人:李章宁、杨雅婷。

参加人员:三(3)班全体同学。

2011 年,中国共产党迎来建党 90 周年。90 载艰苦卓绝,90 载荣耀辉煌。90 年来,中国共产党团结带领全国各族人民战胜各种艰难险阻,谱写了中华民族自强不息、实现复兴的奋斗凯歌。纪念中国共产党成立 90 周年,就是要发扬共产党员为着民族和国家利益不屈不挠的精神、不畏困难挫折的艰苦奋斗和革命乐观主义的精神、团结协作和敢于牺牲的精神等。这些精神,已经成为我们民族精神的宝贵财富。

二、班会目的

通过本次读书活动,让学生对中国共产党的历史有更深刻的认识;让学生对优秀共产党员的事迹有更深入的了解;让学生感受在党的领导下的中国国力越来越强盛,人民的生活水平越来越高;让学生树立正确的人生观、世界观和价值观,传承和弘扬中华民族优秀党员的精神财富,从而提高学生热爱中国共产党、热爱伟大祖国的思想感情。建党 90 周年,是一个很好的加强爱国主义精神教育的机遇,蕴藏着丰富的教育资源,需要我们不断地挖掘和运用。让学生铭记历史,弘扬烈士精神。

三、班会准备

学生准备红色经典书籍、五星红旗,摘抄红色经典语段,排练和红色经典主题有关的诗歌朗诵、快板等。

四、班会过程

杨雅婷:书是我们成长的摇篮。

李章宁:书是我们亲密的朋友。

杨雅婷:读书给我们带来了无限的快乐。

李章宁:读书让我们学到了更多的知识。

合:"畅读红色经典,传承红色精神"主题班会现在开始。

(一)聆听红色经典朗诵,激发爱国情怀

杨雅婷:老师们,同学们:光阴似箭,岁月如梭,我们的党走过了90年艰苦奋斗的道路。在党的90岁生日之际,我们每一个人都怀着感慨和感激之情。今天的班会我班将一同去回味那红色经典的记忆。

李章宁:同学们,你们这学期都阅读了哪些红色经典的书籍呢?(学生回答略)

(二)分享红色经典书籍,铭记英雄人物

1. 读读妙语,品读语段

杨雅婷:书,就像一只辛勤的蜜蜂,带领我们去百花园中领略风光。

李章宁:书,就像一位快乐的天使,为我们插上想象的翅膀。而其中那优美的诗章就像一个个跳跃的精灵,总会让我们为之感动。

杨雅婷:本学期,我们班不仅阅读了很多红色经典书籍,还摘录下了那感人肺腑的语段。

李章宁:请同学们拿出你们的采蜜集,让我们一同感受文本中那催人奋进的文字吧!

杨雅婷:谁来读读自己摘抄的红色经典书籍语段,并说说感受?让我们一起分享你读书的收获吧!(请同学读自己的采蜜集。)

(秦俊、陈峙睿介绍。)

2. 分享采蜜集

杨雅婷:同学们的采蜜集内容真是太丰富了!看来大家都非常热爱阅读红色经典。

李章宁:那可不?!快乐读书是我们的风采,经典文化能使美好的人生更加精彩。

现在,班里有这么多同学从红色经典书籍中知道了现在幸福生活的得来不易,还树立了自己坚定的理想和信念!

(1)分享故事《红色经典故事》

王宇存阳:这学期我阅读了不少红色经典书籍,认识了很多坚强不屈的英雄人物,其中有个故事给我留下了深刻的印象,我想和同学们一起分享。

杨雅婷:大家欢迎。

(全班鼓掌。)

(2)知识竞赛

杨雅婷:相信这个故事给大家留下了深刻的印象,我们班其他同学在阅读中还有哪些收获呢?

薛宇宸:这学期我阅读了一本红色经典,知道了很多红色知识,我也想考考大家呢,敢接受我的挑战吗?

全班同学:敢。

(3)展示由课文改编的课本剧《刘胡兰》

张　杨:(自己发言)他们的阅读都是一人进行,而我和班级里的其他同学不仅阅读了《刘胡兰》,还把它改编成了课本剧的形式呢,大家愿意给我们展示的机会吗?

全班同学:愿意。(气氛很热烈。)

(三)读书特色,幸福历程

杨雅婷:刚才的课本剧真是太感人了!我敬佩刘胡兰那种视死如归、顽强不屈的精神!这种读书活动真不错,不仅丰富了课余生活,还明白了做人的道理!

张子扬:班长,我有话要说!我们班的红色经典读书期刊(每月出一份)也已经出刊了。

杨雅婷:好,赶快让我们大家看看吧。

　　　　(张子扬介绍每月小报。)

杨雅婷:惊喜还在后面呢,大家看这是什么?今天是我班红色经典漂流瓶书籍的启动仪式。

(介绍漂流瓶书籍。)

(四)铭记历史,传承红色精神

祝亦彤:这学期,我和几位同学阅读了红色经典书籍,我们立志要成为一名优秀的少先队员,还把它排成了快板的形式,大家愿意给我们展示的机会吗?

全班同学:愿意。

杨雅婷:有一种称呼永垂不朽,那就是"祖国"!我们都有一个家,她的名字就
叫——中国。请听几位同学的诗歌朗诵:《我的祖国》

(五)结束语

杨雅婷:我们是祖国的希望。

李章宁:我们是祖国的未来。

杨雅婷:我们是学习的主人。

　　合:我们三(3)班将把"畅读红色经典,传承红色精神"活动深入地开展下去。
没有先驱们挥洒热血,哪有我们胸前飘扬的红领巾?我们会时刻铭记历
史,弘扬烈士精神!

杨雅婷:下面请班主任卢老师讲话,大家欢迎!

(六)班主任总结

刚刚看了同学们精彩的班会,卢老师为你们深深地感到自豪!希望你们通过今天
的班会,铭记历史,弘扬烈士精神,成为一名优秀的少先队员!谢谢大家!

(七)学生感受

●我觉得这次班会开展得很好,因为同学发言很积极!表现很棒!表演精彩!

●这次课本剧演的是《刘胡兰》,我觉得十分感人。最后是我和几位同学朗诵《我
的祖国》,我也认真地去朗诵了,收获很多。我喜欢这样的班会。

●今天的班会开展得非常成功,我觉得这种活动很不错,既可以锻炼我们的能力,
又给了我们一次展示自我的机会。这个活动使我们阅读了许多红色经典书籍,积累了
好词好句。我认为"畅读红色经典,传承红色精神"的活动不仅内容非常丰富,连准备
都很有意义,这个活动值得我们深入地开展下去。我相信我们班是最棒的!

五、班会反思

本次班会开展得很成功,班会能紧扣主题进行。同学们在班会上对所阅读的红色
经典书籍进行了交流。从这次班会来看,同学们对所阅读的红色经典书籍理解得很深
透,因此才能由所看到的书籍展开了丰富的联想以及感悟,同学们在理解的基础上编
排了各种形式的读书活动,让人觉得这次红色经典的读书班会丰富多彩。整场气氛很
热烈,每一位同学都加入其中,特别是在朗诵环节,已经不仅仅是场上几位同学的朗诵
世界了,坐在位子上的同学们也挥舞着那一面面五星红旗,嘴巴里齐念道:我深深地

爱着我的祖国。班级里响彻了同学们高亢的声音。另外课本剧《刘胡兰》是在同学们对刘胡兰人物性格的了解之下排演的,这次课本剧同样也是全班参与,班会上同学们一个个都表现出对刘胡兰的敬佩之情,以及对国民党反动派的憎恶。这也让学生从小树立了一个正确、良好的人生观、价值观。班会的效果显著,同学们在班会上还表达了要立志成为一名优秀的少先队员的迫切愿望。通过这次读书班会,同学们对中国共产党的历史有了深刻的认识,对优秀共产党员的事迹也有了深入的了解,提高了同学们热爱中国共产党、热爱伟大祖国的思想感情。

在这次班会上,每个同学都对红色经典书籍谈了自己的想法和感受,并且形式多样。有的同学用知识竞答的方式推荐了自己喜欢的红色经典书籍《革命小故事》,有的同学用讲故事的形式介绍了鸡毛信中的人物——海娃,并且自己也谈了读书的感受和体会,还有的同学把看到的故事排演成了课本剧的形式,课本剧《刘胡兰》就是在同学们对刘胡兰人物性格了解的基础上排演的。这次课本剧同样也是全班参与,班会上同学们一个个都表现出对刘胡兰的敬佩之情,以及对国民党反动派的憎恶。从某种意义上来说,这次班会真正让同学们了解了革命历史以及英雄人物,让学生们铭记历史,弘扬烈士精神,这也是这次班会努力要达到的目标。可见每个同学在平时的红色经典阅读中是带着自己的思考和感受的,因此他们才会在本次班会上这样展现自己平时阅读的点点滴滴,使得整场班会丰富多彩,形式新颖,全员参与其中,气氛热烈。

以前,身为班主任的我总觉得学生对党史可能没有兴趣去了解。通过本次班会,我惊异地发现其实学生还是很有兴趣的,只是我们平时没有要求他们去了解,没有给他们搭建一个可以学习的平台。我想今后要积极发掘优势,力争把主题班会这一活动作为提升学生道德素养和思想素养的有效载体,并以此促进师生的共同成长。

当然,在这次活动中还有需要以后努力的地方:

1. 让每个同学牢记历史,做一名优秀的少先队员

从整个活动来看,今天班里的每个同学都参与到这次红色经典读书班会中了,但是我细细去观察了一下那几个平时容易被班级忽视的同学,尽管他们在这次活动中的表现让我惊讶,可是他们是否能因此改掉自身的缺点,做一名优秀的少先队员呢?我想活动不是为了做而做的,它应该有一个实效性。只有这次活动对学生在以后的学习生活、人生轨迹中产生了影响,这样的活动才是有意义的,而不能只是一个空架子,所

以这次红色经典读书班会的宗旨更应落到实处,落实在平时的学习和生活中,让同学们学习共产党员为着民族和国家利益而不屈不挠的精神、不畏困难挫折的艰苦奋斗和革命乐观主义的精神、团结协作和敢于牺牲的精神等。踏实做人也是班级建设的重点。

2. 每个学生都是班会上不可或缺的一部分

新课程标准提出的"为了每一位学生的发展"的理念,在班会活动上也同样适用。在班会上我们常常会看到这样的情景:总是那几个活跃分子在表现,大部分同学总把自己作为旁观者。因此我们应该充分认识到:每位学生在班会上都有着举足轻重的作用,我们应根据每位学生的不同素质和个性差异,有意识地提高班级学生的整体素质,为每位学生搭建一个平等交流的平台。

主题三　读好课外书

执教班主任　袁子意

一、班会背景

针对一部分中学生对课外阅读认识不足、目的不明确、个别学生迷恋武侠言情小说的现状,通过形式多样的活动,引导学生多读健康向上的好书,并增强其分辨是非的能力。

二、班会目的

1. 高中的学习需要丰富的知识,高一学生刚从初中过来,对于知识的跳跃式需求还没有完全适应,因此多读书不但能增加学生的知识面,而且还能让学生在读书过程中体验学习的乐趣。

2. 让学生想读书、读好书。发挥好书籍对学生树立正确的人生观、价值观的重要导向性作用。

三、班会准备

读书方法指导、ppt制作、小游戏设计。

四、班会过程

1. 活动内容

(1) 主持人开场。

(2) 小组讨论:同学们平时爱读什么书,是怎么读的。

(3) 读书常识竞赛。

（4）名人读书故事共勉。

（5）读书方法推荐。

（6）班主任总结发言。

（7）主持总结，宣布班会结束。

2．活动阵地

主题班会、黑板报、班级播客等同学们可以利用的资源。

3．活动程序

班会题目：我读书、我快乐

书是人们最知心的朋友，现在如此，将来也永远如此。

（1）两位主持人上场

合：尊敬的老师，亲爱的同学们，大家下午好！

甲：今天，很高兴我们聚首一堂，开展一个属于我们的主题班会！听到这首熟悉的童谣，我们肯定会想到今天主题班会的主题。对，没错，就是关于读书！读书的定义很宽泛，包括学习、看书。今天我们主要是讨论狭义的读书，就是看书。

乙：戏剧大师莎士比亚说过："书籍是全世界的营养品，生活里没有书籍，就好像没有阳光；智慧里没有书籍，就好像鸟儿没有翅膀。"同学们，由此我们可以想到，读书对我们是何等的重要！正像俄国作家普希金所说："书籍是我们的精神食粮。"

甲：对于我们来说，读书究竟有什么作用，而我们又应该怎么去读书呢？今天，我们就一起来学习交流。

合："我读书、我快乐"主题班会正式开始！

甲：教育家说："书是智慧的钥匙。"

史学家说："书是进步的阶梯。"

政治家说："书是时代的生命。"

经济家说："书是致富的信息。"

文学家说："书是人类的营养品。"

乙：学生们说："书是不开口的老师。"

迷惘者说："书是心中的启明星。"

探索者说："书是通向彼岸的船。"

奋斗者说:"书是人生的向导。"

急于求知者说:"书是饥饿时的美餐。"

(2) 打出 ppt1:"好读书不好读书,好读书不好读书"

甲:明代文学家徐渭写的"好读书不好读书,好读书不好读书",应该怎么读,又应该怎么理解呢?(学生思考和讨论,然后提问。)

乙:此联是告诫年轻人要刻苦读书。乍看此联,上下一样,何以成对?其实,认真思考,便知其妙。上联是说,一个人年少的时候,耳聪目明,精力充沛,时光大好,此时为好读书也;可惜有人不知读书的重要,只顾玩耍,不爱读书,这叫不好读书。下联是说,年老时方知读书重要,而好读书,却因耳聋眼花力不从心,不能好好读书!这个"好"字,一字两个读音,两重意思,交错相对,耐人寻味,就是这副对联的妙处所在。

甲:所以,从这副对联我们不难看出:对正处于读书黄金时期的我们来说,读书是很重要的,我们更应该珍惜这宝贵的时期去多读多看,在读书中收获智慧,体验快乐。

(3) 打出 ppt2:名人的读书方法

甲:首先,我们来看看名人的读书方法。在看的过程中,同学们可以跟自己对比一下,也借鉴一下。

① 毛泽东的读书法

毛泽东毕生珍惜时间,博览群书。其中"三复四温"式阅读和"不动笔墨不读书"是他主要的读书方法。他在青年时期就熟读了《史记》《汉书》等古籍,并且不断地重温。就是到了晚年,对他喜爱的同一本史书,也是反复研读,并有读过一遍在封面划上一个圈作记号的习惯,所以,在他读过的许多书籍中,均留下了他读过两遍、三遍的圈记。毛泽东在青年时代读书时即有"读得多、想得多、写得多、问得多"的习惯。他的"写得多"表现在做内容摘录,在重要的地方划上圈、杠、点等符号,批注,以及写读书日记、在原书上改错纠谬等。

② 鲁迅的读书法

鲁迅在博览群书的基础上,形成了有自己特色的读书方法。一是泛览。他提倡博采众家,取其所长。主张在消闲的时候,要"随便翻翻"。二是硬看。对较难懂的必读书,要硬着头皮读下去,直到读懂钻透为止。三是专精。他提倡以"泛览"为基础,然后选择自己喜爱的一门或几门,深入地研究下去。否则,读书虽多,终究还是一事无成。

四是活读。鲁迅主张读书要独立思考,注意观察并重视实践。他说:"专读书也有弊病,所以必须和社会接触,使所读的书活起来。"他还主张用"自己的眼睛去读世间这一部活书"。五是参读。鲁迅读书不但读选本,还参读作者传记、专集,以便了解其所处的时代和地位,由此深化对作品的理解。

③ 杰克·伦敦的"饿狼式"读书法

美国作家杰克·伦敦经过苦难磨炼,十分珍视读书机会。他遇到一本书时,不是用橇子偷偷撬开它的锁,然后盗取点滴内容,而是像一头饿狼,把牙齿没进书的咽喉,凶暴地吮尽它的血,吞掉它的肉,咬碎它的骨头,直到那本书的所有纤维和筋肉成为他的一部分。

④ 杨振宁的"渗透"读书法

杨振宁教授认为,既然知识是互相渗透和扩展的,掌握知识的方法也应该与此相适应。当我们专心学习一门课程或潜心钻研一个课题时,如果有意识地把智慧的触角伸向邻近的知识领域,必然别有一番意境。从那些熟悉的知识链条中,我们很有可能得到意想不到的新发现。对于那些相关专业的书籍,如果时间和精力允许,不妨拿来读一读,暂弄不懂也没关系,因为一些有价值的启示,也许正产生于半通之中。采用渗透式学习方法,会使我们的视野开阔,思路活跃,大力提高学习的效率。

⑤ 张五常的读书法

● 以理解代替记忆:理解越深越准确,记忆就越清楚,而应用起来就越能得心应手。所以读书要贯通——理论上的不同重点的连带关系要明白;读书要彻底——概念或原则的演变要清楚。

● 思想集中才有兴趣:我们都知道自己有兴趣的科目会读得较好,但兴趣可不是培养出来的,只有思想能在某科目上集中,才能产生兴趣。可以培养出来的是集中的能力。任何科目,无论这科目是跟你的兴趣相差多远,只要你能对之集中思想,兴趣即盎然而生。

● 问比答重要:很多学生怕发问,是怕老师或同学认为自己问得太浅或太蠢,令人发笑。但学而不问,不是真正的学习。发问的第一个黄金定律就是要脸皮厚!就算问题再浅,不明白的就要问。无论任何人,只要能给你答案,你都可以问。

● 书分三读——大意、细节、重点:学生坐下来对着书本,拿起尺,用颜色笔加底线及其他强调记号。读了一遍,行行都有记号,这是毁书,不是读书。书要分三读。第一读是快读，读大意，但求知道所读的一章究竟是关于什么问题的。第二读是慢读，读细节，务求明白内容。第三读是选读，读重点。强调记号是要到这最后一关才加上去的，因为哪一点是重点要在细读后才能选出来。

（4）打出 ppt3：读书法介绍

① 科学家培根的"酿蜜法"：我们不应该像蚂蚁一样单只收集，也不应该像蜘蛛一样光会在肚里抽丝，而应该像蜜蜂一样采百花酿甜蜜。

② 理学家朱熹的"三到法"：读书有三到：心到、眼到、口到。

③ 教育家孔子的"学思结合法"：学而不思则罔，思而不学则殆。

④ 小说家巴尔扎克的"反问法"：打开一切科学的钥匙是问号。

⑤ 作家列夫·托尔斯泰的"思维法"：只有靠积极思维得来的才是真正的知识。

⑥ 心理学家洛克的"多少法"：学识广博的诀窍是：一下子不要学很多的东西。

⑦ 生理学家巴甫洛夫的"循序渐进法"：要想一下全知道，就意味着什么也不会知道。

⑧ 文学家伏尔泰的"再读法"：重新再读一本旧书，就仿佛与老友重逢。

⑨ 文学家欧阳修的"三上法"：马上、枕上、厕上。

⑩ 历史学家陈恒的"读目法"：读书先读目录，心中有数。

⑪ 学问家王盛鸣的"竭泽法"：知识如鱼，目录如网，要学会用网在书海中打捞。

⑫ 天文学家哥白尼的"合精法"：要善于集合相近学科的理论精华。

⑬ 教育家布鲁纳的"兴趣法"：学习的最好刺激，乃是对所学材料的兴趣。

⑭ 国学家章学诚的"切己法"：不切己者，虽泰山而不顾。

⑮ 科学家巴斯德的"坚持法"：使我达到目的的奥秘是我的坚持精神。

⑯ 孟轲的"独立思考法"：尽信书不如无书。

⑰ 短篇小说家马克·吐温的"专注法"：只要能专注，就能取得连自己都会吃惊的成就。

⑱ 史学家顾炎武的"新旧法"：每年用三个月复习旧知识，其余时间学新书。

（5）打出 ppt4：读书小游戏

① 形容家中藏书丰富，可以用成语＿＿＿＿＿＿＿＿＿＿。

② 形容读书的人学识渊博、有修养，可以用成语＿＿＿＿＿＿＿＿＿＿。

③ 形容勤奋读书，可以用成语＿＿＿＿＿＿＿＿＿＿。

④ 形容读书会有收获，可以用成语＿＿＿＿＿＿＿＿＿＿。

⑤ 形容读书很快,可以用成语_____。

(6) 答案

① 汗牛充栋。

② 学富五车。

③ 韦编三绝,手不释卷。

④ 开卷有益。

⑤ 一目十行。

我们如何选择课外书

中学生在选择课外书上还存在许多问题。原因是不同的书籍有着不同的特点,大多数中学生对此尚没有很好的认识。例如古代的书籍很少能读懂,因为它们的思想内涵太丰富,与当时的社会环境相联系,中学生理解起来十分困难。现代的书籍,形式更加多样,内容更加丰富,距离我们不是很远,但是却也不易分辨。名著一类,揭示了社会现象,让我们了解了历史的发展,了解了世界的变革;科学一类,让我们了解了身边一些现象的实质,一些我们解释不了的科学问题。但是古今中外的不少禁书也很有名,虽然有一些专门从事此研究的学者,但中学生的时间和认识毕竟有限,也没有足够的时间去细细琢磨其中的糟粕到底在哪里,所以往往读过后也都一并接受了。在科学方面,许多同学经常把科普和科幻混为一谈。并不是所有科幻读物都会让人为其中主人公的冒险精神所折服的,有时甚至笑话百出。我就看过这样一则:文章的序言部分声明:"本故事纯属虚构,若有雷同,纯属巧合。"可开篇第一句话就是:"这是一个真实的故事!"所以读书一定要有选择性。我们在调查后具体总结了两点经验给同学们:首先,选择对我们成长有促进和鼓舞作用、对学习写作等有帮助的书籍,此点适用于大多数同学;其次,是选择感兴趣的图书,通过自己的决定来提高自己想提高的方面,但此点仅适用于那些有一定判断能力的同学。由于事物都有两面,所以一定有利弊之分。我们看的言情小说,其中的空想占了大部分比例,是一些浪漫却又不太可能实现的幻想,但却容易让同学们想入非非,占据我们的时间,影响我们的学习。还有一些社会上的杂志,里面的内容与大家现在的思想不能贯通。由于现在的高中生都处于成长的朦胧阶段,所以很容易受各种思想的诱导。这应该是一个需要注意的问题。

课外书是为了丰富我们的业余生活,读课外书也是自我提高的一个良好途径,但是需要正确地选择、合理地利用。在我们叩开理想大门之前,书籍就成为了我们丰富自己的介质。所以可以肯定地说,把握书籍,我们就把握了成功的机会。有的人匆匆翻了一遍就搁下了;有的人三天打鱼、两天晒网;有的人书是读完了,但就此了事;有的人反复阅读,还认真做了笔记。每个人每次的读书步骤不尽一致,不按正确的步骤读书,是许多人读书方法上的共同弱点,就像工人不按照操作规定难免会出次品一样,不按照正确方法读书,也会大大浪费时间,影响读书效果。

（7）打出 ppt5:"SQ3R"读书法

甲:看了这么多读书方法,相信大家都有所收获。我们现在就推荐给大家一种读书方法。这是一种高效节时的读书法,它分为五个部分:survey(浏览),question(发问),read(阅读),recite(复述),review(复习)。其步骤如下:

① 浏览。这是读书的第一步,当拿到书后,首先应该概括地读一读书的摘要、目录,使自己先有个大体了解。

② 发问。这一阶段,要读书中各章节标题以及章节之间的承上启下部分,一边粗读,一边提问。

③ 阅读。要从头到尾地细读,对重点的、难理解的部分反复读。最好是边读边思考、圈重点、划杠杠。要尽可能地把自己原有的知识和新知识结合起来。

④ 复述。离开书本去回忆书的内容,就像俗话说的"过电影"。这是自我检查读书效果的方法,也是巩固知识的手段。

⑤ 复习。一般在复述后的一两天内进行,隔一段时间再复习一遍,可以巩固知识,又可以"温故而知新",从中获得新的体会。

乙:其实读书方法因人而异,没有一种固定的读书方法。关键是我们一定要多读、多想、多总结,这样才能真正收获读书的智慧,体验读书的快乐。

4．活动要求

（1）职责明确,精心准备。

（2）把活动看成是一次表达真情的机会,敢于表达自己的真情实感。

（3）把活动看成是一次全面提升的平台,抓住每一个细节,锻炼自己的能力。

五、班会反思

家长教育子女是一种责任,学校培养学生是一种责任,学生读书也是一种责任。学生读书不是简单的个人行为,而是复杂的社会行为。一个家庭孩子读书的好坏,牵动着全家人的喜怒哀乐。明白了读书是一种责任,才能把它肩负起来,用心读书。学生读书不是看休闲书,不能完全凭兴趣。学生读书是一件苦差事,但再苦也得做下去。

读书既然是责任，就不是可做可不做的事，不是做好做坏都一样的事。社会不能要求全体学生在学业上都达到同一个水准，但学校可以通过教育，让每一个学生发挥出自己最大的潜能。读书的责任不是靠看电视、上网、听流行音乐就能肩负得起的，它靠的是正确的人生信念、优秀的道德品质、坚强的个人意志和良好的行为习惯。

二、感恩系列

感恩，来自于心理的满足，来自于对人对事的宽容和理解，来自于一种回报他人和社会的良好心态。感恩，能够促进相互信任、相互理解、相互尊重，有利于良好人际关系的建立。感恩，使人少些抱怨、少些仇恨、少些对抗，多些宽厚、多些友善、多些快乐。也使人有积极的人生观、健康的心态，能够善待他人的误解与错误。拥有一颗感恩的心，才会对生活、对人生充满希望，才会理智地面对人生旅途中的一切挫折和不幸，才能从容地面对一切思想上的是是非非，才能带来他人对自己的尊重与感激。感恩，善待了自己，也快乐了自己。

感恩的心态是一种健康的心态，会使人的身心更好地适应社会、适应自然。感恩的举动所能带来的连锁反应，会感染和改变我们周围的每一个人。震撼心灵或者悦耳动听的感谢之声永远不会引起误会，它是没有国界且可以跨越地球上一切障碍的，使世界变得更加和谐、更加快乐。心中有爱才能发现这个世界充满爱心，心存感恩方能感知生活施予我们的恩泽。古人说得好："滴水之恩，当涌泉相报。"感恩，不一定非得是那种惊天地、泣鬼神的大事，而是一种生活态度，是一种内心独白，是一片肺腑之言，是一份铭心之谢，是一种善于发现生活中的感动并能享受这一感动的思想境界。学会"感恩"，就会懂得尊重他人，发现自我价值；懂得感恩，就少了歧视，就会以平等的眼光看待每一个生命，重新看待我们身边的每一个人，尊重每一份平凡普通的劳动，也更加尊重自己。

主题一　走近父母

执教班主任　朱晓敏

一、班会背景

1. 问题出现

在我国传统文化中，一向重视家庭中父慈子孝的美德，亲子之爱源于家庭。在传统的亲子关系中,父母往往有着两种较为固定的亲情角色:一种是为家庭尽责,也就是照顾家庭衣食住行的物质上的需求;另一种是教导子女待人处世的道理。然而,在我们和家长的交流过程中,经常能听到这样的话:"老师,麻烦您多多管教我们家孩子。我们讲他,他就和我们对着干,根本就不听我们的。他以前也不是这个样子的,也不知道现在怎么了,变得越来越不听话了……"很多家长都感到了与孩子之间的"代沟",这种沟通障碍对亲子关系产生了极大的负面影响,父母细致的亲情关爱往往成了父母与孩子之间矛盾产生的导火索,从而直接影响了孩子的健康成长。

2. 心理学观察

青年初期(主要指高中生),是逐步趋于成熟的时期。由于自我意识和逻辑思维能力日益增强,认识事物、判断是非、处理问题往往有着强烈的情感特征,他们对事物的了解和领会增强了独立见解,并产生了与个性发展相应的专注和兴趣,而且这种兴趣和见解一旦确定,往往不会因家长的干预而轻易转移。并且,由于高中生成人感和独立性的出现,他们对于父母过多过细的照顾常常会产生反感,厌弃保姆式的管束和僧侣式的说教,逆反心理一触即发。逆反心理产生的直接原因不排除父母教育方法的失当,如空洞说教、言行不 、"分数至上"等。但究其原因,主要就是他们自我意识太强、自控能力差、耐挫力差,带有很大的盲目性和主观臆断性,易浮躁、偏激,不善于处理各种矛盾。这些问题的出现,若不加以合理引导,矛盾的激化就有可能超越家庭的界限,成为学生人际交往的障碍。

3. 生活观察

就在家长无比怀念孩子乖巧可爱的童年时,孩子也在怀念童年时陪伴自己成长的父母。在孩子心目中,童年时期的父母是"值得依靠的大树"、"快乐的玩伴"、"第一任老师"。很多孩子表示,在他们顶撞父母后自己心里也特别地难过,也觉得自己很不尊重父母,想向父母表示歉意,但小小的自尊心又让他们难以启齿"对不起"三个字。这种相互怀念,以及孩子对父母隐藏的内疚,都说明了他们还是有着深厚的感情基础的。只不过随着学业压力的增加、父母期望值的提高,孩子觉得自己在父母眼中仅是"学习机器"。一方面是孩子自我意识的膨胀,另一方面是父母控制力的加强,矛盾自然就出现了。

二、班会目的

教师应当从"父母—孩子"、"孩子—父母"两个线程来协助改善亲子关系。"父母—孩子",即可通过家长会来完成,本活动设计方案主要是立足于家庭良好的感情基础,从"孩子—父母"角度,帮助孩子感激父母的养育之恩,正确认识父母的教育方式,向往和谐的亲子关系,合理控制自我意识的膨胀,增强自己的情绪自控能力。

三、班会准备

1. 教师准备一张全家福照片,每个学生准备一张自己最喜欢的全家福照片,制作ppt。

2. 塑料玩具娃娃、洗浴用品玩具一套。

3. 16开白纸,每个学生一张。

4. 配乐欣赏:毕淑敏《孩子,我为什么打你》。

四、班会过程

(一)我秀我家

1. 教师ppt出示自己的全家福照片,说一件以孩子为主角的家庭趣事。

2. 随机抽取若干同学的全家福照片,请他们说说照片背后的趣事。

● 活动反思:教师不是家长派来的说客,教师与孩子都是良好亲子关系的创造者与体验者。快乐回忆,轻松进入敏感话题。

(二)体验父母

1. 游戏:替玩具娃娃洗澡。

工具:塑料娃娃、洗浴用品玩具一套(浴盆、水温计、洗发水、沐浴露、梳子、戏水小鸭、纱布、小方巾、大方巾、尿不湿各一块)。

要求:两人一组,道具全部要用上,要注意使用顺序,千万不能让娃娃的眼睛和耳朵溅上水。

2. 教师示范。

3. 同学谈体验感想。

● 活动反思:学生的体验过程是手忙脚乱、险象环生的。学生通过游戏活动,体会父母养育孩子的不易之处,游戏之后的感想环节让孩子很自然地就表达出了对父母养育之恩的感激。

(三)图说亲子

1. 绘画:用两种动物表现现在你和父母的关系。

谈谈你的绘画想表达的意思。

2. 绘画:用两种动物表现你期待的亲子关系。

谈谈为实现这种理想的亲子关系你准备作出哪些努力。

3. 教师建议:

(1)多向父母表达你爱他们。

（2）和父母有分歧时学会换位思考，站在父母的角度上去想一想。

（3）应让父母感受到你相信他们，多交流并经常给予赞美。

（4）回家和外出时主动向父母打招呼。

（5）时时牢记：父母只会爱孩子，决不会害孩子。

● 活动反思：从童年的美好回忆回归现实，寻求亲子关系紧张的原因。"心动不如行动"，为期待中的良好亲子关系作出自己的努力。

（四）感恩天下父母心

1. 美文欣赏：毕淑敏《孩子，我为什么打你》。

2. 背景音乐：《最美好的未来》。

五、班会反思

高中生的心理教育绝对不能仅停留在游戏体验和谈感想的层面，高中生的很多情感是默会产生的，他们不会把自己所有的真实情感完完全全地用语言表达出来，与他人共享。作家毕淑敏虽是别人的母亲，但她在文章中传递出的情感却代表了天下父母心。《孩子，我为什么打你》探讨的正是让孩子正确认识父母的教育方式，从而合理地控制自我意识的膨胀。

六、拓展活动

用行动表达爱：回去做一件你一直想为你父母做但却未做的事情，看看父母的反应怎样。

主题二 其实你很幸福——同窗谊

执教班主任 袁子意

一、班会背景

每次我带的班级里总会有这样的学生：他们身患重病，但却在靠自己的毅力顽强地学习；他们承受着命运的不公，然而却没有放弃对理想的追求。然而也有一些孩子因为家境贫穷或自认为社会黑暗就放弃学习了，还有的学生只顾自己的成绩，眼里没有别人、没有集体。希望通过此活动让学生珍惜同学间的友谊。

二、班会目的

通过班会让学生感受人间的爱，理解生活艰辛，感悟同学之情。

三、班会准备

1. 写一封信给叶涛同学，用自己真挚的感情让叶涛同学重新回到集体中来。

2. 请叶涛写一封高一学习生活的感受(征求叶涛同学的同意)。

3. 班委制作的生命历程专题与班级成长记录。

四、班会过程

1. 班级视频播放与班主任感言(这段话是我写给叶涛的)

其实叶涛是上天送给八班的礼物,他用自己的痛苦让我们看到了自己的幸福,他用自己的刻苦让我们知道了什么是对生命的珍惜,他用自己的善良让我们变得无私,让我们的爱有了停泊的港湾。谢谢你,叶涛! 我们祝福你! 就像下面的这张照片,阳光永远会照在你的身上,你的心中! 叶涛,你是幸福的! 因为你的心中装满了我们的祝福,我们的牵挂。

2. 学生代表读写给叶涛的信

周莉致叶涛的一封信

听了你的感慨(怕学习跟不上)之后,我大为震惊:你对自己的学习要求如此之高! 真的,你的学习那么好,数学满分,生物年级第一,物理也是满分……这么好的成绩,让人听了都羡慕不已呢!

真的,叶涛,我很佩服你! 在如此的情况下,竟有这般的韧性和毅力,使自己的学习成绩这样好,这样优秀! 如果我猜得没错,你想回家的原因之一就是因为身体吧? 虽然我不了解的病情,但我可以感受到你的痛苦。我,其实也有一段令人伤感的往事:我的身体从颈部到脚部左半身都行动不方便,这是因为我的右脑被烧坏后,神经系统也烧坏了。其实说白了,我也当了几十年的神经病患者了,具体到何时才能摆脱它,谁都不清楚。我也经历了孤单,经历过病魔对我的残害,以及它给我带来的许多不便。我也自卑过,但我从未放弃,因为活着就拥有了一切。正面挑战病魔,就有机会战胜它,对吧? 虽然我还未成功,但我仍在努力。上天是公平的,他在关上你的一扇门时,又为你开启了一扇窗。而那扇窗户,就要靠你自己去观察,用心去观察,用心去体验……

上体育课时,其他的人都在做操,唯独我俩站在旁边。有同学会说我们很幸运,其实不然,你我都在羡慕他们吧? 他们才是幸福的宠儿! 叶涛,即使有再大的困难,我们都不应该放弃! 振奋起来吧! 回来吧! 和我们大家一起学习,一起生活,不要感到有压力,不要感觉自己是弱者,因为你是强者!

八班,这个集体永远都为你敞开大门,你知道吗? 其实大家都很关心你,只是不知道用什么方式,生怕一不小心触动了你的伤感。既然大家是一个集体,那就是一个大家庭。不要感到惭愧,不要恐惧。我们对你是发自内心的关心,绝对不是可怜,不是施舍,我敢用人格保证! 孤独时,寂寞时,可以找我们聊天,开心时,可以和我们谈笑。也许我们不会时时刻刻在你身边,但我们会尽最大的努力去关心你。也许你不会知道这里发生的一切,但请你不要感到孤单,因为我们这个集体与你同在。回来吧,让我们重新认识自己,认识同学吧。虽然我不怎么会说话,但你应该知道我们的心意吧? 沉默,并不代表冷漠;喧嚣,也不代表胡闹。

我相信你一定能成功。如果这路上需要帮助,我愿意!

你要相信,我们是真心地等待你回来!

刘凯给叶涛的信

虽然和你已经认识两个月了,但是和你并没有太多的交流,但我对你还是相当敬佩的! 因为,尽管你一直生病,并且为此还耽误了一年的学习时间,可你的学习成绩在我班一直名列前茅。自从我听说你感到自己记忆力下降、外界压力太大而有放弃学业的想法时,我真的有些震惊! 从平时就可以看出,你是相当认真的:作业字迹工工整整,而且正确率相当高,就连下课时间你也抓得相当紧,不会放过一分一秒。你这样努力,我觉得不管结果如何,都可以坦然去面对。或许,你觉得现在学习比原来吃力些,这可能是多方面因素造成的。这些完全可以靠你的认真和仔细去弥补,只要你付出比别人多,就肯定不会比别人差。霍金在他残疾以后依然研究出黑洞的奥秘,成为世界上伟大的科学家;贝多芬在他两耳失聪后,依然创造出了传世的音乐。我爸爸常对我说:"不是要求你有多好,只要你平时努力了就行了,我不会只在乎最后的成绩,没有人会责备你的。"我觉得这句话很对! 记住,成功不是目的,而是结果。如果你这样就放弃了是很不负责任的,更是对你身边所有关心你的人很不负责任。十年寒窗苦读,名列前茅是那么不容易,就这样放弃吗? 你会甘心吗? 你的努力就这样停止了吗? 或许,你曾经经历过许多次的失望与失败。"人必须接受失望,因为它是有限的,却不能失去希望,因为它是无限的。"真的,希望你可以重拾自信,不要再压抑了!

黄文承给叶涛的一封信

叶涛:

古人云:学海无涯,都说要不停地学习。可我并不这样认为,每个人只要发挥出自己的正常水平,尽自己的所能就行了。

人无完人啊! 每个人都有自己的优缺点,你在学习中是那样地刻苦、认真,这是我们都不及的。每次的作业你都是我们的楷模,使我们更清楚地去理解,使我们不停地进步,无形中你已经成为班上的小老师,默默地教着我们……

这些天你没来上课,班上顿时少了许多生机。化学课再也没有出现那洪亮的声音,没人再为我们指明方向,数学课不理解的地方也没人细心地指导我们。

在班上,以前我只是在学习上与你交流,这使我有些后悔。我们也可以谈谈学习以外的事情,可以谈谈以前你的光辉战绩,谈谈你的生活经历,这一定也会使我有所收获的。

未来是美好的啊!每个人都应该乐观地去看待未来,这样你的心情也会随之好转。消极并不是处理事情的上上策,而是下下策。我清楚我现在班上各门学科并不突出,可我一直在努力啊!我并没有因此而退缩!化学、生物等理科你比我强许多,我还有许多问题想问你呢!涛哥的讲解一定非常好,呵呵。

我没有像侯少康那样的豪言壮语,也培养不起来你那种认真刻苦的学习态度,可我都去乐观地面对,没有因此而低头。其实你比我们强许多,不应该有任何不正确的想法,不是吗?

相信我们,我们会在平时多多关照你的,不过好像不太现实,因为你平时关照我们更多。呵呵,小老师快回来吧!

叶家彬给叶涛的信

你好!我和你同姓,我是叶家彬。咱们都是老叶家的子孙。咱们能够在这茫茫人海中走到一块,在同一个班级,这就是缘分啊!我们都来自五湖四海,为了同一目标才走到一块的。

听班主任说你就是待在这个班级也不想学了,我十分惊讶!你一个学习成绩优秀、一直安分守己能够理解老师的人,怎么会有这种念头呢?你说在学习上有压力,试问成绩真的就这样重要吗?况且你的成绩并不差:数学全年级第一,化学全校第一,生物全校第一,你有这么多的第一,还要抱怨自己吗?如果换成是我,我一定会笑傻了。虽然你可能会说在文科上很薄弱,但是谁能各科都很优秀呢?人都会有自己薄弱的一面,要不都成仙了,你说是不是?

你要有积极乐观的态度去面对人生,不要对自己的未来私自下判断,未来的事谁也不能预料。再说,现在需要的是全面发展的人才,光是学习成绩好、文化水平高,但是思想道德差、实践能力不强,终究也是会被社会淘汰的。所以不要去想那么多。回来吧!我们大家都需要你,需要你为我们大家解答那些难懂的化学题和数学题。不仅是我们,老师也需要你!班主任每天将你的作业作为标准答案的,这是对你多么大的信任啊!你不能辜负我们对你的希望啊!

你——叶涛,永远是我们高一(8)班的成员! 我们是钢铁般的团体,我们不能没有你!

祝身体健康,阖家欢乐!

你的同学、朋友　叶家彬

叶涛同学的来信:一次班会课后的感想

2006年12月9日

在这次的班会中,没有主持人,也没有精彩的节目,整个班会的时间全花在一首歌上——老班要我们学会一首歌,歌名我已经忘记了,但从这首歌的歌词中,我们明显可以感受到这首歌是歌颂母爱的。这首歌由鲁镇同学教我唱,开始由于语言不流畅,几乎没几人愿意唱出声来,之后大家逐渐忘却了羞涩,开始大声唱了出来。由于这首歌写的是关于母爱的,我当时就有很多感触。这就又要提到我生病的时候了。开过刀之后,我在医院病房中每天情绪很激动:我好想回家! 我好想摆脱病痛的折磨! 于是我便有了死的念头。那一天,正好只有我与母亲在一起,我无力地说:"我要回家!"母亲说:"等伤好了,我们再回家哦!"可我情绪立刻激动了起来,又因为病痛的折磨,我好想死,母亲劝不住我,之后她离开了病房,我听到她好像进了厕所,打电话给姐姐,叫她来安慰我……我还听到母亲哭了! 日子一天天过去,我的身体也在恢复,因为要维持家庭生活,母亲就去做生意了,父亲留下来陪我。我心情也平复了些,旁边有位姐姐也时常跟我聊天,但我总感觉缺了什么。虽然每天做生意很辛苦,可母亲仍坚持每天晚上来看我,我好高兴! 今天,我听到了这首歌,很感动! 感慨儿时的"身在福中不知福",总是不听母亲的话,现在想起来,真是不应该啊! 看见母亲每天为了生计而奔波劳碌,自己心中总不是滋味,而母亲看见我不开心时,她自己也很难受。现在我只想母亲快乐,不要为我担心。最后,我要说一句:"我爱你,母亲!"

叶涛同学的日记:高一的回忆

今天是9月2日,再过一天,学校就要开学了,我也要步入高二的紧张学习中了。在这几天里,不禁回忆起自己在高一(8)班的往事。记得我刚踏入高一(8)班的大门时,看见一张张陌生的面孔,心中有些尴尬,但现在却想和大家畅所欲言。

在班级中每个同学(老师)都对我很关心,从他们的言行当中都可以体会得到。记得那是下课时间,同学们在班里说笑,胡少中不小心推了一个同学,他碰到了我(不过我没事),胡少中看见碰到了我连忙说:对不起! 我不是故意的! 还问我有没有事。我说不要紧。要上阅读课了,我们下了楼,准备赶去阅览室,可是天刚下过雨,路很滑,苏良兵用他的手托着我，叫我扶着栏杆慢慢走。还有一件事是我记忆最深的：因为学习压力大，而且身体有些不舒服，我总感觉老师教的我都没听懂，这让我失去了学习的信心，每天心情都很差。过了几天，我提出了一个在以前怎么都不会有的想法——退学。那天我的心情好失落，也好害怕。天空阴暗，我和爷爷来到了学校，想跟老师打声招呼要退学。袁老师知道了，就想跟我谈谈是什么原因想退学。可我只说了几句话，就哭了。这恐怕是我上学以来第一次哭，我无法面对我的老师，无法面对在学校处处关心我的老师。我无言以对。袁老师见我这样，就说让我先休息三天，自己好好想想，考虑考虑，不要轻言放弃。之后我与爷爷回家了。到了晚上，我的手机响了，是信息。我看了看，是同学发给我的，内容是问我为什么要退学。当时我心好乱，所以没回他们。打开电脑，上了QQ，没想到何姗姗来了信息，说想跟我谈谈。我骗了她，我以我弟弟的身份说我去爷爷家了。在这里我向你道歉！三天后，我想清楚了，回到了学校。意想不到的事情发生了，全班同学都写了封信给我，他们鼓励我，让我不要就此放弃学习。好像是在之后的班会上吧，同学们共同送给我一首歌，那是我喜欢听的《暖暖》。他们希望我不要退学，我真的好感动！在这里，我真心地感谢关心我的老师和同学们！其实同学们关心、帮助我的事很多，我就不再一一说了。

高一(8)班的班主任是袁老师，他给我们提出了"快人一步、乐在其中"的学习理念。还有，无论是班会，或者其他的活动都开展得很棒！记得第一次的班会是关于军训的，老班将同学们军训的照片一一放了出来，看见照片就情不自禁想和他们一起军训了，可惜我的身体不允许。我还记得蒋媛当主持人开展的《旅行计划》的班会，他们介绍了各地旅游景点的风光，让我们在想象中体会。还有学校开展的足球比赛和拔河比赛，八班的同学表现出了齐心协力的合作场面。无论是比赛中的选手，还是在一旁加油鼓励的同学，他们都努力地争取着八班的荣誉。

这就是我记忆中的八班。他们是团结合作、互相帮助的团体！

五、班会反思

虽然只是一节班会课，在这节课上上演的却是人间最真实，最感人的情节，这是其他学科所不能传递的。当我们沉浸在知识的海洋中，当我们迷失在应试的泥潭中，当学生间的友谊变得越来越虚拟、越来越现实，当我们的老师抱怨学生的文章越来越缺乏真情实感，我们的教育是否应该反思？像叶涛这样的学生，他们承受着命运的不公，他们对幸福的渴望是我们不能想象的。事实上，他们就是上天赐给我们的礼物，净化我们的心灵。

主题三　感恩父母　与爱同行

执教班主任　王晓波

一、班会背景

羔羊跪乳,感谢母亲的哺育之恩;落叶归根,是叶对根的感恩。人,是需要感恩的。对于世间万物,心存感恩,就能像大海一样有自净能力,心灵的潮水就不会肆虐,我们就能洗去污秽,就能看清有多少事物值得珍惜,并有勇气去负起责任,社会才能得以和谐发展。是感恩连接了人与社会,使社会不断前进。学会感恩,亲情才会变得愈加温暖;懂得感恩,友情才会变得更加紧密;有了感恩,社会才会变成美好的人间。恩与爱是好朋友,让我们学会感恩,与爱同行。

二、班会目的

学会感恩,与爱同行。

三、班会准备

ppt 制作:吴悉尼、汤自然。

签到:徐逸轩、刘怡含。

茶水:许乐吟、许紫洁。

桌椅搬放:张鑫禹、李筱天带领 10 个男生。

教室卫生:潘紫菱、丁佳妍、陈明霞、王欣玥。

四、班会过程

播放背景音乐:刘和刚的《父亲》,并出示活动主题:《感恩父母,沟通从"心"开始》。

(一)老师开场白

人类不能缺少的是人和人之间的互相关爱,就如人的生存不能缺少太阳、空气和水一样。同学们,我们已经习惯了父母的关爱、父母的帮助,并且认为这些都是理所当然的。因此,我们渐渐忘记了感动,忘记了说声谢谢,也渐渐淡忘了幸福的感觉。今天我们开展《感恩父母　与爱同行》主题班会,就是希望通过今天的活动,让我们每个人都知道生活中有许多值得我们感谢的人,特别是我们的父母! 下面就请袁缘和陶星瑜两位同学来主持这次班会,大家欢迎!

(二)主持人宣布活动开始

播放背景音乐:苏芮的《奉献》。

女：人间最美是真情。

男：人间最真是亲情。

女：亲情，人类永恒的话题。

男：亲情，人间最美的情感。

女：人间最值得珍惜的爱莫过于父母对子女的爱。

男：人间最无私的情感莫过于父母对子女的情感。

合：五（8）中队《感恩父母　与爱同行》主题班会现在开始！首先，让我们用热烈的掌声欢迎到场的各位家长和老师们！

（三）体验亲情

1. 说说父母让你最感动的一件事

女：如果我们的生活是一首歌，

男：母亲就是那最美妙的音符。

女：下面请欣赏女生朗诵《感恩母亲》。

播放音乐：班得瑞的《童年》。

男：如果我们的生活是一幅画，

女：父亲就是那最艳丽的色彩。

男：下面请欣赏男生朗诵《父亲》。

播放音乐：《父亲的草原　母亲的河》。

女：如果我们是一朵朵小花，

男：长辈们就是春雨在浇洒。

女：爱的寻访，真心的收藏，

男：我们的成长足迹清晰可见。

女：下面让我们来寻找、来回顾成长中父母让我们最感动的一件事。

（ppt：几位同学从小到大的照片集。）

（陈明霞、李珊、李筱天、徐鼎皓、邵傅）

女：亲爱的同学们！从你们的讲述中，我们看到了父母对我们日常生活的照顾。我们知道了，其实父母的期望并不多。只要我们健健康康的，他们就会像开心的小孩子一样。有时候我们的一句问候、一次搀扶、一杯茶水、一个微笑、一次感谢，我们的爸爸妈妈就满足了！下面我们来听听高静怡同学《写给爸爸的一封信》。

（高静怡）

男：听了这封感人的信，我们感受到了父母之爱的伟大，同时也听到了来自孩子的心声！

2．唱《烛光里的妈妈》

女：太多的感动，让我们泪流满面！在此，让我们用歌声来表达对父母的爱吧！下面有请合唱队的同学为我们带来《烛光里的妈妈》，以感谢所有伟大的父母！

（播放音乐《烛光里的妈妈》，要有原唱。）

（陈明霞、李钰、张琳、蒋韵琳、徐逸轩）

3．聆听爱的心声

男：刚才同学们都把心中的那份感动说出来了，但在成长过程中，我们也会有意无意地伤害过父母。同学们，有没有做过令父母最痛心的一件事呢？

（学生发言。）

4．家长写给子女的一封信

女：亲爱的爸爸妈妈，你们听到了吗？你们的孩子长大了，懂事了！此时此刻，相信你们也一定感慨万千！下面就请爸爸妈妈们来读一读他们写给孩子的信。

ppt：播放陶星瑜、徐鼎皓、曹文洁、查兆青等同学的成长照片，配轻音乐。

（陶星瑜、徐鼎皓、曹文洁、张缪、查兆青等同学家长发言。）

5．说说如何感恩父母

男：回眸我们的人生，就会发现我们始终沐浴在父母的爱里。自从我们呱呱坠地，父母们就用他们的汗水与心血编织了一张张浓郁的爱网，网住了外面的一切风风雨雨。他们向我们展开博大的胸怀，拥抱着我们，为我们默默地、无私地奉献着……

女：父爱是博大的，而母爱又是那样的细腻。父母之爱镌刻在记忆中，成为生命里难忘的画面。

男：父亲，你是一米阳光，丝丝缕缕都包裹着我，温暖着我。

女：母亲，你是一缕春风，时时刻刻都抚慰着我，浸润着我。

男：此时此刻，你最想对他们说的话是什么呢？（真情告白。）

女：听了同学们的感言后，我想大家都颇有感触。作为学生，首要任务是好好学习，将来有所作为，回报父母的恩情。

合：昨日的不懂事，已经造就了今日的我们；今日的感悟，决定着明天的我们。父母恩情重如山，深似海！让我们拥有一颗感恩的心！

6. 唱《感恩的心》（全班同学边唱边做手语）。

女：让我们用歌声唱出对父母深情的爱，把《感恩的心》送给在座的家长们！

男：歌声寄托了我们对父母深深的爱，歌声激励我们快快成长！让我们用自己的实际行动来报答父母的养育之恩！为了表达我们对父母的恩情，请同学们全体起立，举手握拳做出承诺：

（全班同学宣誓，大屏幕出示感恩誓词。）

亲爱的爸爸妈妈——

从现在开始，

在思想品德上让你们安心；

在学习上让你们放心；

在生活上让你们省心；

我们决不辜负父母心！

（四）亲情互动（学生向家长赠送"圣诞贺卡"。背景音乐：《母亲》）

师：同学们，该说谢谢的时候，要大声说出来！不要只把谢意深藏心底，行动起来，用真诚的心回应真诚的心，用爱回报得到的关怀！在你们的圣诞贺卡上写上你最感激的话，送给你们最想感谢的人吧！

（五）结束

合：我们的生活多么幸福！伴着这首动听的歌曲，五(8)班《感恩父母　与爱同行》主题班会到此结束。谢谢大家！

五、班会反思

孝敬父母是中华民族的传统美德，是做人最基本的道理。其实父母并不需要我们以后轰轰烈烈地去为他们做什么大事，而是要求我们从现在做起，从点滴做起。有时候关心、孝敬父母，就是陪父母聊聊天，就是一个祝福、一句问候、一朵鲜花、一个拥抱，甚至只是一个微笑。

三、职场系列

"机遇总是降临于有德行、有准备的人。"人生是要有规划作前提的，有一份职业生涯规划对一个人的人生有莫大的帮助,毕竟把人生掌握在自己手中比随遇而安要好多了。一份职业生涯规划,是一种有效的手段,它所代表的是一个人职业发展的大体框架,所起的作用是鞭策和激励自己。对每个人而言,职业生命都是有限的,如果不进行有效的规划,势必会造成生命和时间的浪费。作为高中生,应该尽早确立职业生涯的意识,以便为自己的人生确立一个坐标,并为之付出努力。因此,试着为自己拟定一份职业生涯规划,将自己的未来好好设计一下,显得尤为必要。下面呈现的是"职场应聘ABC"主题班会课。

主题　职场应聘 ABC

执教班主任　孙信玲

一、班会背景

职场应聘是我校自我策划的教育系列班会之一,每年在高二年级的同学中开展。通过职场应聘模拟系列活动,帮助同学们树立职业理想,对自己未来的职业生涯作出规划。

二、班会目的

在活动中,同学们积累自我推销的经验,做好双向选择的知识准备与能力准备,意识到提前进行职业规划的重要性。并且,同学们通过参与活动感受团队合作精神,领悟终身学习的意义。

三、班会准备

1. 职业理想展望

通过宣传小报等形式开展职业理想展望活动,帮助大家提前树立规划未来职业的意识。同学们在平时要注意积累和职业选择相关的信息,然后通过一段时间的思考,结合自身实际情况,对自己的未来作出规划。

2. 求职要领讲座

邀请学校团委老师为大家开设"求职要领讲座"。内容涉及如何捕捉求职信息、常用求职方式的成功率分析、书面求职资料如何准备、面试中的礼仪技巧、面试中的细节把握、做好下一次面试的准备等,这些内容都是同学们在面对职场应聘时最关心的问题。

四、班会过程

1. 课堂实践活动

作为招聘班级中的一员,要和大家一起讨论招聘条件、设计招聘情境、制作招聘海报等;作为应聘班级的同学,要和大家一起填制推荐表、写求职信和个人简历、制作求职资料等。

2. 应聘面试模拟

通过抽签决定招聘方和应聘方,各方分别准备道具、文字资料和情境问题。面试开始,首先由应聘方同学进行自我介绍(可用英文)、特长展示等,然后应聘方按照招聘方的要求完成口语测试、情境反应与团队合作测试等环节。最后,招聘方经过讨论,对应聘方的表现给出评价。通过反馈,应聘者能够知道自己的表现如何、优势劣势何在。

3. 具体面试程序

第一轮:

(1) 应聘方自我介绍(可用英文)。

(2) 应聘方定题演讲(定题演讲的题目由组织者提供,主要是关于招聘公司的文化、应聘者对应聘岗位的理解、自己应聘的优势等)。

(3) 招聘方针对性提问,应聘方答辩。

第二轮:

(1) 情境模拟反应与团队合作测试(情境模拟具体以游戏为主,首先由招聘方介绍游戏规则,应聘方进行短暂的交流后即开始游戏,游戏结束后由专业老师进行点评。这个游戏主要用于考察应聘方的组织领导能力,以及招聘方的团队合作精神)。

(2) 招聘方考核、讨论、点评。

第三轮:

(1) 岗位模拟(招聘方根据岗位的特点和要求对每一个岗位设置岗位模拟,首先由招聘方介绍规则,然后应聘方同学先后进行模拟,结束后由专业老师进行点评)。

(2) 公布结果。

[案例]

"岗位模拟"(部分)

公司简介:新联科技集团有限公司是一家极富创新性的国际化的科技公司,主营个人电脑业务。公司在全球有 19 000 多名员工,研发中心分布在中国的北京、深圳、厦门、成都和上海,日本的东京,以及美国北卡罗来纳州的罗利。2004年时公司已然连续八年占据中国市场份额第一的位置。公司在2005年5月完成对另一个人电脑事业部的收购,这标志着公司将成为全球个人电脑市场的领先者——年收入约130亿美元,服务于世界各地的企业客户和个人客户。

招聘岗位:产品推广部、市场开发部、人力资源部、客户服务部、产品发展部经理。

(1)产品推广部1名

主要负责新产品的推广工作。要求应聘者能常因公出差,并具有创新思维和领导能力,同时具有良好的团队合作能力。

(2)市场开发部1名

主要负责市场开发工作。希望应聘者具有积极主动的工作态度,善于人际沟通,对人和社会现象感兴趣,并具有良好的问题解决能力。

(3)人力资源部经理助理1名

主要职责是协助人力资源部经理处理日常事务。希望应聘者平易近人,善于沟通,具备领导才能,具备良好的问题分析和解决能力,同时在日常管理和问题处理中,能够把握全局。

(4)客户服务部1名

主要职责是处理客户的各种问题,与消费者保持有效的沟通,同时记录客户对产品的反馈并不断向相关部门反映,以便改进。希望应聘者具有高效的人际交往技能,能妥善处理顾客的抱怨和疑问,并具有良好的分析能力。

(5)产品发展部经理助理1名

主要负责改进产品。要求应聘者充满创新激情,并且有决心让自己的观点为消费者所理解,同时具有杰出的人际交流能力、团队合作能力,以及领导才能。

五、班会反思

活动的设计先由学生策划和组织,再由班主任指导和提炼。无论是应聘方还是招聘方,在明确分工后,都应认真对待,通过各种渠道查找资料、搜集信息,为活动做好充分的准备。在准备的过程中,大家应发挥集体的力量,合作完成。也许会遇到困难,但要群策群力。活动进行的过程中,建议同学们把点滴体会和收获记录下来,这将是极其宝贵的财富。

通过职场应聘模拟活动,同学们开始规划自己未来的职业,对今后的发展多了一份主动性。这样的活动锻炼了同学们多方面的能力，为他们今后走进职场作了基础的准备。

附：

模拟招聘会求职登记表

姓　　名		性　　别		民　　族		照片
出生年月		政治面貌		籍　贯		
寝 室 号		班　　级				
联系方式						
特长及个人爱好						
获奖及成果						
外语和计算机能力						
外语水平	□一般　□熟练　□精通　其他：					
计算机水平	□一级　□二级　□三级　其他：					
职业资格证书						
实践经历（包括任职情况）						
自我评价						
应聘岗位			期望月薪			
其他要求						

四、沟通系列

三年的相处,一千多个日日夜夜。一句无沟通,一瞬间变得形同陌路。

——一位学生的毕业留言

主题一　男生,女生
——如何处理七年级人际交往中产生的矛盾

执教班主任　孙　琪

一、班会背景

北京景山学校实行九年一贯制(小学五年,初中四年),我所任教的初中学生都是直接从本校小学部升入中学的,打乱顺序后重新分班。很多学生在小学的时候就是同班同学。这些独生子女们共同生活了五年,也把自己小学生活中种种没有解决的"小矛盾"、"小纠纷"带到了中学生活中。

学生们进入中学后,在青春期发育的过程中,感情和情绪变得更加敏感,因而在班级生活中,不可避免地出现了一些人际交往当中的矛盾和纠纷。我通过一次次调解,发现学生们之间的小摩擦总是起因于一些日常生活中的细枝末节,由相互的猜疑而引起沟通不畅,最后导致矛盾升级。

因此,在七年级之初,召开一个处理人际交往中的矛盾的班会,教给学生人际交往中避免矛盾升级的技巧,很有实效性。而学生们自导自演的三段 AB 剧,展示了班级、年级当中学生们常见的矛盾和学生们正确及错误的处理方法,让学生们通过自己的讨论,判断哪种解决方法最有效,是寓教于乐的一种教育方式。

二、班会目的

通过学生自导自演的 AB 剧和一系列的讨论,学生应该学会:

(1)正视人际交往中的矛盾的存在。学生需要理解,在人际交往中,小矛盾和小摩擦是不可避免的,要去勇敢地面对矛盾,而不是一味地逃避或躲闪。

(2)正确处理人际交往中的矛盾的方法。

三、班会准备

1. 材料

● 电教设备(ppt 幻灯片)。

● 歌曲一首。

2．节目

三段学生自导自演的 AB 剧(即三个故事,反映了班中女生之间、男生之间、男女生之间交往的矛盾,和三对相反的结局)。

3．场地

学校实录教室(黑板上布置板报,写出班会主题)。

4．道具

● A4 纸打印的地名 8 张(如:教室、男厕所、办公室等)。

● 绷带一卷、创可贴两片、胶条一卷、"血豆"一份。

● 铅笔盒一个。

● 手机一部。

四、班会过程

(一)班会导入

1．主持人请班长宣布班会开始。

2．主持人宣布演员名单,请学生们欣赏三部小剧,并提示学生认真观看,然后思考小剧反映的主要问题。

[设计目标]快速引入班会主题。

(二)活动环节

班会课的基本环节是:三段小剧 A 剧(矛盾产生后不好的结局)→反思:如何解决矛盾?→达成共识→三段小剧 B 剧(矛盾顺利解决以后完美的结局)

1．小剧 A 剧之女生矛盾

这个小剧全部由女生出演,形象生动地反映了三个女生之间由于背后"传闲话"、"造谣"造成互相猜疑,从而引发口角和不和。

[小剧梗概]吃中午饭的时候,A 女生和 B 女生背着 C 女生说 C 女生的坏话,导致 B 女生和 C 女生之间产生矛盾,并影响两人语文课的学习,受到了语文老师的批评。课下,B 女生和 C 女生的矛盾进一步升级,两人发生了剧烈的争吵。

[设计目的]用小剧的形式,生动形象地展示了青春期女生常见矛盾产生的原因之一——"传闲话",通过其对两人的学习和生活的影响,引发观众思考。

2．小剧 A 剧之男生矛盾

这个小剧全部由男生出演,形象生动地反映了三个七年级男生和三个八年级男生为争一块足球场地而产生的矛盾。

[小剧梗概]三个八年级男生在操场踢球,占了七年级的场地。三个七年级男生来争场地,双方恶语相向,口头矛盾升级为身体接触,双方都"挂了彩"。

[设计目的]用小剧的形式,生动形象地展示了青春期男生常见矛盾产生原因之一——争体育场地的时候冲动地恶语相向,导致口头矛盾升级,由此引发观众的思考。

3. 小剧 A 剧之男女生矛盾

这个小剧由男女生共同出演,形象生动地记录了一个男生在课上、课下"欺负"后座的女生、产生矛盾的过程。

[小剧梗概]课上,前座的男生在起立的时候拿走后座女生的铅笔盒,两人产生口角,影响了周围学生上课。下课的时候,男生拿着女生的铅笔盒躲进男厕所,两人在班里和厕所门口追跑打闹。

[设计目的]用小剧的形式,生动形象地展示了青春期男女生常见矛盾产生原因之一——男生"欺负"女生,拿女生的东西,引起矛盾,由此引发观众的思考。

4. 反思和讨论

主持人引导全班进行讨论,总结三个小剧反映出的班级、年级学生之间的矛盾。

[设计目的]小剧引发的反思。

5. 思考与演示

(1)主持人引导同学们思考:矛盾产生后,要心平气和地交谈,真诚地向对方说出自己的想法。

(2)主持人展示英语课学到的英文礼貌用语和表示友好的肢体语言,带领同学们当场相互演示。用英语课学到的西方文化知识反思同学们的日常生活。

(3)主持人引导同学们要保持宽容、大度的心态。

[设计目的]主持人引导观众们进行反思,指出遇到矛盾较好的解决方法:通过平和的交流、礼貌的用语和宽容的心态,把矛盾的影响减到最小,矛盾的双方能够共同获利。

6. 小剧 B 剧之女生矛盾结局篇

[小剧梗概]女生 D 在下课的时候对发生口角的两个女生进行了调解,两个女生认识到自己的错误,两人和好如初。

[设计目的]展示矛盾处理技巧之一:敞开心扉交谈。

7. 小剧 B 剧之男生矛盾结局篇

[小剧梗概]七年级男生和八年级男生在交涉足球场地问题的时候,态度诚恳,语气平和,两个年级男生在一起愉快地踢球。

[设计目的]展示矛盾处理技巧之一:文明礼貌用语和肢体语言。

8. 小剧 B 剧之男女生矛盾结局篇

[小剧梗概]产生矛盾的男女生由邻座的两个男女生劝导而和解。男生给女生赔礼道歉,女生礼貌地接受道歉。

[设计目的]展示矛盾处理技巧之一:文明礼貌用语和肢体语言。

9. 歌声和结束语

主持人总结了小剧的表演情况,感谢全体演员,以一首赞美友谊的歌曲结束了此次班会。

[设计目的]以赞颂友谊和和谐班集体来结束此次班会。

(三)教师总结

俗话说的好,"距离产生美"。而同学们在这个集体已经朝夕相处一年多了,每天八个小时在一起,桌椅之间的距离这样近、班级之间的距离这样近,难免会产生这样、那样的矛盾和误解。在家里,有的时候也还会和自己的爸爸妈妈拌一句嘴、吵一次架呢,那么同学之间闹矛盾,也是再正常不过的了。关键的问题是:遇到了矛盾,应该如何去处理。

一位著名诗人曾经这样写道:"人与人之间的误解,有的时候不过是一棵含羞草,遇到了另一棵含羞草。"因此,班会的意图是让同学们在遇到矛盾的时候,不要做害羞的含羞草,什么事情都憋在心里,这样矛盾只会越积越大。我们要做明媚的向阳花,正视矛盾的存在。所以此次班会用小剧的方法,将日常矛盾展现出来,并设置不同的结局(AB 结局)。学生以旁观者的身份"观看"发生在平时生活中的矛盾,感觉真是亲切,心情轻松愉快,也引发了他们对这些矛盾及其处理的思考。学习以真诚、友好、礼貌、平和的心态去交谈、沟通的方法,把矛盾减到最小。这样,我们的班集体才能越来越友爱,越来越团结。

五、班会效果

(1)班会目的达成情况

会后,学生们感触颇深。取材于真实学校生活的 AB 小剧和学生演员给全体同学带来了无限的欢乐,也带来了深深的思考。班会结束后,学生能够以平和的心态正视矛盾的存在,并且在遇到矛盾的时候不慌张,运用文明礼貌的方式积极寻求矛盾的最好解决方法。

（2）学生感言

我十分喜欢这个班会。我觉得小剧演得非常好！我们班一向比较擅长小剧表演，所有的小剧都取材于我们的校园生活，反映了我们校园生活的方方面面。当然，我们有做得好的一面，也有做得不好的一面。我觉得这样的形式比老师直接批评我们更能解决问题。而且，我确实学到了一些人际交往的方法，比如遇到问题应该首先冷静下来，想一想有没有自己的问题，然后找对方谈一谈，不要老是先找别人的毛病。还有，就是不要老是想着别人都是坏人。我自己是班委，更应该宽容、大度一些，能让则让。

六、教师反思和改进方案

班会时间掌握得还不够好，结束的时间稍早于四十分钟。原因是学生在实录教室里明显有些紧张，在节奏的把控上还不是十分理想，所以班会进度比想象中要快。下次应该让学生多准备一到两个备用节目，并且叮嘱主持人多给观众们一些讨论的时间。这样学生能够更加充分地体会和思考小剧的内容，发自内心地去感受不同处理方法带来的不同结果，促使学生自己产生正确的判断，班会带来的效果也更加明显、深入。附录提供了本次班会课学生情境表演的对白。

附1　班级自导自演小剧：女生之间的矛盾——传话筒

演员：李羚萱、王如锦、葛仪、李涵蒙。

（一天，李羚萱正跟人玩着，李涵蒙走到李羚萱身边，把她拉了过去。）

羚：干嘛啊？

蒙：我有点事要对你说。

羚：那你快点啊，我还要跟人玩呢！

蒙：你先过来。

羚（转头对小菲说）：小菲，我们先说点事，一会儿我找你啊。

蒙（悄悄对羚说）：咱班最近有人说你坏话。

羚：谁啊？

蒙：好像还和你挺好的呢。

羚：你赶紧说吧，小菲还等着呢！

蒙：王如锦。王如锦她说你本来就不怎么样，还那么拽。成天往老师办公室跑，却也没怎么见你成绩好过！她这么说你好过分啊！！

羚：……

（一转头，却碰见了王如锦。）

（她们俩就这么一言不发地擦肩而过，王如锦心里很奇怪，李羚萱这是怎么了，平时她可不这样啊。）

（上课铃响了）

（上课，老师讲课中……）

（李羚萱一言不发的在桌子上画着什么，王如锦转身向李羚萱借笔，李羚萱却根本不搭理她。）

锦：哎，李羚萱，你怎么了？

羚：没什么。

锦：哎呀，你到底怎么了啊？你怎么都不理我啊？

羚（拍桌子）：我说没怎样，就是没怎样！

老师：李羚萱你干什么呢，上课好好听讲记笔记，别光顾着跟同学说话！

羚（白了王如锦一眼）：还不是你害的！

锦：什么我害的，真是的，什么人啊！

（王如锦转头）

（下课了）

葛仪（拉着李涵蒙到李羚萱的座位前）：哎，一块儿出去玩吧！

羚：好啊！

（漫不经心的语气。）

葛仪（又对王如锦说）：走啊，一块儿玩！

羚：她去，我就不去！

锦：哎！你这人怎么回事啊？上课就对我爱搭不理的，现在又怎么啦？

羚：你自己还不知道么？

（轻蔑地一笑）

锦：我怎么了？我怎么了？

羚（心里想）：装得可真像啊！

羚：你不是在我背后说我坏话么？

锦：什么?！我从来没有说过！

羚：还说自己没有说过，别人都告诉我了，你少来！

锦：你怎么这样对我说话，我没说过就是没说过，爱怎样怎样！

(吵架过程略)

A结尾：俩人互瞪一眼，转身，气呼呼的走了。

B结尾：

蔚：哎哎哎，别这样！你们俩平时不是挺好的么，怎么吵起来了？

羚：谁要跟她好啊？

(吵架略)

蔚(对羚和锦)：你们有什么误会，可以说一说，用不着这样啊！

羚：她说我坏话。

锦：我从来都没有。

羚：还说没有！

蔚(对羚)：你不要因为别人的一句话就这样猜疑王如锦啊！

蔚(又对锦)：你也是啊，当然我也信你没有说，不过，你可以好好地和李羚萱
　　　　　　说啊！

锦：我本来就没有说啊！

蔚：是啊，李羚萱，朋友之间的信任最可贵了！

羚：哦，我知道了。王如锦，对不起！我误会了你！

(她们两个拥抱，李羚萱意味深长地看了李涵蒙一眼)

附2　班级自导自演小剧"男生之间的矛盾——球场之争"

(一共7人。

八年级：a、b、c。

七年级：x、y、z。

另有一人举牌。

八年级a、b、c在踢球，举牌的人走过，手举：八年级。

七年级x、y、z向球场走去，举牌的人走过，手举：七年级。)

● 不好的发展方向

x：今天星期二，应该是我们七年级的场地，你们八年级在这里干吗？

a：我们下课多踢会儿，怎么了？

y：去去去，哪凉快哪待着去！

b：就这凉快，我们就乐意待着了！

z：给你们搬个电暖器，轰死你们！

c：切，一帮小屁孩！不理他们。

（x、y、z走进场子。）

（双方开始踢球。）

（y抢了八年级的球，一脚踢飞。）

a：你给我捡回来！

x：就不捡！

（b推了x一下）

z：怎么着，想打架呀？

c：打就打，谁怕谁啊？

（双方开始打架）

（边打边走出舞台）

（举牌人上来，手举：第二天。）

（x、y、z分别瘸着腿，绑着手，捂着眼睛上来。）

x：下次见到他们一定饶不了他们！

y：打死他！

z：不留活口！

● 好的发展方向

x：今天星期二，应该是我们七年级的场地，你们八年级在这里干吗？

a：我们下课多踢会儿，怎么了？

y：那咱们一块踢吧。

b：好啊！

z：咱们重新分队吧，这样公平。

c：好啊！

（双方开始踢球、打比赛。）

附3 班级自导自演小剧《男、女生之间的矛盾——龙争凤斗》

（演员：吕思佳、赵宝俊、夏天晴、张宇恒、葛仪。

一天上课中……

赵宝俊转头把吕思佳的笔拿走。）

思：你干嘛呀？

（赵宝俊把笔的零件一个个扔给吕思佳。）

思：你有病吧？

（转头向夏借笔）

思：赵宝俊他有病！拿我笔，还拆了给我。

夏：好了，你就用我的笔吧！

思：谢谢你啊，夏天晴！

（吕思佳转过头来，继续听讲。）

（具体男生招女生过程待定。）

（恒在旁边瞎掺和、起哄）

（赵宝俊把吕思佳笔袋扔来扔去，和张宇恒传着玩，吕思佳抢夺。）

老师：吕思佳，这个问题由你来回答。

思：嗯，嗯……

老师：你上课不听讲，怎么可能会呢？赵宝俊，你来说说。

宝：这道题应该……（流利地说出答案。）

老师：吕思佳，你跟人家不一样，人家能回答出来，你能吗？下课找我一趟。

思：老师，是他先招我！他抢我笔袋！

老师（皱了皱眉）：你们两个下课来找我一趟！

思（坐下，小声地嘀咕）：为什么就偏偏说我啊。

（宝踢了吕思佳几下，吕思佳委屈地哭了。）

（下课了）

（找完老师后，两人垂头丧气地回来了。）

夏：思儿，没事，我来帮你说说他！

宝：哼，没事找事！

夏：你就不能让着她吗，她是女生！

宝（态度强硬）：反正不关我的事！

夏：好吧，好吧！

A 结尾：继续争吵。

B 结尾：

（过了一会儿）

宝：对不起了，我错了！

（思不理他。）

夏：好了，思儿！他都已经给你道歉了，你就原谅他吧！

思：好吧，但是你上课时不要再这样了。

宝：行！

主题二　感恩伟大祖国，建设和谐校园
咱们是一家人
执教班主任　吴曼雪　马雪林

教育主题：感恩伟大祖国，建设和谐校园。

教育形式：民族团结手拉手结对子班级联合班会。

教育目的：通过主题班会的开展，让学生们深入了解民汉合校的意义，增强民族团结意识，自觉维护祖国统一。

教育内容：

1. 以画外音的形式引出外地记者与本地学生的对话。

2. 少数民族团结表演《三句半》。

3. 小品《军民鱼水情》。

4. 男声二重唱《新疆山水美》，后进入互动环节。

5. 民族舞蹈《快乐地跳吧》后，学生畅谈民汉合校感受。

6. 配乐诗歌朗诵《我的祖国》。

7. 合唱《一家人》，共奏民族团结之歌。

教育意义：增进各民族之间的了解，促进民族团结，共建和谐校园。

班会实录：（以故事形势展开此次主题班会，故事在内地某报记者培文和伊宁市第三中学双语班学生斐卢冉之间展开。）

1. 以画外音的形式引出外地记者与本地学生的对话

画外音：2010 年夏季的一天，伊宁市第三中学的斐卢冉同学刚刚送走了她的高班同学。

斐卢冉：再见了，朋友！到了高班一定要努力，我等你的好消息，再见！！！

画外音：此时来自内地某报的记者培文在接到采访任务后，已抵达伊宁火车站。

培　文：一路晃来一路摇，我终于跨过了二道桥，来到这塞外江南，心中满是喜悦与兴奋。啊！美丽的新疆！自打生下来就对你朝思暮想，今日终于梦想成真。噢，差点忘了我的任务了，赶快上工吧。可这人生地不熟，从哪儿

先开始呢?

(看到斐卢冉非常高兴,于是走上前去。)

培　文:你好,我是一名内地的记者。"记者"你懂吗?"ji zhe",就是拍照片的,你懂吗?

斐卢冉:懂,当然懂了!

培　文:哦,那太好了!我叫培文,到新疆来是为了做一个有关民族团结的专访。

斐卢冉:你好,培文!非常欢迎你来到美丽的新疆伊宁。

培　文:谢谢!只不过我不知道该如何开始,你能帮我吗?

斐卢冉:好呀!我叫斐卢冉,是伊宁三中的学生。这样吧,我现在回学校,不妨我就顺路带你去找你想要的东西吧。

培　文:是吗?那太好了!咱这就出发吧。

斐卢冉:好,走吧。

2. 斐卢冉和培文上场,场景从火车站回到班会现场

培　文:哎,对了,我听得出你讲汉语讲得非常棒,是不是所有的人都像你说的一样好呢?

斐卢冉:对呀,是这样的。

培　文:你就吹吧,怎么可能呢?要我这个外地人呢吧?

斐卢冉:嗨,不信啊?别说普通话,我就是随便拉几个人都能说个三句半。

培　文:哎哟喂,你这牛可吹大了!三句半,你就是抓四个记者都不一定能说下来。

斐卢冉:你别不信啊!别急,我这就证明给你看。

3. 少数民族同学表演:《三句半》

领导同志大家好,今天日子不得了,我们先来报个到,过年好!

现在说段三句半,说得不好多包涵,不管说得好不好,都别跑!

不管教学有多难,人人都是英雄汉,个个都是敬业者,不一般!

授业解惑不知倦,披星戴月难得闲,三尺讲台写春秋,憔悴!

辛勤工作快一年,看到成绩喜万千,代表大家表心愿,多发钱!

俺们几个话挺多,大家不要嫌啰唆,希望能够捧捧场,鼓掌!

4. 斐卢冉和培文上场

培　文:太棒了!太不可思议了!没想到维吾尔人竟能讲如此了得的汉语。

斐卢冉:怎么样,这下你佩服了吧?

培　文：服，服，真服了！

斐卢冉：哎，培文，我们到车站了，咱们坐公交车走吧。

培　文：好呀！

5. 上车后

培　文：斐卢冉，你能给我讲讲咱们新疆的风土人情吗？

斐卢冉：可以呀。我们新疆世世代代居住着13个民族，到现在已有47个民族，我们世代居住在新疆这片富饶的土地上。

培　文：哎，斐卢冉，不好意思打断你，看到外面的执勤点，让我想起在网上看到的这样一个故事，故事的主人公叫库尔班大叔。

6. 小品：《军民鱼水情》

崔　干　事：库尔班大叔，您好啊！

库尔班大叔：你好，你好！崔干事，请坐！

崔　干　事：大叔，您身体还好吧？

库尔班大叔：可以，可以。

崔　干　事：库尔班大叔，真是对不起啊！我们的演习给您造成了那么大的损失，我们的部队领导非常重视！这不，让我来给您赔偿来了。

库尔班大叔：不用，不用，我已经投保险了。

阿依古丽：库尔班大叔，库尔班大叔。

库尔班大叔：保险公司？

阿依古丽：库尔班大叔，你是保险公司的？

库尔班大叔：我是保险公司？你搞错了，我不是保险公司的。我是库尔班，你是保险公司的！

阿依古丽：对嘛，我是保险公司的。

库尔班大叔：崔干事，你看，保险公司的来了。保险公司坐，我也坐，我们开始吧。

阿依古丽：库尔班大叔，保险公司听说你被惊了，不下奶了。

库尔班大叔：我怎么会被惊呢？是我的牛被惊了，不下奶了。

阿依古丽：那保险公司赔你多少钱？

库尔班大叔：赔牛，不不不，赔库尔班三千块。

阿依古丽：哦，对对对，来，你签字，我赔钱。

库尔班大叔：保险公司赔给我的钱呢？

阿依古丽：库尔班大叔,我不是来赔钱的,我是来要钱的,这是借条。

库尔班大叔：嘘,别让崔干事听到,欠你的钱下次给你。

崔　干　事：大姐啊,你是哪家保险公司的?

阿依古丽：乌鲁木齐市保险公司的。

崔　干　事：哦,那大叔保的是什么险啊?

阿依古丽：保险,哦,不是,是人寿保险。

崔　干　事：人寿保险?

库尔班大叔：我嘛是人,那牛嘛是兽,所以是人兽保险。

崔　干　事：哦,原来是这么回事。那大叔的保额是多少啊?

阿依古丽：库尔班大叔保的是牛,不是鹅,他家没有鹅。

崔　干　事：大姐,我看您就不是保险公司的,您是养羊的。

阿依古丽：库尔班大叔,是你告诉他的吗?

崔　干　事：是你自己告诉我的。

库尔班大叔：你自己看嘛,你的袋子上写的是羊奶场嘛。

崔　干　事：大姐,这件事跟您没关系!

阿依古丽：怎么没关系?我们大家都是军民鱼水情关系。

崔　干　事：您不知道,是这么回事:我们的演习啊,大炮一响,把库尔班大叔家
　　　　　　的牛给惊着了,不能下奶了,这不,我是来给他赔钱的。

阿依古丽：那库尔班大叔,这样的小事咱们就算了吧,我也不要你的钱了(拿出
　　　　　　欠条撕毁)。

库尔班大叔：算了算了,这个钱不要赔了!

崔　干　事：这怎么能算了呢?老百姓的事,再小,在我们解放军看来也是大事!

库尔班大叔：不要不要,我不能要!

崔　干　事：大叔啊,我这次来就是专门给您赔钱的!您说您这不要,我怎么交
　　　　　　差啊?这钱您一定得收着,这账一定得算清!

库尔班大叔：好,我今天就给算一下这笔账。

阿依古丽：库尔班大叔,你真的要算这笔账?

库尔班大叔：前一段时间嘛,我们这个地方闹地震。我库尔班嘛,是解放军从土
　　　　　　里面挖出来的,我库尔班的命值多少钱?我妻子嘛,也是解放军从
　　　　　　土里挖出来的,肚子里面还有个娃娃,这两条命值多少钱?这战士,

救出我们后,又用血肉模糊的手,救出我们的牛,救出我们的羊。这又值多少钱?政府给我们盖起了房子,让我们过上了好日子,这又值多少钱?哪里有灾难,哪里就有解放军!有他们在,我们就安稳了,踏实了,就上了保险了。

阿依古丽:对对对,我们就踏实了!所以,崔干事,你就把钱收回去吧!

崔　干　事:大叔,您都这样说了,我就听您一回吧!哎呀,坏了,我要赶回部队,这时间来不及了呀!

库尔班大叔:没关系!我给你套牛车,别人有千里马,我有千里牛。走,阿依古丽。

阿依古丽:哦,来了。

崔　干　事:哎,阿依古丽,这库尔班大叔的羊奶是从您那订的吧?

阿依古丽:是的。

崔　干　事:那这样,我看您的羊奶场离我们部队也挺近的,那我们以后从您那订购吧。

阿依古丽:好啊!

崔　干　事:那好,这是三千块定金,您先收着。那我就先走了。

阿依古丽:哎,等一下,牛车还没准备好呢。

崔　干　事:我是开着吉普车来的。再见!

阿依古丽:哦,再见!

库尔班大叔:咦?崔干事呢?

阿依古丽:他走了。

库尔班大叔:他怎么走了?

阿依古丽:人家是开吉普来的。这是他给我的订羊奶的定金!

库尔班大叔:哎呀,解放军演习完了,再也不会要奶了!

库尔班大叔、阿依古丽:解放军,亚克西!

(斐卢冉、培文上场)

培　文:啊,库尔班大叔的事迹真是感人啊!

斐卢冉:在我们这里,这样的故事有千千万。同学们,你们谁愿意把这样的故事说给大家听?

7. 分享民族团结感人事迹

(同学们畅谈发生在身边的民族团结感人事迹,内容略。)

（斐卢冉、培文上场）

培　文：看来，民族团结已经深入新疆各民族同胞的心中。呀，呀，呀，呀！

斐卢冉：怎么了？

培　文：你听，有歌声。

斐卢冉：在哪儿呢？我怎么没听到？

培　文：哎，你别吵，认真听！

斐卢冉：真的有哎！

培　文：师傅，停车。这个我要去听，我们下车吧。

斐卢冉：好的。

8. 男声二重唱（汉族、哈族）：《新疆山水美》

（歌曲内容）

哪个地方山水美，景色青又靓？

最美丽的山水，就在咱新疆。

请到天山南北走上一趟，

雄伟秀丽的山川，叫人向往。

帕米尔冰川，披上银装。

伊犁河草原，百花飘香。

坎儿井流水潺潺作响，

哈纳斯景色，赛过天堂。

新疆山水美，景色青又靓。

秀美山川，叫人向往。

哪个地方瓜儿甜，果儿香又香？

最甜蜜的瓜果，就在咱家乡。

尝尝咱的瓜果，赛过蜜糖。

甜蜜的新生活，永远难忘。

喀什的甜杏，闻着实在香。

伊犁的苹果，装满筐。

吐鲁番的葡萄像珍珠和玛瑙。

库尔勒香梨皮薄，水汪汪。

新疆山水美，景色青又靓。

秀美的山川,叫人向往。

家乡的瓜儿甜,果儿香又香。

甜蜜的新生活,永远难忘!

(斐卢舟、培文上场)

培　　文:啊! 太美妙了! 你听这新疆歌曲唱的实在是太有韵味了!

斐卢舟:嗯,是呀。哎呀,我回校的时间来不及了,怎么办呢?

培　　文:这样吧,我们就打的走吧。

　　　　　　　(上出租车。)

斐卢舟:师傅,开发区三中。哦,对了,麻烦您把广播打开,好吗?

司　　机:没问题。

9. 新闻播报:民族团结感人故事

听众朋友们,大家早上好! 这里是伊犁人民广播电台为您倾情送出的"民族团结之花盛开伊宁"栏目。

上一期,我们为您报道了骨癌患者阿德来提由于家庭贫困而无法接受治疗的事情。报道一经播出,大家都十分关注这个活泼可爱、一心想成为舞蹈家的阿德来提。社会各界纷纷响应,从小孩到老人、从小学到高中、从职工到领导干部,大家纷纷献出爱心,为她筹集善款。截至今日,已筹集 114 626 元。这些钱将送往人民医院,为阿德来提进行换骨治疗。愿我们的阿德来提在各位市民的关心与帮助下早日康复!

听众朋友们,系列报道就为您播报到这里,下面为您带来一首诗歌朗诵:《我的祖国》。

10. 配乐诗歌朗诵:《我的祖国》

(男 1:汉族;男 2:维族;女 1:汉族;女 2:维族)

(男1)我的祖国,

　　　　高山巍峨,

　　　　雄伟的山峰俯瞰历史的风狂雨落,

　　　　暮色苍茫,

　　　　任凭风云掠过。

　　　　坚实的脊背顶住了亿万年的沧桑从容不迫。

(男2)我的祖国,

　　　　大河奔腾,

　　　　浩荡的洪流冲过历史翻卷的漩涡,

激流勇进，

洗刷百年污浊，

惊涛骇浪拍击峡谷涌起过多少命运的颠簸。

（女1）我的祖国，

地大物博，

风光秀美孕育了瑰丽的传统文化，

大漠收残阳，

明月醉荷花，

广袤大地上多少璀璨的文明还在熠熠闪烁。

（女2）我的祖国，

人民勤劳，

五十六个民族相濡以沫，

东方神韵的精彩，

人文风貌的风流，

千古流传着多少美丽动人的传说。

（合）这就是我的祖国，

这就是我深深爱恋的祖国。

（男1）我爱你源远流长灿烂的历史，

我爱你每一寸土地上的花朵，

我爱你风光旖旎壮丽的河山，

我爱你人民的性格坚韧执著。

我的祖国，

我深深爱恋的祖国。

（男1）你是昂首高亢的雄鸡——唤醒拂晓的沉默，

（男2）你是冲天腾飞的巨龙——叱咤时代的风云，

（女1）你是威风凛凛的雄狮——舞动神州的雄风，

（女2）你是人类智慧的起源——点燃文明的星火。

（合）你有一个神圣的名字，

那就是中国！

那就是中国啊，我的祖国。

我深深爱恋的祖国。

（女1）我深深地爱着我的祖国，

（男1）搏动的心脏跳动着五千年的脉搏，

（女1）我深深地爱着我的祖国，

（男2）涌动的血液奔腾着长江黄河的浪波，

（女1）我深深地爱着我的祖国，

（男1）黄色的皮肤印着祖先留下的颜色，

（女2）我深深地爱着我的祖国，

（男2）黑色的眼睛流露着谦逊的笑窝，

（女1）我深深地爱着我的祖国，

（男1）坚强的性格挺拔起泰山的气魄，

（女2）我深深地爱着我的祖国，

（男2）辽阔的海疆装满了我所有的寄托。

（男1）我的祖国，

　　　　可爱的中国，

　　　　你创造了辉煌的历史，

　　　　你养育了伟大的民族。

（男2）我自豪你的悠久，

　　　　数千年的狂风吹不折你挺拔的脊背，

　　　　我自豪你的坚强，

　　　　抵住内忧外患闯过岁月蹉跎。

（女1）我自豪你的光明，

　　　　中华民族把自己的命运牢牢掌握，

　　　　我自豪你的精神，

　　　　改革勇往直前，开放气势磅礴。

（女2）可爱的祖国啊，

　　　　无论我走到哪里，

　　　　我都挽住你力量的臂膊，

　　　　无论我身居何方，

　　　　你都温暖着我的心窝。

（男合）可爱的祖国啊，

　　　　　你把住新世纪的航舵，

（男1）你用速度，

（男2）你用实力，

（男合）创造震惊世界的奇迹。

（女1）你用勤劳，

（女2）你用智慧，

（女合）进行了又一次更加辉煌的开拓！

（合）祖国啊，祖国，

　　　　你永远充满希望，

　　　　祖国啊，祖国，

　　　　你永远朝气蓬勃！

（斐卢冉、培文上场。）

培　文：是啊，我的祖国，我们深深爱恋着的祖国。这种感情感动了你，感动了
　　　　我，感动了我们每一个人。

斐卢冉：是的，这便是每一位新疆人的心声。不论你是汉族还是维吾尔族，一颗
　　　　热爱祖国的心是永不褪色的。

培　文：说得好，一颗中国心是我们共同的烙印。

斐卢冉：嗯，到了。这就是我们三中。下车吧。

培　文：从外形上看这三中可真是够气派啊！

斐卢冉：当然了，三中可是我们伊宁市首屈一指的名校！
　　　　要不，我带你参观一下？

培　文：好呀，走吧。

培　文：哎，为什么你们这里又有民族学生，又有汉族学生呢？

斐卢冉：这你就不懂了，这是我们这里的一大特色——民汉同校上课。这更能体现
　　　　我们亲如一家的关系。哦，对了，今天恰好有两个班正在搞活动，我带你去
　　　　看看吧？

培　文：好呀，走吧。

斐卢冉：大家好！这是来自《民族报》的记者培文。他想了解一下大家对民汉合
　　　　校的想法，请大家畅所欲言。

11. 学生畅谈民汉合校感受

（学生发言内容略。）

培　文：好，谢谢大家！非常感谢！

斐卢冉：你觉得怎么样？不错吧？

培　文：真的不错啊！

斐卢冉：我带你去别处走走吧？

培　文：好的。咦？你看这里有这么多的民族学生，你就教我几句维语吧。

斐卢冉：好吧，那我就教你怎么说"咱是一家人"，听着啊，biz bir a i la kixiliri。

　　　　（培文重复几次，反问在座同学，全体同学齐声重复。此时身着民族服装
　　　　的两位同学走过，培文愣住。）

斐卢冉：哎、哎、哎！

　　　　（培文回过神。）

斐卢冉：怎么了？

培　文：她、她、她们太漂亮了，穿着打扮怎么跟你不一样呢？

斐卢冉：当然漂亮了！她们穿的是我们维吾尔族的传统服饰。要不，我请她们给
　　　　你跳支舞吧？

培　文：那太好了，请吧！

12. 民族舞蹈：《欢乐地跳吧》

（舞蹈结束，斐卢冉、培文上场。）

培　文：呀，太棒了！这太有趣了。你看音乐一起，咱们的朋友不论是否相识、是
　　　　否相邀，都能走到舞台前一起跳舞。

斐卢冉：是呀，美丽的新疆，各民族都能团结和谐地相处。我们热情好客、为人友
　　　　善，歌舞就是我们传递情意的表现形式。

培　文：看来，咱们新疆还真是山美、水美、人更美！

斐卢冉：对，我们亲如一家人，请听——

13. 合唱：《一家人》（共奏民族团结之歌。）

引　子：是啊，我们永远是一家人，永远是手足相亲、血肉相连的一家人！我
　　　　们的情感和友谊就像泥土和玫瑰，相处久了，就会拥有对方的馨香。
　　　　不！应该是咱们，咱们是爱，咱们是精神，咱们是力量，咱们永远是一
　　　　家人！

[男(哈族)女(汉族)领唱,全体同学合唱。]

斐卢冉:是呀,咱们是一家人!社会稳定是新疆发展的重要保证,社会稳定需要
　　　　每一位新疆人的参与。为了稳定,人人迈出一小步,社会就会进步一大
　　　　步。为了和谐,人人迈出一小步,社会就会向团结友善的民族氛围跨出
　　　　一大步。

培　文:没错。百年大业,教育为本;民汉合校,造福千秋。我相信,新疆各族青
　　　　少年将为新疆的繁荣发展奉献自己的才华,作出自己的贡献!为了祖国
　　　　的明天,让我们团结一心!

斐卢冉:培文,你觉得你想要的东西找到了吗?

培　文:找到了,这一切太让人振奋了!我这就回去把这些见闻发出去。非常感
　　　　谢你,斐卢冉!感谢你带我领略如此美丽的新疆。有机会我一定还会再
　　　　来新疆!

斐卢冉:那我愿意再做你的导游。

培　文:那太好了,只不过,你能再帮我一个忙吗?

斐卢冉:什么? 你说吧。

培　文:你能再把我送到火车站吗?

　　　　(笑。)

主题三　善　　待

执教班主任　戴　倩

一、班会背景

学生总体善良、有正义感,乐于助人;

自我保护意识和能力仍存在不足;

个别学生对社会现象的认识片面,缺乏理性,易盲从。

二、班会目的

增强学生对宽容、诚信、助人为乐等高尚品德的认同感,提高助人时自我保护的意识和能力,提高社会责任感。同时,也希望学生试着反思自己的日常行为,将换位思考、与人为善落实在具体小事上,增进学生间彼此的感情和对集体的爱。

三、班会准备

问卷调查、背景资料收集、视频编辑。

不　　帮	帮　　助	
	无条件直接扶助	有条件地帮助
3 人	18 人	11 人

四、班会过程

（一）前期准备阶段

问卷调查：路遇老人摔倒，你会怎么做？（全班参与。）

目的：了解学生已有的情感态度价值观，确立本次班会的目标。

（二）班会流程

班会由三个环节组成，由知入行，知行统一。

活动一："扶与不扶"讨论会

（1）背景资料

2007 年，南京的"彭宇案"引发了一场关于老人摔倒扶还是不扶的道德争论，而此事件更深远的影响则是人们的信任危机——"好事不敢做"。

《现代快报》2009 年 2 月 16 日报道，南京一位九旬老人瘫倒在解放南路人行道上，老花眼镜和毛线帽子都掉在了一边，过往路人欲上前搀扶却又"有所顾虑"，都小心地"绕个弯儿"走过了。20 分钟过去了，最终一位热心市民魏女士喊来七八名路人作"见证"后，才敢打电话报警。

《扬子晚报》2010 年 7 月 11 日报道，江苏兴化市一名老人骑三轮车下桥时不慎摔倒，躺倒在地爬不起来。15 分钟之内，不少人经过该处，甚至有路人驻足围观，但始终无人伸手拉老人一把。市民表示，怕被讹诈，不敢帮忙。

（2）活动过程

讨论话题：老人摔倒了，我们应该怎么做？

要求：以小组为单位，收集合理建议写在卡片上，以备全班交流。

（3）设计意图

在这个讨论中，我们把集中点放在"应该怎么做"这个问题上，不仅引导孩子具有正确的价值观，更侧重培养孩子践行道德的能力。小组可以充分阐述自己的想法，在思维的碰撞中完善自己的认知，探讨帮助老人的正确方法。

（4）总结与反思

班主任在讨论交流结束后点评。分为三个方面进行引导。

正所谓"赠人玫瑰,手有余香","助人为乐"一直是全社会共同的道德呼唤! 教师可以向学生提出一个问题:"如果摔倒在地的是你的爷爷奶奶,你希望路人怎么做?"从以往的交流中,我曾不止一次地感受到孩子们对曾经接受到的他人的帮助心怀温暖,因此,将心比心,当他人需要帮助时,不妨伸出双手,别让一次个别、偶然的讹诈现象遮蔽了我们对善良的所有美好希望。要敢做好事!

但是,作为一名未成年人,由于缺乏必要的社会经验,我们也不能盲目冲动。第二个问题是:"如果你看见一个人落水呼救,而你不会游泳,你会不会什么都不管就跳水救人?"学生的答案会很明确。同理,选择恰当的助人方法,在必要时,向成年人或相关专业部门求助,这既能更好地帮助他人,也能很好地保护自己。

可是,如果我们在帮助他人时真的遭到了误解,怎么办? 此时,诚信做人,才能得到信任;而宽容与谅解,也是我们共同的呼唤!

活动二:"看客"现象的思考

(1)背景资料

截取新闻视频《见死不救的中国人看客心态》片段,视频中包含两段故事:一犹豫男子在众人围观起哄中决意跳楼;46万现金散落一地,众人相助围救,分文未丢。

(2)活动过程

班主任引导提问,学生思考回答。在这个环节中向孩子们提出两个问题:"本来可能不会跳的人为什么跳下来了?""本以为会被哄抢一空的钱为什么分文没丢?"

(3)设计意图

如果说上一环节的讨论侧重于引导孩子们怎样助人,提升道德践行能力,那么这一环节则发挥着警示作用,提醒孩子们不该做什么、应该做什么。通过观看视频,学生们可以更深刻地体验到自私、冷漠、盲从、猎奇心理给心灵带来的伤害,对社会道德、社会风气带来的负面冲击,造成的严重后果。同时,也通过对比,感受助人的快乐,以及社会对助人者给予的尊重与欣赏,树立自觉做正义行为带头者的意识。

(4)总结与反思

我们将向全班发出号召——不要以自私和冷漠来面对他人和社会! 不要盲从! 关爱生命(他人、自己),是我们共同的责任!

活动三:倾听内心独白,书写感恩与歉意

(1)背景资料

班会的主题定为《善待》,源于班级里发生的几件真实的事情:有个胆小的男生,他的好凳子经常会在周一轮换座位时被同学偷偷换走；有些同学，发作业本时总是乱扔，弄坏了本子，有时还会弄伤同学；有两个男生，下课时对着怀孕的老师开玩笑，说老师的宝宝会没有了；有个女生，一直默默地帮助、督促另一个成绩很不好的同学背书、默写，被帮助的孩子和她的父母嘴上虽然没说，但心里特别感激。……

（2）活动过程

第一步：小品表演《扔本子》《模仿摔断腿的同学》。

第二步：倾听他们的内心独白（播放同学、老师的录音）。

第三步：在便签纸上书写感恩与歉意（背景播放电子相册）。

（3）设计意图

这个环节里，班会由探讨社会现象转移至班级问题，由善待陌生人转移至善待身边人，这也是本次班会的落脚点，我希望对班级之前曾发生的不良现象做一个总结。"善待"的重要核心就是"换位思考"。由于胆怯、不善表达或者没有适合的机会等很多原因，很多不被善待的人往往选择沉默，让自己封闭起来，或者有时为了面子，口不对心。所以，我希望孩子们能够听到大家心里的声音。于是，我采用了录音形式，在班会召开前秘密准备。前三段录音，是前不久班级里发生的真实事件的几位当事人谈自己的想法，而后面连续的几个声音，则是普通同学针对平时见到的班级里的不良现象，提出自己的希望。录音最大的特点，就是真实。在听完录音以后，让孩子们回到自省中，对有恩于己的人写下感谢，对自己曾伤害过的人表达歉意，将善待落实在自己的行动里。

孩子们写便签时，播放电子相册，即我们班同学参加过的学校、班级组织的若干活动，有敬老院服务、校园卫生保洁、爱心义卖、春游拓展训练、校运会，等等，而背景音乐，是我们的班歌——《和你一样》。这些照片，也是我们班温暖的回忆，那里也有我们学着善待彼此的点点滴滴。

五、班会反思

作为一名班主任，当我听到受伤同学的哭诉时，听到任课教师告诉我孩子们说的那些自以为"没什么大不了"的"玩笑"时，我的内心是很受触动的。那些天真、善良、懂事的面孔突然间模糊了起来，而在那些受伤的人的心里，因为同学的无聊捉弄，因为伤害者的无聊玩笑，他们感到失望，对友情失望，对集体也在渐渐失望。要怎样去挽回我们对同学、班级的信心？这是我们全班同学需要共同去寻找的答案。

将这个环节放在这里，恰恰是在每个孩子的心中寻找"与人为善、换位思考、乐于助人、宽以待人"等优秀品质。将我们之前环节中所倡导的价值观都在他们的具体行动中落实并体现出来。教育的最终目的还是要落实在受教育者的行动之中。

由于时间有限,这个环节没有当堂反馈,孩子们的感谢与道歉也只留在了爱心板上,没有当堂交流。课后,仔细地读了那些便签,惊喜地发现了很多真诚的话语,特别是当初在"抢板凳"事件中表现有些自私的同学,都很真挚地向同学道了歉,还有那两个对怀孕的老师开玩笑的男生也不约而同地对老师表达了歉意。还有许多同学,由于平时和父母关系紧张,对爸爸妈妈不礼貌,他们也表达了自己的后悔之心。这些话语,一定会在班级展示,让大家感受当时的那份温暖,并争取更长时间地延续下去。课后,根据班情和校情,可安排巩固活动。可行的活动建议有:爱心义工活动、学雷锋活动等。

"从想法开始,用行动延续。"这一节班会课只有45分钟,然而,德育不是一蹴而就的短时行为,它需要等待和反复。它的教育效果需要在以后的每一次经历中得到锤炼。一节班会课,并不能改变太多,但我相信它可以撒下一颗善的种子,播下未来的一片希望!

五、励志系列

浩瀚的沙漠中,一支探险队在艰难地跋涉。头顶骄阳似火,烤得探险队员们口干舌燥、挥汗如雨。最糟糕的是,他们没有水了。水就是他们赖以生存的信念。信念破灭了,一个个像塌了架、丢了魂,不约而同地将目光投向队长。这可怎么办?队长从腰间取出一个水壶,两手举起来,用力晃了晃,惊喜地喊道:"哦,我这里还有一壶水!但穿越沙漠前,谁也不能喝!"沉甸甸的水壶从队员们的手中依次传递,绝望的脸上又显露出坚定的神色,一定要走出沙漠的信念支撑着他们踉跄着,一步一步地向前挪动。看着那水壶,他们抿抿干裂的嘴唇,陡然增添了力量。终于,他们死里逃生,走出茫茫无垠的沙漠,大家喜极而泣之时,久久凝视着那个给了他们信念支撑的水壶。队长小心翼翼地拧开水壶盖,缓缓流出的却是一缕缕沙子。他诚挚地说:"只要心里有坚定的信念,干枯的沙子有时也可以变成清冽的泉水。"

黑人领袖马丁·路德·金有句名言:"这个世界上,没有人能够使你倒下,如果你自己的信念还站立着的话。"是的,即使在最困难的时候,也不要熄灭心中信念的火把。

主题一　揣着理想　不必等流星

执教班主任　胡文珠

一、班会背景

年轻时的司马迁,遵从父亲遗嘱,立志要写成一部能够"藏之名山,传之后人"的史书。就在他着手写这部史书的第七年,发生了李陵案。贰师将军李陵在同匈奴的一次战争中,因寡不敌众,战败投降。司马迁为李陵辩白,触怒汉武帝,被捕入狱,遭受残酷的"腐刑"。受刑之后,司马迁曾因屈辱而打算自杀,可想到自己写史书的理想尚未完成,于是忍辱奋起,前后共历时18年,终于写成《史记》。理想对于人们的重要性由此便可彰显出来。

二、班会目的

通过本次主题班会,培养同学们激昂向上的生活态度,使同学们变得有理想、有目标、有进取心,树立正确的理想观、人生观,让他们明白理想与个人奋斗之间的关系,纠正一些不正确的观点,积极努力学习,力求成为社会的有用之才。

1. 讨论自己幼时的理想,营造气氛,引起同学们对班会的兴趣。

2. 明确树立理想的重要意义。

3. 明确自己的人生目标,班会进入高潮。

4. 讨论如何实现自己的理想,应该为之付出怎样的努力,并规划自己的人生。

三、班会准备

主题班会、黑板报、班级博客等同学们可以利用的资源。

四、班会过程

第一场:小组讨论自己的理想是什么,各小组推荐学生代表发言。

主持人:张意能、邱辉。

发言人:谈涛涛、聂玉露、朱雪、时有榜。

主持人(邱):尊敬的老师们!

主持人(张):亲爱的同学们!

主持人(合):大家好!

主持人(邱):伴随着这首催人奋进的《我的未来不是梦》,拉开了我们《揣着理想不必等流星》主题班会的序幕。

主持人(张):理想是个诱人的字眼,理想是人生前进的催化剂!

主持人(邱):理想是灯塔,指引人生前进的方向,照亮人生前进的路程!

主持人(张):现在请大家以小组为单位,与同学讨论你的理想。五分钟后请代表发言。

(讨论)。

代表(谈涛涛):我的梦想是当一名科学家,为祖国的科学事业贡献我的力量。

代表(聂玉露):未来我想做一名老师,"春蚕到死丝方尽,蜡炬成灰泪始干",这是我向往的境界。

代表(朱雪):我想要当一名superstar,在舞台上秀出我的风采。

代表(时有榜):我的理想是成为一名航天员,在宇宙中畅游。

主持人(张):以上同学的发言,使我们深深感受到同学们那丰富多彩的理想。

主持人(邱):接下来请欣赏小品——《垃圾堆出的梦想》。

第二场:表演小品,引人深思。

"垃圾大王"小明:尤晓新;同学甲:吴栋;

同学乙:聂雨露;班主任:周雯;奶奶:时婷。

(小明是个努力勤奋的好同学,家境窘迫,与奶奶相依为命,以捡垃圾来赚取学费,贴补家用。)

【第一幕】

(课间,小明正在教室预习下节课要上的内容,这时,有两位同学走了过来。)

同学甲:哎哟,我看是谁呢,原来是"垃圾大王"啊!

同学乙:可不是嘛,看他那穷酸样!

(小明不语,握紧了拳头。)

同学甲:不说话呢,看来脸皮厚着呢!

同学乙:你看什么书啊,你就是个捡垃圾的命!

小明(愤怒地站了起来,脸憋得通红,大声辩驳道):我是有理想的!我绝不会永远捡垃圾!我长大后要成为人上人!(说完,一把推开了他俩,跑走了。)

【第二幕】

(大街上,行人寥寥无几。路旁,小明扶着奶奶穿梭于各个垃圾箱之间。这时,班主任老师恰巧经过。)

班主任:小明!

(小明抬头一见,慌忙跑开。班主任急忙上前拉住他的手。)

班主任：小明,你为何要跑!

奶　奶：这孩子,就是这样!

(小明窘迫地站在原地,用手绞着自己的衣襟。)

班主任(似乎觉察到了他的难处,语重心长地说道)：小明,你在怕什么?! 其实,
　　捡垃圾并不可耻。只要你有理想,有目标,你的未来同样会一片辉煌。你有
　　理想么?

小　明：我,我想拥有自己的软件公司,能够依靠自己的力量,让奶奶过上好
　　日子!

(班主任看着小明,赞许地点了点头。)

奶　奶：小明……(奶奶含着泪花,颤抖着抚摸着小明的头。)

(风中,小明闪烁着坚定的眼神。)

【第三幕】

(20 年后,同学聚会,某饭店。昔日的同学正激动地讨论着自己的现状。)

同学甲：哎,我算是抬不起头了。如今,待业在家,这日子真不知道该怎么过
　　下去!

同学乙：我也没比你好多少,迷上了赌博,不光花尽了父母的钱,还负债累
　　累。哎!

(这时,小明衣着光鲜地走上前去。)

小　明：嗨,好久不见!

同学甲(诧异地)：你是……?

小　明：我是小明啊!

同学乙：什么? 垃圾大王? 不会吧?!

小明(笑了笑)：我现在是××软件公司的总裁。当初我坚持着自己的梦想,并为
　　之努力,终于取得了如今的成就。

同学甲(惭愧地低下了头)：对不起! 请原谅以前我对你的奚落!

小　明：没关系,都过去了!(说完,走开了。)

(甲乙望着小明的身影,眼神充满了后悔。)

(小明走到班主任前,握着班主任的手。)

小　明：老师,感谢你昔日的鼓励,让我有如今的成就!

班主任：不! 这其实都是你自己坚持并努力的结果。今日的一切,都是你自己争

取的! 老师也为你自豪!

(小明与班主任相视着,笑了。)

第三场：同学心得。

主持人(张)：欣赏完这则小品,大家必定有所感触,请同学上台发表一下你的感想。

同学甲：一个人要想有所作为,就必须先确立自己的人生奋斗目标,并为之去努力,去奋斗。只有这样,你才能品尝到成功的喜悦。

同学乙：一个没有崇高理想的人,就好像是在没有星辰的黑夜里行走。生活中没有促使自己奋斗的目标,这样的一生将永远碌碌无为,在空虚、无聊中度过。

同学丙：有了理想之后,还要付诸行动,才能达成目标。

主持人(邱)：的确,理想不像空想、幻想、梦想如空中楼阁、海市蜃楼那样地虚无缥缈,它似春日里姹紫嫣红的花朵,似天空中洁白的云朵。它是那样的美好! 一个有崇高理想的人,他的生活态度是激昂的、向上的。有目标、有进取心,他的生活是充满阳光和希望的。

主持人(张)：嗯,班会已经接近尾声了,现在有请胡文珠老师和家长代表来做总结。

第四场：家长代表、班主任谈感受。

班主任：首先和大家分享一个故事——《不要让梦想随岁月飘逝》。(故事略。)小明和故事中的盲童都实现了各自的理想,因为他们为之行动了。今天同学们的表现都很出色,有的同学可能认为,对还没有成年的我们而言,谈论为全人类的幸福而奋斗终生,也许现在还有些不切实际。这个想法有一定的道理,因为在我们的人生观世界观还没有形成之前,我们的理想确实一直处于变化之中。但是我想,"为全人类的幸福而努力奋斗"暂时可以是火种,但星星之火可以燎原;可以是藏在大家心底的一颗种子,总有一天它会长成参天大树;也可以是一个方向,我想只要方向不错,不管速度如何,我们总能期待到达的那天。所以我希望,即使这样的伟大理想看似离我们的生活有些遥远,但请大家务必要去想一想,再想一想!

接下来,我们脚踏实地,回到我们的年龄,想我们应该有的理想。我想,对你们而言,现在应该是一个播种的季节。"只问耕耘,不问收获",是我们最该有的行走姿态。相信有付出就有收获。在此，我也衷心地祝愿大家在以后的日子里因为拥有理想一路耕耘，一路收获！

家长代表：今天的每一个努力都是在朝着明天的那个理想奔跑，即使现在只是一个起跑的姿势，只要你已经开始努力，那也将是弥足珍贵的。反之，走不实脚下的那一步，再远大的理想都只会让人觉得浅薄可笑，是眼高手低，是好高骛远。正如加缪所说——对未来的真正慷慨，是把一切献给现在。

五、活动后记

每一次班会都要认真准备，大家都是受益者。在活动中，可以看到很多学生在成长，看到学生才华的展现，看到大家的团结，看到平时我们看不到的表现。希望大家把班会打造成班级的品牌，做班会的主人，做班会的受益者。

主题二　细节决定成败

执教班主任　马　松

一、班会背景

细节看似细微、平常、无足轻重，但它是成就大事的基础。学生在日常生活与学习中，往往忽略细节。

二、班会目的

本节班会意在通过打造个人名片，帮助学生了解自己的生活细节与学习细节；通过小品表演与资料卡片展示，让学生感受细节对成败的影响；最后，再回归个人名片，完善细节。通过这样的一系列活动，帮助学生了解细节、关注细节、完善细节。

三、班会准备

课件制作、视频材料准备、教育小品彩排。

四、班会过程

1. 了解细节

活动一：打造个人名片——个人细节知多少

主持 A：俗话说："细微之处见端倪。"说的就是很多事情都可以从细节中看出个究竟。生活细节往往在一定程度上反映出一个人的思想性格和办事能力，基本上相当于个人的"名片"，是认识、了解一个人的重要途径。

主持 B：是的，下面请每一位同学尽可能地写出自己的个人细节，为自己打造一张属于自己的个人名片。

PPT(活动要求)：(1) 写出自己尽可能多的个人细节。(2) 个人细节可以是生活或学习等方面。(3) 想一想,这些细节对自己的生活或学习有利吗?

活动二：名片介绍——好细节很重要

主持 A：注重个人生活细节,保持好的细节习惯,是让自己表现得更出色,更能得到别人认可的关键,对个人日后的发展有着不可忽视的帮助,甚至是必不可少的。

主持 B：下面请大家看看这几张名片,你能猜出他是谁吗?

PPT(活动要求)：(1) 根据名片上的介绍,猜猜他是谁?(2) 名片本人评价自己的小细节。

2. 关注细节

活动三：小品表演——细节成就完美

主持 A：小事成就大事,细节成就完美。下面请欣赏小品——《地毯上的纸团》。

(人物：两位招聘公司的考官、四五位应聘者,最后一位为主要人物。

道具：两套桌椅、一个扔在地上的纸团。

故事内容梗概：有家招聘高级管理人才的公司,对一群应聘者进行复试。尽管应聘者都很自信地回答了考官们的简单提问,可结果却是都未被录用,只得怏怏离去。这时,有一位应聘者走进房门后,看到了地毯上有一个纸团。地毯很干净,那个纸团显得很不协调。这位应聘者弯腰捡起了纸团,准备将它扔进纸篓里。这时考官发话了："您好! 请看看您捡起的纸团吧!"这位应聘者迟疑地打开纸团,只见上面写着："热忱欢迎您到我们公司任职!"几年以后,这位捡纸团的应聘者成了这家著名大公司的总裁。)

PPT(活动要求)：欣赏完小品,请大家谈一谈：为什么这位捡纸团的应聘者被公司选中,且日后又能成为公司的总裁呢?

主持 A：作为一名新世纪的社会人,面对日益激烈的竞争趋势,若能注重培养好的生活细节习惯,以饱满的热情去完善自我,迎接各方面的竞争与挑战,那么,将有助于增加日后不断发展的砝码。

活动四：小细节大影响

主持 B：俗话说,"千里之堤,溃于蚁穴",这不只是一句成语,在现实中是确实存在的。下面请看第二小组为我们带来的资料卡片。

PPT(资料卡片)：20世纪70年代以来,广东清远溃堤13条,塌坝9座,查实其中有9条堤围和5座大坝是土白蚁为害的结果;1986年7月,广东梅州发生建国以来特大水灾,梅江决堤62条,其中土白蚁造成的缺口55个;1981年9月,广东阳江境内的溪阳堤段出现18个缺口,其中查实有6个是土白蚁为害所致。

2003年夏天,长江遭遇了特大的洪灾,荆江大堤公安县南平镇堤段出现管涌,大堤危在旦夕。几位老水利专家明察秋毫,及时判定管涌是白蚁为害所致,并带领群众采取有效措施,经过5小时奋战,终于排除了险情。

主持A：多么恐怖,小小的蚁穴却有这么大的危害,直接影响着抗洪救灾的成败!

PPT(资料卡片)：2003年2月1日,美国"哥伦比亚"号航天飞机返回地面,着陆时意外发生爆炸,飞机上的七名宇航员全部遇难,全世界感到震惊。事后的调查结果表明,造成这一灾难的凶手竟是一块脱落的隔热瓦。

"哥伦比亚"号表面覆盖着2万余块隔热瓦,能抵御3 000摄氏度的高温,保证航天飞机返回大气层时外壳不被高温所熔化。1月16日,"哥伦比亚"号升空80秒后,一块从燃料箱上脱落的碎片击中了飞机左翼前部的隔热系统。宇航局的高速照相机记录了这一过程。应该说,航天飞机的整体性能等很多技术都是一流的,但就因为一小块脱落的隔热瓦就被毁灭了,还有无法用价值衡量的七条宝贵的生命!

主持B：在航空航天领域,浩大的工程更需要对细节的精确把握和关注。其中任何一个部件出问题,可能就会造成整个发射活动的失败,从而造成无法估量的损失。

3. 完善细节

活动五：改进不足　完善名片

主持A：成功与失败只是一念之差,而往往决定其命运的就是细节。前面我们每一位同学都审视了自己的细节,下面请大家将不足的细节进一步地完善,修改自己的名片。

PPT(活动要求)：(1)改进不足,完善名片。(2)以小组为单位,汇总本组好的细节习惯。(3)小组汇报。

主持A：相信每位同学都渴望拥有一个成功的人生,都希望明天会更好,那么请你记住：万丈高楼平地起! 小事成就大事,细节成就完美!

主持B：那就让我们从今天开始去想、去做,做一个有心人、用心人,做一个拘小节而成就大事的人!

以后,她陷入了无声世界,自己却茫然不知。直到5岁,幼儿园的小朋友轮流蒙着眼睛,玩辨别声音的游戏时,她才意识到自己与别人不一样,她伤心地哭了。

为此,父亲带她辗转武汉、上海、北京等地求医问药,只要听说哪里有一线治疗的希望,就不会放过,但始终不见好转。眼看要满7岁了,父母将她送入市聋哑学校学习。

在学校,邰丽华文化课尤为突出。市聋哑学校校长、邰丽华的班主任杜红这样评价她:"也许是文化课功底较好的缘故,她比别人勤于思考,更善于琢磨用舞蹈来表达情感。"课堂上,最能打动她的是这里的一门特殊课程——律动课。老师踏响木地板上的象脚鼓,把震动传达给地板上的学生,让他们明白什么是节奏。同学们正为脚下的震动兴奋不已时,邰丽华索性趴在地板上,眸子炯炯有神,指着自己的胸口告诉老师:我——喜——欢!

为了体验这种感觉,她总喜欢把脸颊紧贴录音机喇叭,全身心地感受不同的震动。电视里的舞蹈节目,更让她充满想象,跃跃欲试。她突然发现,这是一种属于她的语言,是唯一能够使她酣畅淋漓地表达对生命感悟的一种语言。从此,她爱上了舞蹈。

幸运的是,邰丽华在艺术方面的天赋和潜能被聋哑学校的一位女教师慧眼识中,并着手对她进行舞蹈培训。父母也成为这棵艺术幼苗的辛勤园丁。一次,父亲利用去武汉出差的机会,为她买回一双真正的舞鞋。邰丽华欣喜若狂。她穿上舞鞋站在床上不停地跳啊转啊,舍不得脱下,这件特殊的礼物更坚定了她学舞蹈的决心。父亲万万没有想到,舞鞋竟会与女儿终生的事业与生活有着如此密切的关系。

● 成功之路源于勤奋和执著

13岁的邰丽华只身到武汉上中学,并开始在一些场合崭露头角。15岁那年,中国残疾人艺术团的艺术家们挑中了她,让她到该团学习舞蹈。从此,她开始正式接受舞蹈训练。

刚进团那会儿,她的舞蹈基本功是最差的,甚至连踢腿都不会。老师考验她的第一个舞就是《雀之灵》。毫无疑问,对于没有专业基础的邰丽华来说,这几乎是一个天堑。压腿不到位,提腿不准确,手位不协调——在老师看来,她关于舞蹈的一切似乎都不尽如人意,尽管邰丽华已付诸努力。最后,老师干脆将她一个人扔在了排练室里,自己拂袖而去。

不管怎样,一切困难在她眼里都是正常的,外面的惊涛骇浪在她心中都只是一汪静水,无法阻止她继续跳舞。起初她只能原地转几个圈,半个月以后就转到二三百圈,这让老师对她重新燃起了希望。一曲《雀之灵》有多少节拍,她没有仔细计算过,但老师作过一次测试，邰丽华凭着感觉舞完这700多个节拍，竟丝丝入扣。她唯一的方法就是记忆、重复、再记忆，到最后她心里已经有了一支永远随时为她响起的乐队。

以后她每天都要挤时间练舞蹈，练得身上总是青一块、紫一块。怕母亲看见了心痛，她夏天总是捂着一条长裤子。有一天，母亲趁女儿午睡时，悄悄地卷起她的长裤，震惊地发现女儿腿上伤痕累累，母亲心疼得哭了，而邰丽华却笑着指着自己的胸口告诉母亲："我喜欢跳舞，一点儿都不觉得疼。"15岁第一次出国表演时，艺术团集训恰巧在冬天，邰丽华身穿棉袄进场，训练时只穿一件单衣仍汗流浃背，膝盖被磨得流血、红肿，可她却从不叫苦。她知道，自己没有语言能力，希望舞蹈能成为自己的一种语言。

正是凭着这种执著和天赋，邰丽华在众多的舞者中脱颖而出，她获得了一个又一个的舞蹈大奖，还获得了著名舞蹈家杨丽萍的赏识与指导。当杨丽萍亲眼看见邰丽华跳《雀之灵》时，感到无比惊讶："我创编了《雀之灵》这么多年，如果听不见音乐，我都不知道自己还能不能跳出那种味道来，而你竟然跳得这么好，真不简单！"她情不自禁地为邰丽华做起示范来。

如今的邰丽华，已经把自己融入了《雀之灵》。每当大幕拉开，舞台灯光亮起，舒缓的音乐声徐徐飘来，轻灵舞动的，仿佛就是一只美丽而充满灵性的孔雀，在寂静的山林、在如茵的草坪、在潺潺的溪畔，徜徉、漫舞……一颦一笑、一举一止，都那样出神入化，都那样恰到好处。人们欣赏到的，并不只是美丽动人的雀之形，而是充满神魄和魅力的"雀之灵"。

主持人甲："其实所有人的人生都是一样的，有圆有缺，有满有空，这是你不能选择的。但你可以选择看人生的角度，多看看人生的圆满，然后带着一颗快乐感恩的心去面对人生的不圆满——这就是我所领悟的生活真谛。"邰丽华用这样一段文字，概括了自己的人生哲学。

主持人乙：人生充满了未知数，你永远不知道下一秒钟下一分钟，你的生活里会出现什么。但是，不管出现什么，我们总得去面对！霍金，一个科学史上的奇人，用他的行动告诉我们该如何面对。

小组二：霍金

● 病魔出现了

从童年时代起，运动从来就不是霍金的长项，几乎所有的球类活动他都不行。

到牛津的第三年，霍金注意到自己变得更笨拙了，有一两回甚至没有任何原因就跌倒了。一次，他不知何故从楼梯上突然跌下来，当即昏迷，差一点死去。

直到 1962 年霍金在剑桥读研究生后,他的母亲才注意到儿子的异常状况。刚过完 21 岁生日的霍金在医院里住了两个星期,经过各种各样的检查,他被确诊患上了"卢伽雷氏症",即运动神经细胞萎缩症。

大夫对他说,他的身体会越来越不听使唤,只有心脏、肺和大脑还能运转,到最后,心和肺也会失效。霍金被"宣判"只剩两年的生命。那是在 1963 年。

起初,这种病恶化得相当迅速。这对霍金的打击是可想而知的,他几乎放弃了一切学习和研究,因为他认为自己不可能活到完成硕士论文的那一天。

● 轮椅出现了

霍金的病情渐渐加重。1970 年,在学术上声誉日隆的霍金已无法自己走动,他开始使用轮椅。直到今天,他再也没离开它。

永远坐进轮椅的霍金,极其顽强地工作和生活着。

1991 年 3 月,霍金坐轮椅回公寓,过马路时被小汽车撞倒,左臂骨折,头被划破,缝了 13 针,但 48 小时后,他又回到办公室投入工作。

又有一次,他和友人去乡间别墅,上坡时拐弯过急,轮椅向后倾倒,这位引力大师被地球引力翻倒在灌木丛中。

虽然身体的残疾日益严重,霍金却力图像普通人一样生活,完成了自己所能做的任何事情。他甚至是活泼好动的——这听来有点好笑,在他已经完全无法移动之后,他仍然坚持用唯一可以活动的手指驱动着轮椅在前往办公室的路上"横冲直撞";在莫斯科的饭店中,他建议大家来跳舞,他在大厅里转动轮椅的身影真是一大奇景;与查尔斯王子会晤时,他旋转自己的轮椅来炫耀,结果轧到了查尔斯王子的脚趾头。

当然,霍金也尝到过"自由"行动的恶果,这位量子引力的大师级人物,多次在微弱的地球引力左右下,跌下轮椅,幸运的是,每一次他都顽强地重新"站"了起来。

1985 年,霍金动了一次穿气管手术,从此完全失去了说话的能力。他就是在这样的情况下,极其艰难地写出了著名的《时间简史》,探索着宇宙的起源。这本书取得了巨大成功,成为年度畅销书之王。

主持人甲:霍金在噩运面前,为人们揭开了宇宙的神秘面纱。史铁生,一位坐在轮椅上的作家,在生命的苦难里,却酿造出纯净的作品,照亮了我们日益浮躁的内心。

小组三:史铁生

● 命若琴弦

《命若琴弦》是史铁生的一部短篇小说。小说里,老瞎子的师傅在临终前告诉他有一张复明药方，但非要弹断一千根琴弦，否则就不灵。这张药方支撑着老瞎子走过了七十多个春夏秋冬，老瞎子唯一的人生目标就是将一千根琴弦弹断，以图看到世界一眼。后来，老瞎子发现复明药方不过是白纸一张，复明计划失败。他找到小瞎子，对他说："是我记错了，是一千二百根，师傅记错了，记住，是一千二百根！"老瞎子知道，这一千二百根琴弦意味着什么。这意味着小瞎子的生命。他们的生命就寄托在脆弱的琴弦上。

作者为老瞎子和小瞎子设计了一个人生的目标，可却又不让他们去实现。因为实现，等于破灭。老瞎子找到药方，发现只是一张白纸的时候，才明白师傅的良苦用心。可破灭，终究还是破灭，它不可能回到从前，不可能再有以前生活的热情，他唯一能做的就是怎么让小瞎子坚强地活下去。他应该做到了，因为小瞎子相信了。这时，老瞎子才真的是"生如夏花之灿烂，死如秋叶之静美"。

对于身残的史铁生来说，开始并没有志坚。曾经千方百计寻找自杀机会的史铁生，不会想到今天已获得如此多的认可。之所以能活下去，是因为他为活着找到了充分的理由。他选择了写作，写作成了他的生存方式。可以说，他是被生活逼上文学道路的，可他却比别人走得更远，因为人的残缺证明了神的完美。因为身残，他有了更多的思考机会；因为身残，他更多地关注人的精神；因为身残，他更懂得了人的生存境地。

● 走在 2010 年的最后一天

"啪……"一声灵魂脆响！

作家史铁生那与现实衔相接的现实生命，于 2012 年 12 月 31 日凌晨 3 点 46 分，如一线最柔弱的琴弦，悠然分断，飘往天国……

那一刻，医院窗外的整个北京正寒风大作。呜呜震响，竟如泣如啸。就在这个彻骨的寒夜中，这位曾经以他那祥和平静的文字给无数中国人送去过内心与灵魂温暖的伟大作家，走了，淡然离去，向上升起，越飞越远……

12 月 30 日下午 16 点，史铁生突发脑溢血，之后经北京朝阳医院、北京宣武医院连续抢救无效，终于挣脱肉身，微笑过世。

在他弥留之际，北京宣武医院外科主任凌锋教授小心地、轻轻地翻开史铁生瞳孔正在渐渐放大的眼皮，不由长长叹息道："看，他的眼睛真亮啊！"

因史铁生生前多次在自己的小说、散文、诗歌、哲思、书信中反复表达，只要自己身上还有一件对别人有用的器官，那么当他最后离开现实世界时，就一定无保留、无条件地捐赠给他人。而北京宣武医院、天津红十字会、中国武警总医院协同联手，共同帮史铁生实现了他之前一再重申的遗愿：清晨6时许，一辆救护车顶着寒风盛载着史铁生的肝脏，向天津武警医院飞驰而去，而在天津武警医院的那边，等待肝移植的病人，已经平躺在水银灯下开始手术……

就在北京宣武医院脑外科新年前的最后一次交班会上，凌锋教授向所有医生护士们语重心长地说："……从昨天夜里到今天凌晨，有一位伟大的中国作家，史铁生，从我们这里走了！他，用自己充满磨难的一生，见证了生前的两条诺言：能呼吸时就要有尊严地活着，而当他临走时，又毫不吝惜地将自己的生命就像接力棒那样传递给了别人！当此之时，我自己、我们全科、我们全院、我们全国的脑外科大夫，都要向他——史铁生的生命致以崇高的敬意！"

依史铁生生前自己多次重申的遗愿，将不举行声势浩大的遗体告别仪式。此前多年以来，通过他的文章，他亲口向亲友们笑着说："我愿意这样走，就像徐志摩在《再别康桥》里写的：'轻轻的我走了，正如我轻轻的来；我轻轻的招手，作别西天的云彩。悄悄的我走了，正如我悄悄的来；我挥一挥衣袖，不带走一片云彩。'"

主持人乙：邰丽华用舞蹈赶走了生活的寂静无声；霍金用探索走进了浩瀚的宇宙世界；史铁生用写作思索着生存的意义。也许，我们每个人都必须用自己的方式找到属于我们生命的精彩！

主持人甲：法国哲学家萨特曾说过，生命存在的意义在于体验。就让我们从一些小游戏开始，体验他们生活的不易，感悟他们精神的不屈！

3. 游戏体验，走近残疾人

游戏一：蒙眼睛找座位

（用毛巾蒙住眼睛，站在教室的一头，往教室另一头找座椅并坐下来。）

游戏二：单手穿衣服和鞋子

（毛衣、外套、裤子，系鞋带。）

游戏三：默契的哑语对话

（投影上打出词语，一个同学用哑语表示，另一个同学背对投影猜词语。）

游戏四：多功能的脚丫

（吃香蕉、夹笔写字、电脑打字。）

游戏要求：

① 全体参与，自由选择项目，可以参加多项游戏。

② 用心体会，在即时贴上，写下自己的真切感悟。

③ 合作设计,张贴即时贴,组成有意义的大字。

主持人甲:短暂的体验,给了我们很多的触动!可是,一时的黑暗只是令我们有
　　　　　些许的不适;偶尔的失语,也只是使我们动用了手势。面对他们的生
　　　　　活故事,我们会发现自己的生活似乎少了很多东西。

主持人乙:是的,我们中的不少人都认为我们活得累,学得更累!面对日益繁重
　　　　　的作业负担,面对家长和老师的期待,面对自己渴望已久的大学生活,
　　　　　我们该何去何从?

4. 组织谈话,探讨生活真谛

问题一:学习在生活中有哪些意义和价值?

问题二:学习生活的困难与社会生活的困境有什么关系?

问题三:人生各个阶段都有不同的精神品性,哪些品性是需要贯穿始终的?

(自由发表看法,学生、家长、老师平等交流,允许有不同的声音。)

主持人甲:我的地盘我作主!我们的人生之路更应该如此!"路漫漫其修远兮,
　　　　　吾将上下而求索",生活的不完美,永远都阻挡不了我们对美好未来的
　　　　　追求!

主持人乙:他没有双腿,却能潜水;他没有双腿,却能驾驶汽车;他没有双腿,却能
　　　　　成为运动场上的冠军;他没有双腿又得了癌症,却能环游世界四处演
　　　　　讲;他时时刻刻面对着死亡,却能拥有最完美的生活!他就是约翰·
　　　　　库缇斯(John Coutis)。

5. 欣赏约翰·库缇斯演讲片段

　　他来自澳大利亚,他天生严重残疾,却以拒绝死亡来挑战医学观念,他依然奇迹般
地活着,并形成了世界级的自尊、自信和自立。他没有双腿,也不依靠轮椅移动和存
在,却先后到过190个国家,向全世界千千万万热情的人们演讲,接受过南非总统曼德
拉的接见,还获得了"激励大师"的称号。他的演讲雄伟壮丽,他头脑清晰,他富有幽默
感,他乐于付出他的时间和才能,他以自己激动人心的演讲来支持中国的慈善事业。

主持人甲:在灰心的时候,别对自己说不可能!在失败之后,更别对自己说不
　　　　　可能!

主持人乙:在青春飞扬的日子里,请对自己说:"生活,爱拼才会赢!"

五、班会反思

　　"起得比鸡早,睡得比狗晚",这句话用于形容高中生的生活真是再形象不过了。

背负着家长和老师双重期望的他们，曾经意气风发，发奋图强。可是繁重的作业负担，时好时坏的考试分数，封闭单调的生活，削减了很多学生的学习热情，消磨了追求理想的斗志，模糊了人生奋斗的方向。鉴于高中学生这样的学习生活现状，选择了《生活，爱拼才会赢》这一主题活动。在组织策划的过程中，努力做到以下几点：

1. 立足生活——选材源自真实的生活，达到触动学生内心的目的

作为一期独立的主题班会活动，强调选择对学生有教育价值的内容作为活动主题。它强调超越教材、超越课堂、超越学校的局限，在空间上，向学生真实的生活延伸。本次活动以"中国达人秀冠军"刘伟的视频导入情境，以中外残疾人中强者的故事作为切入点，通过体验性质的小游戏，让学生感受残疾人的"身残志坚"，进而对残疾人产生敬佩感，实现让学生精神振奋的目标。

2. 立足体验——选择多样化的活动方式，体现自主、合作的特征

在活动方式的选择上，主要体现了学生的自主性。三个小组的展示与讲述都是事前准备好的。四个游戏的组织与合作，则是让学生在活动现场进行体验，并形成感悟文字，张贴于墙。而沙龙式的谈话，又实现了由感性到理性的过渡与引导。最后的演讲片段，再次给学生以强大的精神冲击。既然不能对自己说不可能，那么，我们只有面对现实奋勇拼搏！

3. 立足探讨——树立学生积极的生活观，实现导行明理的目的

在思想认识上，首先让学生记下及时的活动体验感悟，表达自己的真实感受。然后再围绕三个比较理性的核心问题展开谈话，说出自己的思考。也许学生的思考并不成熟，表达并不流畅，但是在生活强者的精神感召下，在老师和家长的期待目光中，学生清楚地认识到了自己的学习生活还是很幸福的，还是有很大的发展空间的，美好未来是掌控在自己手里的。思想意识的问题不可能一蹴而就，因而我们允许学生有自己暂时的想法。我们的谈话不一定非得形成一个所谓的结论或定论，谈话的目的在于探讨，在于激励。

六、毕业仪式系列

主题一　我为班级写传记

执教班主任　袁凤芹

一、班会背景

新学期开学不久，我们就发现有的学生利用自己的压岁钱，在假期中就买好了精

美的毕业留言册，一开学就发给班级中的好朋友写留言。有的孩子写道："希望你能够当大官，那样你就能够不愁吃不愁穿，幸福生活一辈子了。"还有的孩子写道："我希望你能够中 100 个 500 万，早日发大财，到时候你可不能忘了我，否则我就是做鬼也不放过你……"看到这些文字，我的心中不禁感慨万千：孩子的拜金意识已经深入思想，就连写出来的毕业留言也这样世俗。我们应该怎样正面地引导他们呢？

二、班会目的

北师大版教材六年级下册语文最后一个单元的主题是《告别童年》。人民教育出版社六年级下册品德与社会最后一个单元的主题是《再见，我的小学生活》，都要求以学生毕业为主线，开展相关综合实践活动。可见，毕业教育在六年级有着重要意义。那么，如何针对学生中存在的问题，实现教育教学内容的整合？如何在完成了教学任务的同时，又达到教育效果呢？经过一番深入的思考与商讨，我们把班会主题确定为《我为班级写传记》。以开展"为班级写传记"活动为主线，实现教育教学内容的整合，有针对性地对学生进行教育引导。

三、班会准备

1. 组织开展多个综合实践活动，搜寻学生六年校园生活中师生、生生、班级的美好回忆，在这一过程中，学会感恩学校、感恩教师、感恩父母、感恩辛勤付出的每个人。

主要活动有：难忘的班级生活；我与奖状的故事；我与老师的故事；同学情深；班级"吉尼斯之最"；我要对老师说；我要对同学说；我眼中的校园；个人风采展；那时的我；教师风采；我长大了；给家长的一封信；我读家长的回信等，历时一个月时间。

2. 收集学生资料，制作毕业册。

班会多媒体课件展示：

（1）学生入学照片。

（2）学生 6 岁和 12 岁的照片。

（3）班级集体活动的照片。

（4）学校组织学生开展的大型活动照片。

（5）班级荣誉角照片。

（6）每一张奖状的图片。

（7）一至六年级所有任课老师的照片、寄语。

（8）数学老师、老班主任的录像。

（9）诗歌内容。

（10）歌曲：《爱，因为在心中》。

四、班会过程

班会现场：

甲和乙（主持人）："我为班级写传记"六（4）班主题班会，现在开始！

背景播放：学生在学校活动的照片。

班长：同学们，光阴似箭，日月如梭。不知不觉中，我们已经走完了小学的历程，即将步入中学。我们从无知变得懂事，从幼稚变得成熟。六年了，我们在一起度过了难忘的岁月，校园的一草一木，教室里的点点滴滴，重上心头。为了留存珍贵的记忆，我们在班主任赵老师的指导下，开展了"我为班级写传记"的综合实践活动，在全体同学、班干部以及家长们的大力支持下，整理、印刷了一本2009届四班纪念册，经过大家的投票，最后定名为《四班——我永远的家》。让我们以热烈的掌声向给予我们指导与帮助的所有老师表示衷心的感谢！下面有请家长和老师一起下发纪念册。（音乐响起）让我们翻开纪念册，去感受六年的喜怒哀乐，去品味我们成长的点点滴滴。

（播放入学时与如今的照片对比、各种活动照片。）

乙：六年了，2 190个日日夜夜。（配乐）

甲：六年了，不知不觉中，我们长个了，长本领了。

乙：六年了，我们从稚嫩逐渐走向成熟。

甲：而当我们要离开的时候，才发现六年的光阴真是让人难忘。

乙：在这里，美丽的风景陶冶了我们的性情。

甲：在这里，在我们美丽的校园里，我们沐浴着爱的阳光，不断茁壮成长。

乙：在这里，雏鹰假日小队活动、震撼鸟巢的千人手倒立、校园采摘节等丰富多彩的活动丰富了我们的生活。

甲：在这里，校园故事会、小小书市等丰富多彩的活动开阔了我们的视野，滋养了我们的心灵。

乙：你可知道，在这所花园式的学校里，有多少人在为我们付出，有多少人在默默地为我们奉献。

甲：我知道，我在学校小饭桌吃了六年饭，是食堂的叔叔阿姨为我们提供了最好的服务；我在学校生活了六年，是校门口的保安叔叔守护着我们的安全。

乙：你说得可不够全面，你看！（投影照片。）

甲：让我们衷心地对学校中的校工叔叔、阿姨说一声："谢谢您！"

乙：在这里，我们对所有人的辛勤付出致以最诚挚的感谢！

第一篇：班级风景

乙：六(4)班，是一个充满爱、积极进取的温馨集体。

甲：成长的路上，有欢笑有眼泪，有快乐有悲伤。

乙：让我们一起追寻成长的足迹。

甲：去回忆那些令我们难忘的点点滴滴。

乙：首先，看看我们六年来取得的一些成绩吧！（投影。）

乙：在为班级写传记的过程中，我们每个人都感受到，在荣誉取得的背后，是所有同学的付出。

甲：每一张奖状的背后，都有一个个美丽动人的故事。下面，我们一起来听听何楷篁同学和奖状的故事。

来之不易的奖状

获得奖状固然是很快乐的，但是，锻炼的过程才更可贵，更令人回味。

在去年的长跳绳比赛中，我们班男同学以318次的惊人成绩赢得了年级第一名。如果你认为这只是一次跳绳比赛，没什么技术含量，就大错特错了。为此，我们每天都跳啊跳，练啊练，付出了很多辛苦。更何况，在强手如云的育英学校，要想获得跳绳比赛第一名，简直比登天还难！

我们二年级时学过一段时间的跳绳，但因为时间过久，起跳的动作都忘记了。但是，赵老师对我们的期望值和要求很高，我们只好拼命地训练。好不容易动作纠正过来了，可是我们的速度和其他班级的相比还相差很远。我们班能获得比赛的最后胜利吗？赵老师看到我们的畏难情绪，每天都在操场上鼓励我们，和我们一起训练。我们终于重拾信心，速度由原来的187个上升到了310个。

时间一天天过去，比赛转眼就来了。赵老师让我们不要担心分数，大胆地去跳。"3、2、1，开始！"在老师的一声令下，我们一个接一个地向前跳出。每当我有些紧张的时候，就对自己说："加油，你能行！一定能行！不用担心分数。""315，316，317，318，停，时间到。"我和同学们都松了一口气，又看了看其他班级的分数，我们是冠军！我们是冠军！同学们都激动得跳了起来。

这次比赛中，我体会到了"台上一分钟，台下十年功"的含义，也懂得了"只有付出，才有收获"的道理，还感受到了集体的力量、团结的力量，这将使我终生受益。

甲：我们难忘荣誉，我们更难忘荣誉取得的艰苦过程。

乙：这些经历，将珍藏在我们的记忆深处，4班——一个积极进取的集体。

甲：在这个集体中，我们有过很多难忘的故事，你难忘的是什么呢？

乙：看一看兰淞越同学的传记，看他有什么样的经历和感受。

我在鸟巢手倒立

2008年，我荣幸地参加了育英学校组织的北京奥运会全民健身"千人手倒立"表演，那一天令我至今难以忘记。

那天是2008年8月17日，我四点多就起床了，当时天还没亮。我坐上了前往奥运会赛场的班车，到达奥运赛场时，天已经亮了。我们看见了气势宏伟的"鸟巢"和漂亮的"水立方"，还有正在熊熊燃烧的奥运会主火炬。

上午9点，我和近千名同学进入鸟巢的竞赛场地。天空中调皮的小雨点不时地从天上跳下来，但这并不妨碍我们的表演。当体育场上空的音乐响彻云霄时，我们就像被击发的子弹一样冲向体育场。此时，我发现看台上的观众越来越多，还有许多外国朋友。我想："我们的表演一定要成功，否则就会给中国人丢脸。"这个念头刚刚闪过，正式表演的音乐就响了起来，我和我的搭档丁秉港做起了手倒立的表演。首先由我四肢着地，为了避免失误，我使出了全身的力气，保证动作准确到位。丁秉港迅速接住了我的双腿，我的双腿在空中做着一些规定的表演动作。

紧接着，我们开始做素质操的表演，这些动作对我们体力的要求是十分严格的，我印象最深的是"仰卧推起成桥"这个动作，它要求我们四肢着地、肚皮朝上形成一个小拱桥，虽然要坚持很长时间，但我们都尽自己最大的努力把动作做到最好。我们表演得十分精彩，看台上不时响起雷鸣般的掌声。我听了以后，心里感觉非常高兴和自豪。当我们表演结束时，全场像沸腾的海洋，发出了阵阵欢呼声和掌声。我们的表演成功了，我们为学校争得了荣誉。

这件事虽然过去很久了，但我一直难以忘怀，表演时的音乐至今回荡在我的耳边，赛场当时沸腾的情景，时常浮现在我的眼前。

第二篇：师恩难忘

甲：在育英学校小学部，4班就是我们的家。在这个温暖的家中，我们从1＋1开始，学到了方程；我们从简单的中国汉字与拼音，学会了阅读大量的著作，写出了精美的文章。

乙：我们在一天天成长，我们在一天天进步，我们的成长和进步中凝聚着所有老师的心血。

甲：在"我为班级写传记"活动中，我们一次次真切地感受到了那浓浓的师爱。

乙：下面，让我们带着崇敬和感恩的心，看看那些难忘的身影：

（所有教过的老师的照片、寄语、录像。）

乙：作为一名毕业生，我们即将离开这里。

甲：再过两个月，我们将在这里上完最后一堂课，考完最后一次试，参加我们的毕业典礼。我们将开始一场又一场的告别。

乙：也许，我们的欢声笑语、我们的身影将不再留在这里，但是，我们会永远地记住您，我亲爱的老师。

甲：由于时间的关系，我们只选取了郭靖雯同学的传记——《挖白薯》。

挖　白　薯

我班的班主任赵老师是一个很严厉、很负责任的老师。刚接触时，大家都害怕赵老师批评自己，我也是。但通过好几件事的深入接触，我越来越喜欢赵老师了。

记得前年我们秋游去挖白薯，由于我的腿摔伤缝了三针，这次秋游对我来说是很不方便的。当车到达目的地时，同学们兴高采烈地喊着："挖白薯喽！"当大家从车上蜂拥而下时，我却瞧了瞧由于受伤而行动不便的腿，只能慢慢地往车下走。我看着同学们飞快地冲进白薯地，心里很着急。由于一心想着冲向白薯地，我忘记了腿伤，差点摔到。就在这时，一只温暖的手扶住了我，赵老师亲切地说："不要着急，我来帮你。"

在挖白薯的过程中，我和赵老师有说有笑，早已忘记了腿的疼痛，高兴得不亦乐乎。这时，我发现了一块大白薯，我连拉带拔，白薯却纹丝不动。我满头大汗地跟白薯较着劲。"我来吧。"一个亲切的声音在我耳边响起。赵老师边说边挽起了袖子，双手抓住白薯秧使劲一拔。由于用劲过大，白薯拔出来了，赵老师却坐在了地上，手里的白薯像炮弹一样飞了出去。看到这情景，我情不自禁地大笑起来。赵老师也开心地笑了，完全没有了往日的威严。

秋游结束时，同学们的袋子里都装满了胖胖的白薯。我袋子里的白薯尤其多，这可不是我一个人的功劳。赵老师为了帮助我这个小伤员，还要照顾同学们，累得满头大汗。当我们坐车回到学校时，我开始发愁："怎么把这么一大袋子白薯拿下车呢？"赵老师走过来费劲地提起袋子，对我说："别急，我帮你拿到校门口交给你妈妈。"赵老师一边说着一边提起大袋子往车下走，我看得出来她很费劲，看来那袋白薯真的很重。

这时,我觉得赵老师是那么慈祥,那么和蔼可亲!

这就是我与老师之间的故事,很感人吧?!赵老师,我永远不会忘记您的!

班主任老师:这节班会我们向每位曾经教过我们的老师都发出了邀请卡,其中也包括我们一至三年级的班主任刘老师。因为身体的原因,刘老师今天不能来到我们的现场,但她告诉我,她喜欢4班的每一个孩子。你们五年级时,刘老师生了一场大病,虽然当时她已经不教你们了,但是这期间有的同学还经常打电话询问老师的病情,刘老师来到学校后,大家又来到了刘老师的班级和办公室,看望刘老师。她很感动,一再嘱咐我要对你们说两个字:谢谢!

甲:老师,离别虽然久长,但您的形象仿佛是一个灿烂发亮的光点,一直在我们的心中闪烁。

乙:忘不了您和风细雨般的话语,荡涤了我们心灵的尘泥;忘不了您浩荡东风般的叮咛,鼓起我们前进的勇气。老师,我终生感激您!

乙:下面请王晓代表全班同学送出我们的祝福!

甲:感谢您,我亲爱的老师!(全班口头发言,配乐。)

乙:让我们一起怀着一颗感恩的心,衷心地说一句:老师,您辛苦了,谢谢您!

第三篇:同学情深

乙:和老师之间的这种感情我们十分不舍,相信大家也肯定舍不得我们同学之间那深厚的友谊。

甲:梁潇说,友谊是在自己遇到难题时同学耐心地讲解。

乙:赵天倪说,友谊是自己生病时,同学冒雨送来的作业本。

甲:张惠乔说,友谊是下雨时,同学为他打开那倾向自己一边的雨伞。

乙:甲牧说,友谊是自己摔倒时同学们的问候和那在膝盖上轻轻地按揉。

甲:传记中记录了同学之间的点点滴滴。

乙:现在,我们就从纪念册中,选取几朵浪花,和大家一起分享。如今,我们很快就要分别了……(投影慢慢出现。)

同学,我想对你说……

(全班诗朗诵:《因为有了友谊》。)

甲:六年里,学校、老师、同学之间这一点一滴的爱,汇成了一股爱的暖流,把我们重重包围。我们沐浴着爱的阳光,茁壮成长。

乙:因为这爱太多太多,因为这爱太浓太浓,我们身处其中,却并没有觉察出爱的味道。

乙：然而，今天，在"我为班级写传记"的今天，我们懂得了很多很多。

甲：今天的我们，随着年龄的增大，变得个性十足。

乙：也许有些叛逆，也许会做出违反学校规定的事情，来证明我们的长大与成熟，因此有时会令老师不满，有时会惹家长生气。

甲：但是今天，我们懂了。

合：我们真的懂了。

合：在剩下整整两个月的时间里，我们将用实际行动，来为小学生活画上圆满的句号。

甲：让我们共同唱起那首我们都喜欢的歌！

（大合唱：《爱，因为在心中》。）

甲和乙：六(4)班"我为班级写传记"主题班会，到此结束。

主题二　18 岁成人仪式暨高三毕业班会课

执教班主任　孙信玲

一、班会目的

18 岁是成人的重要标志和生活的新起点，是一个人从未成年向成年转变的重要阶段，为了帮助学生形成正确的世界观、人生观、价值观，增强使命感、责任感，每年的 5 月，全体高三师生以及学生家长代表都将共同举行 18 岁成人庆典。通过照片、视频和文字的展示，帮助学生回顾自己的成长历程，以及同学之间、师生之间的深厚友谊，使学生感受到领导、老师、家长对自己的关怀和殷切希望，和自己所要承担的社会责任；帮助学生学会珍惜，学会感恩，学会承担责任，为成人做好准备，为步入社会奠定扎实的基础。

本次活动的主题是：父母——感恩；社会——责任；人生——理想。

二、班会准备

1. 从高一起就开始有意识地积累同学们成人预备期活动的有关资料，如同学们参加青年志愿者活动、春游、篮球比赛、大合唱等各种形式的集体活动时，为他们拍摄的照片，以及拍摄的视频。

2. 提前一个月向全体同学征集青春寄语，从中挑选经典话语，制作成纪念册，每一条下面都署上作者姓名。纪念册封面选用同学成人预备期活动的画面，中间穿插同学们高中三年来各种活动的照片。并可附上校领导、家长代表、班主任和任课教师的赠言。

3. 把以前拍摄的同学们高中三年来学习和活动的画面制作成视频。

三、班会内容

1. 成长相册

伴着轻快温馨的背景音乐,学生们欣赏从不同的角度选取的照片和视频,回顾自己的成长过程,感受一路走来的酸甜苦辣,感受父母老师的关爱、同学之间的深厚友谊。

2. 父母寄语

通过家长寄语,让孩子们再次感受到不论怎样,不论今后走到哪里,都要记得父母是最爱你们的人。只有从内心深处懂得感恩,才能够对自己与他人、社会的关系有正确的认识,才能自发地产生责任感和使命感。在感恩的世界里,同学们会对许多事情做到平心静气,自发地做到严于律己,宽以待人,正视错误,理解父母,善待他人;会感到世界的美好,未来的希望。也只有这样,同学们才能在未来的社会中有立足之地,作为家长才能放心。

3. 教师寄语

老师们寄语成人的学生们要珍惜年华,肩负重任,努力学习,成为有用之才。

4. 学生宣誓

成人仪式上学生们庄严地宣誓:捍卫神圣宪法,维护法律尊严;履行公民义务,承担社会道义;国家昌盛为先,人民利益至上;热心公益,奉献社会,无愧祖国培育;感恩父母,感激师长;勤勉自励,奋发有为;以我壮志激情,创造崭新未来;以我火红青春,建设锦绣中华!

5. 成长心声

学生们满怀感激之情叙述着自己的成长心声:从出生的那一刻起,父母就把全部的精力投放在我们的身上,这不仅是我们的一种幸福,更是我们的一种责任。从入学的那一刻起,老师就把自己同我们的进步联系在一起,就就业业,这不仅是我们的一份幸运,更是我们的一份义务。在家长的呵护和老师的教诲下,我们一定可以完成一个子女应尽的责任,完成一个学生应尽的义务,成长为对祖国、对社会有用的人。

6. 颁发成人纪念册和青春寄语纪念册

四、班会反思

年满18岁即意味着步入成年,将依法享受全部的公民权利,同时依法承担全部的公民义务。18岁是成人的重要标志和生活的新起点,是身心发生质变,世界观、人生观、价值观初步形成的关键阶段,有的教育家曾称之为人的"第二次诞生"。

年龄是生命流程的标记,蕴含着特殊的象征意义。18岁,是人生的一个崭新起点,是步入成年的标志。这意味着青春和成熟,意味着责任和使命,意味着年轻的公民从此要担负起对家庭、对社会、对国家的责任。开展18岁成人仪式教育活动,一方面有助于学生在成长过程中更好地认识自我,真正从思想和心理上成熟起来,理解成人的责任和生命价值,另一方面,也是对学生实施公民教育的重要途径。

附:成人仪式班级朗诵材料

感 恩 篇

感谢父母赐予我生命,

让我看见世界的第一缕阳光。

我的理想在每个醒来的早晨敲打我的心房,

告诉自己成功的道路就在前方。

经历风雨才能变得坚强,

请你为我们的理想鼓掌!

感谢老师指引我们方向,

让我展翅飞向远方。

我的理想在每次付出汗水后让生命绽放,

告诉自己成功的道路就在前方。

经历风雨才能变得坚强,

请你为我们的理想鼓掌!

感谢同学赐予我力量,

让我跌倒后再次起航。

我的理想在每个失败的时候迎来祝福目光,

告诉自己成功的道路就在前方。

经历风雨才能变得坚强,

请你为我们的理想鼓掌!

我要让这世界为我激荡，

我要让这世界为我激荡，

请你为我们的理想鼓掌！

请你为我们的理想呐喊！鼓掌！

立 志 篇

辛勤的汗水汇成我们对未来的渴望，

无数道习题填满了对大学的向往。

啊，高考，所有学子的梦想。

啊，高考，所有老师的期望。

学习上的更高、更高、更高，

班级上的更强、更强、更强。

清晨我比太阳更早起床，

夜晚我比月亮更晚下班，

我们寄托了十年的梦想，

我们肩负着全家的期望。

十八岁，成人礼——

我们是建邺高中的脊梁！

我们要用一百天让父母看到希望，让老师见证成长！

我们要用一百天让懒惰与我们告别，让勤奋与我们相伴！

我们要用一百天让鄙夷的目光消逝，让世界为我们鼓掌！

我们要用一百天去创造奇迹，去实现梦想，让青春看到我们的力量！

第五章　班会课的反馈与评价

一、主题班会与班集体建设[①]

众所周知,做一名出色的班主任,首先要能组织好班会。班会课是班主任德育工作的主渠道和主要阵地,是班级工作的重要组成部分,是班级精神得以形成和完善的主要途径,在树立班级正气、活跃班级气氛、增进学生之间和师生之间的沟通和团结、提高学生全面素质等方面有着不可忽视的作用。主题班会更是班级管理的有效途径之一。然而,由于各种原因,很多主题班会成了教师的训话场,或者学生的娱乐场,甚至成了教师补文化课的时间,以至于主题班会失去了其应有的教育功能。

一堂好的主题班会,能起到"润物细无声"的作用,对班级建设起着长远的推动作用。但是,如果主题班会课只流于形式,或内容不能引起学生的共鸣,就没有多大作用。

（一）让主题班会成为班级问题的聚光镜

班级或学校的每一个偶发事件,都包含着一定的教育意义。如果善于捕捉时机,及时教育,往往能够起到良好的教育效果。如果我们把班级问题聚焦在主题班会上,更能凸显其教育价值。

[案例]

我班因为上学期期末考得差,在新学年的起跑线上,很多学生不知道该如何面对挫折。向左走,还是向右走? 是在挫折中奋起,还是在挫折中沉沦? 我把这普遍现象

---

① www.gaobuedu.com

聚焦在班会上,在班里召开了"面对挫折"的主题班会,期间还插播了一段俞敏洪有关《生命的选择与价值》的励志演讲,并结合班级的实际情况加以引导,效果很不错。为了进一步加强学生战胜困难的决心和信心,巩固教育效果,我又在班里召开了"相信自己"的主题班会活动,播放了"希望的使者"尼克·胡哲的感人事迹,激励学生要相信自己,积极进取,因为人的潜能是无限的。后来,透过学生的主题班会随笔,我很高兴地看见他们的心里有了一座力量的"丰碑",甚至有的学生的人生观和价值观也因这两次主题班会而改变。

当有学生违纪时,就适时召开"自由与纪律"的主题班会活动;当发现教室环境脏乱时,就以"教室,我们共同的生存空间"、"文明离你只有几厘米"为主题召开班会;当同学之间闹矛盾时,就以"同学之间"为主题来引导学生……主题班会只要能聚焦班级问题,就有了教育的必要和价值。主题班会不再是单一的理论说教,也不仅仅是用简单的表扬和批评来处理班级事务,而是从观念、能力、思维、视野等方面全方位培养学生整体素质的一项教育活动。

(二)让主题班会成为学生自我教育的舞台

陶行知先生曾说过,最好的教育是教学生自己做自己的先生。把主题班会还给学生,班主任做一个幕后工作者,不仅体现了班主任的主导作用,而且还发挥了学生的主体作用,让学生在愉快、和谐的氛围中感受并认同正确的价值取向。

[案例]

记得在学校启动"安全文明教育月"活动时,我班举行了"文明离我有多远"的主题活动。我让班干部组织同学们排查身边的不文明现象,分析其危害,并针对各种不文明现象各抒己见。这次活动,不仅满足了学生的自我表现欲望,更是营造了一个开放的环境,让大家交流思想,加深体验,引起共鸣,从而实现了"德育内化",加强了文明意识,所达到的教育效果远比教师的说教或命令好很多。相反,如果只是班主任说教或者少数班干部发言,大多数学生没有表达自我的机会,教育气氛就会显得呆板压抑,也就不可能真正触及学生的内心深处,这样的教育势必苍白无力。

主题班会比教师单一的说教更能打动学生,引起他们的共鸣,有效地消除学生对教师说教的抵触情绪。恰如英国教育家斯宾塞曾经说过,在教育孩子这件事情上,我一直认为快乐的方法和气氛比其他方法更有效。

(三) 让主题班会成为班级建设的催化剂

班级的建设不是一蹴而就的,它凝聚着教师和学生的心血。一个刚组建的班级只能说形式上是一个群体了,它还不具备班级凝聚力,还不能称为真正的班集体。为此,班级工作应自始至终都围绕着加强沟通、增进友谊、培养学生的班级荣誉感和责任心等方面下工夫。在设计主题班会内容时,应尽量贴近学生生活,从学生实际出发,解决实际问题。

[案例]

每个学期,学校都会开展各类活动来丰富校园文化生活。我深深地认识到学校开展各项活动的教育意义,不只限于活动本身,而是可以向各个领域扩展延伸的。如果能抓住时机,及时举行主题班会,可以收到意想不到的效果。为此,我做了一些尝试,开展了一系列主题班会。比如:校运动会后的"校运会的启示",期中考试后的"当你拿到成绩单的时候",艺术节时的"团结就是力量",文明班牌被摘下后的"文明班牌被摘走了",开展感恩教育活动时的"将感恩进行到底"……随着一系列主题班会的开展,班级建设有了很大的起色和转变。

尤其是在班级建设的核心工作——学风建设方面,主题班会发挥了不可估量的作用。为了明确学习目的,我让同学们谈"我的未来不是梦";为了树立学习目标,我们畅谈"新学期,新打算"、"三年以后"和"寻找竞争伙伴";当学习态度下滑时,我们探讨"考试的意义"、"成绩=? +? +?";为了摸索更好的学习方法,我们分享了"学习经验交流会"、"如何安排时间"……这些主题活动,不仅充分发挥了集体的智慧和力量,而且让每个学生在活动中受到教育和熏陶,对学生思想的转化和良好班风、学风的形成有着不可估量的作用。

(四) 让主题班会散发德育的芬芳

做过班主任的都知道,做德育工作,要善于把握"教育契机",它就像阿基米德苦苦找寻的那个"支点",如果找到了,它可以"四两拨千斤",轻轻用力就可以翘起整个地球,从而达到最好效果。有些节庆日就是很好的教育契机,如果班主任利用得法,可以取得意想不到的效果。

[案例]

记得在"母亲节"前夕,我给同学们播放了视频《天堂午餐》。当影片放完时,教室里充溢着一种悲伤与感动的气氛,很多同学的眼睛都红了。他们说自己平时也像主人公一样不懂得珍惜,忽略了妈妈对自己的关心,自己以后一定会珍惜和报答父母。之后,我给学生们布置了一个德育作业:要求每个学生在"母亲节"时必须为妈妈做一件事,比如:握一下母亲的手,并写下自己的真切感受。学生们爽快地答应了。我希望通过这一活动,让同学们进行一次爱母亲、理解母亲的自我教育。我很庆幸自己利用节日这一教育契机,为培养学生的感恩情怀架起了一座美丽的桥。类似的节庆日,班主任完全可以利用起来,让它发挥出浓郁的德育芬芳。

(五) 让主题班会随笔成为学生自省的家园

一次成功的主题班会必定会让学生斗志昂扬,热情高涨,灵魂震撼。然而主题班会后不久往往容易旧病复发,一如往常。怎样才能巩固德育效果呢? 写"主题班会随笔"是化解这一难题的妙招。

所谓"主题班会随笔",指的就是在主题班会之后学生写的随感。随笔可写在学校发的《德育周记》上。针对学生反馈的信息,教师对学生进行书面(评语)交流,或私下沟通,或公开课堂点评。这样,班会获得的德育效果将更加深入、更有针对性,因而持续的时间也会更长。

很显然,主题班会随笔是一个"班会后"的行为,但是它为师生的交流开辟了最直接的平台,有利于班主任进一步了解学生的思想状况和心理状态,为班级管理和德育工作提供了有价值的信息,实在是一举多得。

此外,写主题班会随笔还有一个更有价值的作用——学生的自我教育新途径。苏霍姆林斯基曾经说过,能激发出自我教育的教育,才是真正的教育。让学生在主题班会后写随笔,就是要引导学生对班会的主题、内容、理念进行深入的思考,并结合自身实际,进行自我反省、自我检查。学生在写的过程中,必然会有思考,会有自我教育,这样也就实现了"德育内化"。

[案例]

在召开"相信自己"主题班会时,我适时插播了尼克·胡哲的视频:《希望的使者》。后来学生在随笔(《德育周记》)中写道:

● 尼克·胡哲用行动证明了自己,用自己的真实事迹告诉人们不要放弃自己。他是我由衷佩服的巨人,我将重新审视自己。　　　　　　　　　——李镇

● 以后无论遇到多大的困难,我们都应该承受得起,而且我们都能够承受得起,因为只要我们活着,一切困难都会过去。　　　　　　　　　——黎婉雯

● 尼克·胡哲的故事告诉我们,要勇于与命运抗争,不要让命运扼杀我们的未来。

——李俊杰

● 他的故事让我很感动,我也要像尼克说的那样,"相信自己,你能做到",遇到困难不垂头丧气,要勇敢面对。　　　　　　　　　——尹晓淇

● 尼克·胡哲教会了我坚强。坚强可以推倒一座山,坚强可以吸干一条河。连一个没有四肢的人都可以做到的事,我为什么不可以?

——谭水仙

主题班会随笔是一笔宝贵的德育资源,也是班主任管理班级的一大法宝。

对于班主任而言,班级日常管理是一项琐碎的工作,同时又是一门艺术。有人说,主题班会是打开学生心灵的那扇门,是浇灌学生情感的那场雨,是抚慰学生心灵的那阵风,是滋养学生理想的那抔土,是联系师生的那根线,是学校德育的主阵地。作为班主任,应该敏锐地感知时事,广泛而深入地研究新情况,灵活地针对社会时事热点、校园动态,及时地捕捉主题班会题材,开展一些更具时代意义的主题班会活动,进而达到"事半功倍"的教育效果。

二、学生、家长眼里的班会课

气球之轻　生命之重——一节班会课的思考①

活动背景

通过网络或报纸等媒介我们知道,最近几年,很多学生由于不能承受学习的压力,

───────────────

① 本案例由南京二十四中鲁正贞老师提供。

在没有很好的途径把压力缓解或释放的情况下，抛弃一切，做了不该做的事。这一念之差给他们的家长带来了无尽的伤痛！关于生命，在现在这个社会，经常会演绎成沉重的话题，沉重到了我们无法和孩子用语言进行交流它的内在意义的程度。在设计这次主题班会之前的一周，我们周边某学校一个初一的孩子在没有任何预兆的情况下，从9楼跳下——

活动目的

1. 亲身体验孕育宝宝的辛苦，想象母亲怀孕十月的感受，明白自己所遇到的那一点困难其实不大。

2. 通过交流掌握一些释压的方法。

3. 懂得恩情无时不有，感恩无处不在，生活中要有一颗感恩之心，并付诸实践去回报。

活动内容

1. 做学生的思想工作，引起学生的重视，预防学生因不好意思挺个大肚子体验而故意弄坏气球，停止体验，破坏气氛。

2. 赋予气球生命：在气球宝宝上画画、给气球宝宝取名字。

3. 参与学校值周保洁。

4. 参与课间广播操。

5. 正常上课。

6. 5·25（我爱我）主题班会。

活动阵地

学校集体活动：课堂、课间操、学校竞选活动、主题班会。

活动程序

7：00—7：20　给每位学生发一个气球，吹成20厘米宽的大小后，在气球上画出自己想象的宝宝的样子，并取好名字，赋予气球感情和生命。在两个口袋里分别装上生鸡蛋，以加大孕育的难度，接近怀孕的体验。

7：30—7：50　正常值周，为校园保洁。硕大的肚子让学生下楼时感到了困难，每一位学生都小心翼翼的，平时看似简单的弯腰、下蹲、站起等都很困难，在困难面前，学生开始转变一开始的嬉戏和无所谓的态度，正式从思想和行动上进入体验孕育。

8：00—8：45　第一节课。经过繁重的值周，气球宝宝的安然无恙让学生有几分激动，更在无形中树立了责任感。照理说，上课时应该可以降低体验的难度，但是学生们很快发现座位和课桌之间的距离让他们难以落座，与课桌、椅子、同学的接触让鸡蛋和气球宝宝不断地险象环生。

8：50—9：10　广播操。没有因为他们肚中的气球宝宝和口袋中的鸡蛋就让学生不做操，不但要做，而且还要做得更加认真、更加到位。每一位班主任都拿着照相机进行全方位的摄像，广播操后做瑜伽操时，明显感觉到了学生们脸上的那份宁静和从容，少了许多顽劣和骚动。

9：20—11：50　从第二节课到第四节课，学生们越来越适应，没有一个宝宝失去。

11：55—13：30　吃午餐时，很多学生都在讨论这半天的不容易，但能坚持这么长的时间，也让他们感到很自豪。上午的紧张和疲劳让他们午餐吃得更香，当然，此时学生们没法体验孕妇的妊娠反应。吃完饭后，有个学生发现气球有些瘪了，就把气球拿出来想吹大一些。另一名学生发现气球上的字和画已经很淡，想补一下。但由于气球已失去弹性，两位同学的气球很快就爆掉了。出现这种意想不到的情况，他们伤心不已，不得不面对现实，到德育处领来一个牌子：宝宝，对不起！

13：30—14：15　下午第一节课，大家过得很期盼，因为第二节课就是班会，就要结束这次艰苦的体验。

14：45—14：25　很多学生在没有被允许的情况下擅自拿出了气球，这为后面的教育留下了伏笔：妈妈怀我们十个月的时间，每一天都很艰难，但还是希望我们能够健康地在肚中待满十个月。凡是擅自拿出气球的，一概以宝宝不健康来处理，毕竟拿出的宝宝不能再安全地返回妈妈的肚中，这让很多学生很沮丧，但这是无法挽回的！

14：30—15：15　班会。有家长、教师、学生参加，回忆一天的体验，感受一天的辛苦。分别邀请学生说说一天中印象深刻的事，再邀请对应的家长回忆怀胎十月中印象深刻的事和孩子出生时的那份喜悦。有了一天的真实体验，今天的孩子再听妈妈说那过去的事时，再没有那份不耐烦，都非常感动地聆听了家长的发言。这时要引导学生体会：和怀胎十月相比较，我们现在所遇到的很多困难其实都不大。如果遇到了，如何排除呢？请同学说说成功排除的例子：倾诉、睡觉、唱歌、吃东西、砸东西，等等。最后说明：生命不仅是自己的，也是父母的，要对生命有责任感。

一次关于气球的特殊体验

如何赋予你的气球以生命？

起名字
↓
画头像
↓
写祝福

难忘的一天开始了！

这一天，发生了什么？

分享精彩镜头

比一比，哪一组的宝宝最健康？

	精锐联盟	奇迹	布加迪威龙	道奇	西点	Lucky and strong
	1	2	3	4	5	6
组长						
组员数						
健康宝宝（男生）						
健康宝宝（女生）						

回顾我与气球宝宝的一天

心情日记

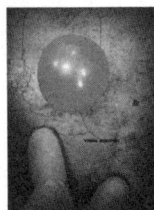

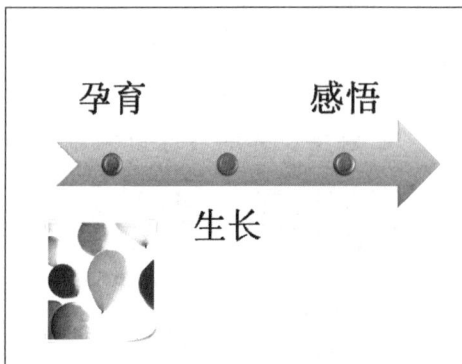

孕育　　　感悟

生长

我的生命线

请用任意一条线来绘出自己的生命之旅:

1. 用0—100之间的任意数来表明你的生命起点与终点。
2. 请在生命线上标注今天的时间节点:
   生命线节点的左侧代表你的过去;
   生命线节点的右侧代表你的未来。
3. 请标注你生命成长的一些重要事件。

心情温度计

在每一个人的成长之路上,不可避免地会遇到各种挫折与痛苦,会产生一些情绪垃圾,你有过这样的经历吗?请写下来。不必署名。

不良情绪垃圾箱

不良情绪垃圾箱

分享:
今天活动感受最深的是什么?

接受我,珍爱自己,过好每一天!

注:每一个时间段,学生都要写心情日记。

附：气球宝宝妈妈的一天

勇敢地登上了舞台

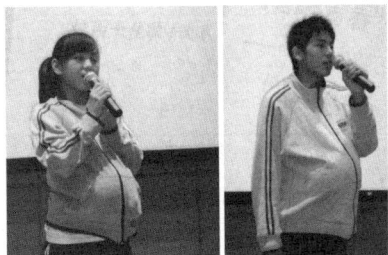

这一天，我们的变化不仅仅是体形

附：心情日记

5·25（我爱我）——与气球宝宝相伴的这一天

时　间	心情日记（姓名：刘伟琦）
7：30	第一次听说这个活动时的感受： 　　感到很惊奇，也感到很丢脸，可是一想到可以体验到妈妈十月怀胎的那种感受，所以就不怕丢脸了，只要能体验那种感觉……
9：00	第一节课后的心情体验（为你的气球宝宝写一句祝福）： 　　宝宝，你要永远健康！还有你记住，我永远爱你！
12：00	活动过半的心情体验： 　　虽然肚子上的气球只有几克，可是却让我腰酸背痛，直不起腰，而妈妈的肚子里却带着好几千克的我过了整整十个月，我的辛苦与妈妈相比，只不过是沧海之一粟！
16：30	走进班会现场，我想对气球宝宝说—— 　　宝宝，你终于要出生了，我这一天的辛劳总算没有白费～～
19：00	回顾今天一天的活动，我的感悟与收获： 　　我感受到父爱、母爱、友爱、师爱…… 　　我知道了天底下的每一位妈妈都是辛苦的！

请一定把你最真实的感受记录下来：

通过这次活动，我知道了妈妈们十月怀胎才生下我们的那种不容易，和她在这十个月中那种腰酸背痛的感觉。我们只坚持了短短的一天，就被累趴了。有腰酸背痛走不动路的、有小心翼翼怕弄爆气球的、还有弯不下腰系鞋带的。我们个个小心翼翼，生怕"嘭"的一声,让自己的孩子"含笑九泉"。

我们班有三个因为不小心而将气球宝宝弄爆了的,在无可奈何之下,他们只好去德育处领了一张小纸片,上面写着:"宝宝,对不起!"可是一个不小心,能让他复活吗?妈妈在怀我们的时候,能以一句"不小心"或者"不是故意的",就把我们给弄死了吗?答案当然是不能!妈妈们只能小心、小心、再小心,就算是很细微的震动,妈妈们都有可能要检查上老半天,生怕自己的孩子受到什么伤害。

妈妈这个词我们是多么的熟悉啊!而在这一刻,我觉得这个词又是多么的陌生啊……

● 家长寄语

1998年5月13日晚上七八点钟,我的肚子有一种钻心的痛,一分钟后又消失了,我感觉似乎要生了。我赶紧拉上老公,一起去医院。到医院一检查,医生让我赶紧住院,并且嘱咐我要多动动。我想坐下休息一会儿,哪知肚子钻心地疼,迫使我在医院的走廊上来回走了一夜,到14日上午九点多,我进了产房。医生让我吃些巧克力,以增加体力。经过痛苦的阵痛,我的宝宝终于来到了这个世界。我非常自豪,非常开心!

心 情 日 记

5·25(我爱我)——与气球宝宝相伴的这一天

时　间	心情日记(姓名：戴志炜)
7：30	第一次听说这个活动时的感受： 　　有点惊讶,感到不可思议。对特殊生活充满期待,又不乏恐惧!
9：00	第一节课后的心情体验(为你的气球宝宝写一句祝福)： 　　太累了!做操时那不是享受,每一个动作都惊心动魄,生怕哪个环节出了意外,那一切的辛苦都泡汤了!好在一切顺利,我真为自己捏了一把汗。祝愿我的气球宝宝健健康康,能够平平安安地"降生"!
12：00	活动过半的心情体验： 　　活动过半,我感到了胜利的曙光就在前方。"两节课后就可以解放了。坚持,坚持,再坚持。"下午,这句话一直在我的耳畔回响。
16：30	走进班会现场,我想对气球宝宝说： 　　我终于平平安安地把你"生出来"了,我此刻无比自豪!
19：00	回顾今天一天的活动,我的感悟与收获： 　　成功来之不易!我们"一日怀胎"就累成这样——腰酸,背痛,脚抽筋。妈妈十月怀胎岂不是比我们累上千倍万倍!我的眼前仿佛重现妈妈怀着肚中的我的情景：上班、下班、买菜、做饭……那样的辛苦,却又那样的无怨无悔!我现在真真切切地知道了母亲的伟大!我想我今后一定努力地学习,成为一个有用的人,来回报我的妈妈!

请一定把你最真实的感受记录下来：

今天是个非比寻常的日子。我怀着新奇而紧张的心情跨进了学校的大门，因为今天我们要当一天气球宝宝的妈妈，体验妈妈挺着大肚子怀孕时的感觉。

和同学们一样，我们都在为气球吹气、系绳、画脸、起名。经过大家的互帮互助，我们的肚子变得很大、很笨拙，大家不禁哈哈大笑起来。

同学们腰里系着气球宝宝，开始了这最后一天的值周。我们挺着大大的肚子，别说扫地，就连下楼都不方便。在这种情况下，鲁老师还给我们火上浇油——给我们外加了两个生鸡蛋，并且声明不能让鸡蛋碎掉。我小心翼翼，怀着恐惧和无比紧张的心情熬完了值周，但紧接着的英语默写犹如噩梦一般，朱老师没有体会到我们的难处，依然以她那百米冲刺的速度报单词，把我们远远地甩在了身后，默字成绩自然不理想。上课时我倚靠着椅背，带着气球宝宝，就像有东西抵着我的胸口，呼吸都很困难。下课时，我就乖乖地坐在座位上看看书，写写作业，不敢有剧烈活动。

"两节课后就可以解放了。坚持，坚持，再坚持。"下午，这句话一直在我的耳畔回响。终于，"功夫不负有心人"，第二节课一下课，我就迫不及待地拿出了气球宝宝——成功生产了！我很庆幸我的气球宝宝和鸡蛋们都完好无损，但在我即将走出校门的一刹那，何守天和刘伟琦一人手拿一根大头针，趁我不备，戳爆了我的气球宝宝。可怜的孩子，就这样"命丧黄泉"了，唉！当然，我对这两位元凶恨之入骨：破坏别人东西以此取乐的人，难怪被人所厌！但是，让我今天真正难忘的是：我们"一日怀胎"就累成这样——腰酸，背痛，脚抽筋，妈妈们十月怀胎岂不是比我们累上千倍万倍！我的眼前仿佛重现妈妈怀着肚中的我，上班、下班、买菜、做饭……那样的辛苦，却又那样的无怨无悔！我现在真真切切地知道了母亲的伟大！我想我今后一定努力地学习，成为一个有用的人，来回报我的妈妈！

● 妈妈的留言

儿子，记得妈妈怀着你时最难忘的是，当你在肚子里七个多月的时候，因为胎膜早破，妈妈被送进医院保胎，那时妈妈是格外地恐惧和担心，害怕你没有"瓜熟蒂落"就提前来到世界。于是为了让你能在妈妈肚子里多待一些时间，我每天坚持头低脚高地躺在病床上进行输液和保胎治疗。我相信，只要你在妈妈肚里多待一天，你就能多长大一点，你就能多一份抵抗力。就这样，我和你爸爸互相鼓励着，坚持着，让你在妈妈的肚子里多留住了7天。虽然这7天很漫长，很揪心，但我相信，你在妈妈的肚中也一定在拼命地成长。果然，当你离开妈妈的时候，虽然是早产，才只有4.8斤，但你仍是健康的、可爱的小婴儿！这就是妈妈怀孕中最难忘的事,虽然有磨难,有艰辛,但只要我们有信念,有决心,相信自己,就一定会创造奇迹！炜炜,妈妈相信,"世上无难事",只要你有决心,有恒心,你一定会创造属于你的辉煌！

● 妈妈的感想

首先我很感谢学校能有这样一个有意义的活动,让孩子们亲身体验母亲十月怀胎的艰辛。而我也很有幸能有这样一个机会,到孩子的班级亲眼看看他们当气球宝宝妈妈的情景。记得我去的时候,刚刚下语文课,课间十分钟,本来是同学们热闹玩耍的好时光,但因为他们当上了"妈妈",为了肚中"宝宝"的安全,他们都小心翼翼地,动作也格外地轻柔。有的学生安静地待在课桌边看书、写作业。我进去时,我的儿子就是这样老老实实地坐在座位上写字。有的学生三五成群地围在一起下象棋,见我来了,腼腆地笑着。我也笑了,告诉他们,妈妈就是这样辛苦地怀着你们的呀！很多同学走路都捧着肚子,格外地小心。当我看到这些,我知道学校举办这样的体验活动是成功了,因为这样的活动不仅让同学们体验到了母亲怀孕时的艰辛,同时又让同学们真正多了一份责任感！看到这些,我觉得在二十四中学习的孩子是幸福的,因为一个人不仅仅需要知识的灌输,更需要人格品德的培养。当他们懂得感恩,懂得责任,懂得付出的时候,才是他们真正的成才之时！

心 情 日 记

5·25（我爱我）——与气球宝宝相伴的这一天

时　　间	心情日记(姓名：蒋靖雯)
7：30	第一次听说这个活动时的感受： 　　学校怎么这么无聊啊,居然让我们玩这么无聊的游戏！有没有搞错呀！二十四中真特殊。
9：00	第一节课后的心情体验(为你的气球宝宝写一句祝福)： 　　上课的时候,气球宝宝一直压着我的肚子,特别难受,我有点想把气球宝宝拿出来,但是不行啊！噢！我的天哪！饶了我吧！而且绳子拴着我的腰,十分不方便。还有早上我们班值周。我站着嫌太高,就只能跪下来扫,十分不方便。
12：00	活动过半的心情体验： 　　我这才体会到妈妈怀我的时候是多么不方便,实在是每一步都要小心翼翼。生怕哪里有什么闪失。但是,我不会放弃的！我会一直坚持到最后。不过由于我早上的一个不小心,把身上的鸡蛋撞碎了一个。老师说过,如果鸡蛋碎的话,就说明生出来的宝宝会不健全。我有些失望。

时　间	心情日记(姓名：蒋靖雯)
16：30	走进班会现场，我想对气球宝宝说—— 　　宝宝，对不起哦！我没有把你照顾得很好，但是我不会放弃的，以后我会更加细心地照顾你。
19：00	回顾今天一天的活动，我的感悟与收获： 　　做妈妈真的好辛苦，时时刻刻都要注意宝宝！这让我知道了我的来之不易，我要更爱自己，更爱妈妈。以后要帮妈妈多做一些家务。

请一定把你最真实的感受记录下来：

说实话，刚开始听到这个活动的时候，我在想：呵呵，二十四中还真是与众不同啊，居然让我们体验这么无聊的游戏。我也搞不明白学校搞这个游戏的目的何在，反正就是觉得学校太无聊、太令人无语了！但体验了那一天之后，我终于明白了。

我们班还真是中了头彩了。活动期间正好是我们班值周打扫校园！哎呀，这可给我们增加了不少难度。而我们那位敬爱的老师居然还嫌难度不够，让我们在身上再揣两个鸡蛋！噢！我的天哪！饶了我吧！打扫卫生时，我十分地小心翼翼！这一天，我过得都很小心翼翼，生怕有什么闪失。

可是不幸的事还是发生了。我的一个鸡蛋在我的腿伸展时撞在了墙壁上，碎了。老师说过：如果鸡蛋碎了，气球宝宝还在的话，那么生出来的气球宝宝就不会健全了，宝宝生下来就会有一些残疾。我心中有一丝难过，因为我的宝宝会有残疾。但是，我会坚持下去的，我不会放弃宝宝的，我会一直坚持到最后的！即使他是残疾的，我今后也不会放弃他的，我要更加细心地照顾他。

这次的气球宝宝体验，让我知道了自己的来之不易。更何况，这次我们体验的是一天，而我们的妈妈们体验的是十个月啊！我们在妈妈们的肚子里何止一个气球宝宝那么重啊！妈妈从怀我一直到生下来，多不容易啊！所以我要更爱自己，记住525！也要更爱妈妈！

● 家长感受

通过这次气球宝宝的体验，我突然发现孩子长大了，她变得懂事了，有责任心了。我告诉她，当时妈妈刚刚怀你的时候，饭也不能吃，水也喝不下，吃什么吐什么。妈妈的体重一下子从50公斤减少到40公斤，整个人瘦了一圈，好像大病了一场。现在，她也体会到了妈妈怀她时候的辛苦了，也会更加珍惜自己的生命，爱自己，更爱爸爸、妈妈！

心 情 日 记

5·25（我爱我）——与气球宝宝相伴的这一天

时　间	心情日记（姓名：翟文欣）
7：30	第一次听说这个活动时的感受： 　　惊讶、吃惊。觉得这项任务十分艰巨，不可能完成。我在想，如果气球宝宝掉了，怎么办呀？"所以很没信心。
9：00	第一节课后的心情体验（为你的气球宝宝写一句祝福）： 　　希望"向日葵"迎着太阳生长，开心每一天。
12：00	活动过半的心情体验： 　　做瑜伽操时，还是感觉很困难。特别是躬步时，感觉勒得很难受，恨不得马上就把气球拿下来。但一想到这是一条生命，就忍了下来，妈妈怀我的感觉我感受到了。
16：30	走进班会现场，我想对气球宝宝说—— 　　宝宝，你一定要健康成长，天天开心呀！
19：00	回顾今天一天的活动，我的感悟与收获： 　　我感受到了友爱、师爱。 　　当我遇到不愉快的事情时，我一定会一笑而过，把不开心的事全部忘掉。

请一定把你最真实的感受记录下来：

（感受）妈妈辛辛苦苦把我们生下来，再把我们养育成人，是多么艰难啊！妈妈您辛苦了！言语不足以报答妈妈的养育之恩，我们应该从小事做起，从点滴做起，比如帮助妈妈做家务啦，在妈妈需要帮助时，助她一臂之力啦，当妈妈生病时，照顾妈妈啦。这些虽然只是我们的一点绵薄之力，但是尽一点心意，妈妈会很感动的！妈妈像春风，很柔，很温暖。妈妈有时像冬风，虽然刺骨，但却意味深刻。妈妈你知道吗，我是多么需要你？

因为不坚强，所以需要妈妈支持；因为太懦弱，所以需要妈妈鼓励。有时候，会很不能理解妈妈的做法，有时候会很生妈妈的气，可是每次发泄后，都发现其实自己错了！妈妈对不起！我不是个很乖的女儿，不仅没有帮妈妈减轻工作上的压力，还老惹您生气。妈妈对不起！我不应该任性。在今后的日子里，我一定很努力很努力，我可能不能做到最好，但我能一天比一天好。加油！我也相信妈妈会像个影子，虽然不会出现，但一直会默默地支持我。相信我，妈妈！

妈妈，我爱你，爱你胜过爱我自己！

● 家长感言：

怀孩子的日子是痛苦的，是难熬的。妈妈不想让你知道妈妈怎样把你辛苦地生下来，妈妈只想让你知道生命只有一次，每个人都应该好好珍惜。你生气、发火，包括你所做的一切，都应该先考虑他人的感受，不应该只站在自己的角度考虑问题。今天，孩子也当了"母亲"，她说她总是细心地照顾、呵护气球宝宝，我觉得孩子长大了，不再是撒娇的小姑娘了，不会再与别人针锋相对，而学会了包容、体谅别人。我相信她的一言一行也会影响气球宝宝的。

宝贝，妈妈不想打你，骂你，因为你已经大了，不是小姑娘了。你应该有承担责任的义务，要凡事想到后果。妈妈希望你一天比一天优秀，一天比一天努力！咱们要争气。我永远支持你！

宝贝，加油！没有人会在路上一直陪伴你，所以你要坚强！只有跨过无数个坎，才能取得成功！你相信妈妈，妈妈永远爱你！

心 情 日 记

5·25（我爱我）——与气球宝宝相伴的这一天

时　间	心情日记（姓名：吴应劼）
7：30	第一次听说这个活动时的感受： 　　刚刚听说这个活动的时候，感到很新奇。从来都没体验过妈妈怀孕时的感觉，正好有这次活动，可以感受一下。
9：00	第一节课后的心情体验（为你的气球宝宝写一句祝福）： 　　下课后，我摸了摸肚子，看看气球宝宝有没有什么事。特别是在做早操的时候，身上绑了个气球宝宝，做动作的幅度也不敢太大，生怕弄爆了它。不过还好，做完了操，它完好无损，我长舒了一口气。
12：00	活动过半的心情体验： 　　中午吃完饭，一不小心伸了个懒腰，把气球压爆了。我的气球宝宝没了。我想完了，原本准备拿一个备用气球来充数，可是心里觉得过意不去，所以只好去德育处领了一个牌子，贴在身上："宝宝，对不起！"心里感觉酸酸的，很不是滋味……
16：30	走进班会现场，我想对气球宝宝说—— 　　我的气球宝宝没了，我后悔为什么自己不能小心一点，为什么自己不多注意一点，这样气球宝宝就不会爆炸了。宝宝我对不起你，我应该多注意点、多小心一点的！
19：00	回顾今天一天的活动，我的感悟与收获： 　　我体会到了当妈妈的不容易。妈妈要处处小心孩子，不能让他受伤。如果是我当妈妈，我的孩子可能就保不住了。妈妈怀我们时真的很不容易，我们一定要体谅妈妈。

请一定把你最真实的感受记录下来：

这次活动使我感触很多，我懂得了妈妈的不容易和艰辛。

妈妈在怀我们的时候，饮食要注意，行动也要注意，总之方方面面都要注意，稍有不慎，就可能没有我们了。这次体会了妈妈怀我们时的感受，如果给我打分，我肯定是不合格的"妈妈"，因为我没有照顾好我的孩子。我们"一日怀胎"就累成这样——腰酸、背痛、脚抽筋，妈妈十月怀胎岂不是比我们累上千倍万倍！再加上这十几年的养育，真是辛苦啊！希望我们能给父母些许的回报吧。

虽然这次活动我体验的时间不是很多，但是我能感受到妈妈怀胎十月的辛苦。妈妈辛辛苦苦地把我们生下来，再把我们养育成人，是多么艰难啊！妈妈，您辛苦了！我想，言语不足以报答妈妈的养育之恩，我们应该从小事做起，从点滴做起！

● 家长感受

这次活动我认为非常有意义，让孩子们体会到了做母亲的不容易。我在怀我家儿子的时候，由于不小心着凉发烧了，为了他我都不敢挂水，害怕会伤害到孩子，就这样撑了半个月，感冒才好。

孩子们要珍惜母亲对你们的爱、珍惜母亲给你们的一切。

非常感谢学校开展这次活动，希望孩子们能够在这所学校里茁壮成长！

心 情 日 记

5·25（我爱我）——与气球宝宝相伴的这一天

时　间	心情日记（姓名：徐凡）
7：30	第一次听说这个活动时的感受： 　　唉！那多累啊！一天都大着肚子，做事多不方便啊！上午还要做操，一跳不就掉了吗？一压不就爆了吗？那多恐怖啊！——"啪!"
9：00	第一节课后的心情体验（为你的气球宝宝写一句祝福）： 　　我希望我的气球宝宝能够开开心心、平平凡凡地过每一天，也希望他是一个温文尔雅的气球宝宝！哎呀，站起来回答问题很不方便，抱作业本不方便，坐在座位上动起来也很不方便。做操时总怕碰到它，它在我身上我好难受，整个人都很不舒服。好想把它拿出来，自己透口气。
12：00	活动过半的心情体验： 　　真累！我的腰好酸，做事好不方便，宝宝你赶紧从我的肚子里出来吧。让我深深地透口气，舒服一下吧。有的同学的气球宝宝爆了，我的宝宝还好，还没有爆，我希望它千万不要爆掉。

时　间	心情日记(姓名：徐凡)
16：30	走进班会现场,我想对气球宝宝说—— 　　宝宝你真幸运!你今天很累吧?总是被挤,但是你还是没有爆,你平平安安地出了我的肚子,我也轻松了很多。你今天应该感受到了我对你的担心吧!
19：00	回顾今天一天的活动,我的感悟与收获: 　　我今天重新感受到了自己身边的友爱、师爱。在以后的生活中,凡事都要再小心、细心一点。无论有多少爱,我们都会遇到艰难险阻,我们都要挺过去!在自己很无助时,可以求助于同学、老师、父母,让他们帮我们出主意。我们要有不服输的信念,凭着这个信念,去克服一切困难。

请一定把你最真实的感受记录下来:

很快,时间就如沙子一般在我手中里流淌掉了!第一节课下课了,做操的时间到了,在走向操场时,有的同学红着个脸在害羞呢;有的同学带着微笑走向了操场;有的恨不得找个地洞钻下去才好呢!最好的一点是,没有一个同学是带着嘲笑他人的目光走进操场的。我在操场的时候好怕鸡蛋碎了、气球爆了,这是我最害怕的一幕!相信妈妈在怀我的时候,也很害怕我在不经意间就从她肚子里流掉了吧!我一有空时,就会小心翼翼地摸摸我的气球宝宝,我在妈妈肚子里的时候她也常常摸我的。

一天里都感觉很不方便,但是我感觉比我妈妈那时舒服多了。我以前在妈妈肚子里还会动呢,时常会吓妈妈一身汗。而我的气球宝宝却很乖,它不会动,这样我也轻松了很多。妈妈以前怀我时还要做很多家务呢。妈妈和爸爸好辛苦啊!

●家长的寄语与评价

我在怀孕8个月的时候,还在做家务活,洗衣、做饭样样都要做。因为当时肚子也蛮大的了,无法弯腰,衣服洗得并不是很干净。这次活动之后,孩子告诉我,她在班会上玩"下公交车"的游戏时,下车时动作太鲁莽了一点,没注意到自己还有个宝宝。我便告诉她:我当初怀你的时候,做事情都是小心翼翼的,无论走路还是做事,我都会空出一只手来托扶着自己的肚子。我想无论怎样,无论伤到我自己哪里,都不能碰了你。而且妈妈当时还不可能像你今天这样的轻松,可以坐在那里好多事情都不用做。因此,我希望你通过这次活动,可以成为一个顽强的人,勇敢地面对任何困难!

心情日记

5·25（我爱我）——与气球宝宝相伴的这一天

时　间	心情日记(姓名：朱梦宇)
7：30	第一次听说这个活动时的感受： 　　那么大个气球宝宝塞在肚子里，得多不方便啊！万一不小心磕到哪儿了，气球就爆炸了，还不得造成"内伤"啊？为了"悲剧"不发生，我一定要尽力保护好我的气球宝宝！！
9：00	第一节课后的心情体验(为你的气球宝宝写一句祝福)： 　　有了气球宝宝，虽然我行动很不方便，且肚子被压得十分难受，还不能大力地深呼吸，但我还是会小心翼翼地呵护着他，毕竟这只是一个开始，慢慢就会适应，希望我可以保护他到最后一秒！小宝，你一定要健康地陪着我到最后喔，我会好好保护你的。
12：00	活动过半的心情体验： 　　半天过去了，我已经基本适应了气球宝宝与我的形影不离，可以说我已经成功了一半，另一半我会加倍努力，更加小心，让气球宝宝平平安安地出世！
16：30	走进班会现场，我想对气球宝宝说—— 　　宝宝，"妈妈"做到了！"妈妈"保护好你了！
19：00	回顾今天一天的活动，我的感悟与收获： 　　气球宝宝并不仅仅是气球，他还让我感受到了伟大的母爱！为了保护它，同学们都互相帮忙，浓浓的友爱之情也随之散发出来，滋润了我的心田。 　　当我遇到不如意时，我会坦然面对，要冷静下来，寻找最佳的解决方法。

请一定把你最真实的感受记录下来：

5月25日，一个特殊的日子，一个只属于我与气球宝宝的日子，一个让我铭记的日子！

也许在别人眼里，5月25日与平常一样，依旧是忙碌的。可是对于24中初一、初二的同学们来说，它是充满特殊意义的，因为我们都有了属于自己的气球宝宝。在这样特殊的一天里，我们都要在肚子上放上个特殊的气球宝宝，在上面写上他的名字，画上他的模样，度过这特殊的一天。

神马？肚子上放上个气球？还要带着他度过一天的光阴？那不成了一日孕妇了吗？光是想想就够了，那得多损形象啊！挺个大肚子，多不方便啊！——刚听到这个消息的我心里纠结成了一团！唉！没办法，只能硬着头皮参与了。

这个星期正好是我们班值周打扫校园，所以我们比其他班都要"辛苦"些。可是，谁会想到带着气球宝宝行动是有多么不方便吗？连弯腰扫地的动作幅度都不能太大，不然就会挤着气球宝宝了,就连想捡个小纸屑都十分困难,只能双腿跪地,然后再捡。经过20分钟左右的折腾,大家的腰都有点微微发酸。不过好在第一节课将要开始,终于可以回到教室里坐下来歇歇了!

可是哪有我们想象中的那么美好?由于多了个气球宝宝,大家都挤在了一起,小组之间的空隙早已被占满。就连下座位到后面的书柜里拿课本,都需要许多人站起来让出一条路才行。上第一节课时,老师说:"上课!"大家原本想要跟以前一样,起立、鞠躬,并说"老师好!"但这一切却变得十分困难。第一,站起来后空隙不够,只能让几个同学往中间空出的地方挤挤。第二,鞠躬的幅度不能太大,一旦太大,气球宝宝就可能会有危险。但如果微微弯腰,对老师却是一种不尊敬。不过老师知道我们的"苦衷",也特地"批准"了。第三,经过早晨那20分钟的折腾,大家早已有气无力,声音比以前小了许多,就连站起来发言或回答老师的问题都有一定的难度。如果不小心让气球宝宝碰到了桌沿,那可是要出"人命"的,所以只能慢慢地、小心翼翼地站起来回答问题,因此,老师原本安排好的课程直到下课,甚至连带课间的10分钟都没有完成。

好不容易到了中午,大家都把午餐吃得干干净净,想必大家都与我一样饿得肚子"咕咕叫"了,毕竟比平常要辛苦一些。午餐也十分给力,还有水果。校长肯定也是知道我们会受不了,所以就好好犒劳了我们一下,也算是给了份丰盛的鼓励吧!

下午的几节课,大家都与上午一样,小心翼翼,不敢急慢,直到班会课气球宝宝活动结束,我们班总共有3位男生的"气球宝宝""离开了人世",在此我就不多说了,他们也不想的,天知道他们当时心里有多么难过,因为从他们的表情中,我们都看到了深深的自责。

气球宝宝活动结束了,我感觉自己又长大了些。对比真正的孕妇,我们是很幸福的,她们的宝宝是货真价实的,是有"分量"的,而我们的却"轻如鸿毛"。而且,妈妈们哪个不要怀胎十月呢?而我们仅仅只是一天而已,严格说来一天还未到,8个小时左右而已,这样我们都已经支撑不了了,急切地想把气球宝宝拿掉,而妈妈们呢?她们可以吗?她们会这么轻易地就放弃自己的孩子吗?天下哪个妈妈不是经历过这一段艰难时刻的呢?有哪一个是因为太辛苦半途就放弃了的呢?说母亲是伟大的,是无私的,我觉得都远远不够!她们为了孩子,哪一个不是呕心沥血?天下的孩子们,请不要再"身在福中不知福"了,请好好守护自己的妈妈吧!她们是真正为你好、处处为你想的人!

5月25日,一个特殊的日子,一个只属于我与气球宝宝的日子,一个让我铭记的日子!

● 家长寄语

通过这次活动,孩子懂得了"责任"二字的含义,更能体会到生命的可贵!

当气球宝宝在肚子里时,你吃饭、上课、劳动,总之所有的行为都要受到限制。尽管这样,你还是做到了。你克服了困难,让气球宝宝安全地出生了。

通过活动,孩子认识到妈妈赋予自己生命,是要自己健康、快乐、自信地生活。面对困难时,不要退缩,要寻找一条化解它的途径。要知道困难就像弹簧一样,你强它就弱,你弱它就强。面对挫折时,要乐观地面对,不能轻易地付出生命的代价。人的生命只有一次,不要因为轻率而造成悲剧。

妈妈希望你能真正体会到与气球宝宝相处一天的含义。更希望你健康、快乐、自信地过好每一天!

三、主题班会课评价标准

一节好的班会课有五大要素:好的主题、好的内容、好的过程、好的形式、好的效果。

在主题的选择上,要注意五个方面:选择"短小而实在"的活动主题;选择"具体而简明"的活动目标;选择"互动而育人"的活动内容;考虑"贴近而关切"的热点问题;拥有"提升与震撼"的总结升华。当然,最好是班集体发展和建设过程中系列主题班会的一个环节、一个链条、一个加油站。只要是在某一点或几点上很突出,达到了较好教育效果的班会,都是好班会课。企图在一节班会上实现目标、内容、过程、形式、结果都达到最理想,那只能是徒劳的,也是没有必要的。

评价一节班会课,可从以下几方面考虑:

(1) 以促进班集体建设和学生道德成长为基本目标。

(2) 符合学生的年龄特点和学校阶段性教育规律。

(3) 具有明确的教育主题和价值取向。

(4) 包括前期准备、过程实施和后期强化的整个过程。

(5) 尽可能广泛的学生参与和共情氛围。

附1:北京市西城区的一次班会课评价的研讨活动

活动主题:研讨主题班会的评价方案。

活动内容:组织开展主题班会是班主任工作的基本功。随着时代的发展,主题班会的内容和形式都有了很大变化。什么样的主题班会是符合学生需要的、能切实促进学生成长的好班会?请老师们充分发表意见。

活动留言：

标题：如何评价一节主题班会(张月帅)

内容：我认为评价一节主题班会应做到以下几点：首先，主题明确。班会在制订过程中最重要的是选择主题，主题明确，进而再用比较贴近生活的语言高度概括主题，使学生能够马上进入到班会的状态，换句话说，班会主题一定要引起学生的共鸣，引发学生的思考。第二，内容要简洁而又充实。班会活动设计不要太多，但能达到环环相扣，贴进学生的现实，触动学生的心灵。第三，教师在班会中要明确自己的位置。班会，更多的应该让学生自主参与，教师只要起到画龙点睛的作用即可。总之，一节好的班会，重要不在其形式，而在于是否能够触及学生心灵。我觉得一节好的班会就像一堂生动的"心灵"课，甚至对孩子一生都有影响。

标题：如何评价一节主题班会(白雪静)

内容：1. 主题鲜明：突出基础思想道德教育，结合本班实际情况，理论有深度广度，符合学生年龄特点，有一定理论水平。2. 内容健康：格调高雅，时代气息浓烈，积极乐观，催人奋发向上。3. 形式新颖：生动活泼，富有创新，符合学生实际，艺术形式多样，而又不喧宾夺主。4. 教室布置：整齐清洁，有特色，反映班级特点，有一定的艺术氛围，烘托主题。5. 班会设计：班会课教案设计心意感，版面书画漂亮，给人以美感，教育性、趣味性和艺术性和谐统一。6. 口头表达：普通话标准，发言有理有据，准确有感染力，引起与会者共鸣。7. 主持人：仪表端庄，自然大方，富有表情，充满自信，普通话流畅，串台词衔接自然明快。8. 班会时间：40分钟左右。9. 班主任小结：5分钟左右。10. 全体参与：学生积极主动，气氛热烈，纪律良好。

标题：评价一节好的班会(刘佳)

内容：当了一年多的班主任，切身体会到能开一节好的班会的重要性，因为往往班里出现的问题不是个别现象或者说有的个别现象会影响全体学生，那么这个时候已经不是老师找某个学生谈话能解决的问题了，所以能开一节有针对性地，目的是解决某些实际问题的班会无疑就成了解决这种问题的最好的方法。通过这样一节班会，让学生意识到平时没有注意的问题，这些问题会给他们带来什么样的影响，这样就使这节班会起到了提点和警示的作用。我认为一节好的班会应该是有现实教育意义的，要符合以下几点：1. 能够根据班级实际出现的问题有针对性的。2. 要全体互动，全体参与，充分调动起大家的积极性。3. 贴近生活有积极性和趣味性。4. 形式新颖、不落俗套。

标题：如何评价一节主题班会(李婧)

内容：对于如何人评价一节主题班会,在此谈谈自己的想法,不够成熟的地方,请大家谅解。首先,我个人认为最重要的一点是选定有针对性的主题。这个主题要结合本班的实际,针对一些问题,有目的的设计。其次,设计活动要做到:精心准备、形式新颖且实效性强。光形式新颖,不落实到实处,我想是不行的。要在考虑到实际效果的同时,做到形式新颖。再次,整个班会不由班主任来主持,但是班主任却能够调控整个班会。这就和之前的细心准备分不开。应细致到每个环节所需的时间,每个环节可能出现的问题,班主任都能做到心中有数。提前出台解决办法。最后,班主任总结要出彩,言简意赅但分量要重。学生在班会结束前,要谈出体会,做到切实有所收获。

标题：从六个角度评价一节主题班会(高姗姗)

内容：作为副班主任,我还没有做主题班会的经验。对于如何评价一节主题班会,我想结合查阅的资料和这次班主任培训的体会谈谈我的观点:主题班会的意义可以用以下六个指标来评价:1. 思想性:每一次班会都要有明确的教育目的与要求,而且要与学校的教育目的相一致,这一点,我们二组在三中答疑时范校长也提到了,班主任的教育应当和学校教育一致。2. 针对性:主题班会要切合班级和学生的思想实际,做到有的放矢。3. 全员性:师生全员参与,不要在班里出现被遗忘的角落,让每个学生既是观众又是演员,要注意让那些性格内向而不善言辞的同学的积极性得到发挥。别忘了侯老师教我们的小技巧:最好能让听课、列席参加的评课老师也能参与进来,可以增添他们的亲近感。4. 知识性:在主题班会的设计中应渗透丰富的知识内容,学生思想品德的提高是以人类的丰富的知识为载体,文道统一、文道相长,在主题班会中同样应得到充分的体现。5. 趣味性,指主题班会意趣盎然,每个同学都乐于参加,其乐无穷。6. 艺术性,指主题班会要充分运用多种艺术形式来突出主题,增强感染力以取得最佳的教育效果。

标题：如何评价一节主题班会(吕佳蔚)

内容：班会是班主任向学生进行思想品德教育一种有效形式和阵地,有计划地组织与开展班会活动是班主任的一项重要任务。这周我们进行了一次主题班会,在期中考试以后让同学们总结经验教训,制订今后努力的重点。通过讨论,大家对自身有了一个比较准确的定位,知道今后该怎么努力。每一个同学都积极参与进来,其实这个参与的过程就是学生受教育的一个重要过程。比老师单纯说教有效果。

标题：如何评价一节好课（马敬）

内容：大家好！我是汽车维修工程学校的马敬，非常感谢西城研修学院的老师们为我们青年班主任提供了一个学习和交流的平台，让我们在班主任起步阶段树立信心，收益匪浅。下面就如何评价主题班会，谈一下我自己的看法，如有不足处，恳请大家提出宝贵意见。首先主题要鲜明，立意新颖，切合实际。其次，在活动过程中，导向正确，思想性强，奋发向上。有的放矢，分析剖析，解决实际问题，形势新颖，气氛和谐，乐于接受，主动参与，生动活泼，内容丰富。班主任指导有方，调控有序，学生积极参与，充分展示，达到较完美结合。注重学生自我教育，达到知、行统一。最后，活动效果。准备充分，安排紧凑，师生情绪饱满，班主任总结发言结合实际，有深度，言简意赅，富有鼓舞性，使学生产生共鸣。班会场景：精心布置，创造意境，以情感人，以景育人。通过主体教育活动，使学生具有真情实感，思想认识有较大提高，在道德行为方面有一定变化。

标题：班会评价（齐润坤）

内容：我认为一节好的班会应该达到的效果是：学生热情洋溢的主动参与，教师心满意足地组织，在过程中体验无形的教育效果。用学生感兴趣的形式，用学生自己的语言去组织，用学生的能力去驾驭班会。老师创意在前，学生表演在后。我设计的评价标准具体分四点：1. 理念上：应体现以学生为本的原则，力争在教育过程中引导学生正确认识自我、评价自我、建立自信，达到自我教育的目的。2. 形式上：应让人有一种耳目一新的感觉，改变过去以才艺展演为主线，忽视学生主体性，淡化学生体验的模式。创意的过程应该按照"针对性分析——选择性切题——研究性参与"的模式进行。针对性分析学生的现状，抓主要矛盾，以"小""近""实"为原则切入主题，形成一种有效的"互动"。有效的利用多媒体真正起到突出主题、加深印象、增强娱乐的效果，而不是样子和摆设。3. 内容上：内容应更贴近生活、更贴近学生、更具有强烈的时代感，摆脱以往空洞说教，远离学生，教育效果不好的弊病。4. 效果上：给学生留下深深的印象，有所启迪，有所触动，具有实效性。

标题：主题班会评价及设计要求（邹秀娟）

内容：主题班会课是班主任对学生进行德育教育的主阵地，一堂好的班会课能解决很多问题，也能够对学生的思想起到很好的教育作用。我认为一堂班会课设计主要应符合以下几个方面的要求：1. 主题鲜明：突出基础思想道德教育，结合本班实际情况，理论有深度广度，符合学生年龄特点，有一定理论水平。2. 内容健康：格调高雅，时代气息浓烈，积极乐观，催人奋发向上。3. 形式新颖：生动活泼，富有创新，符合学生实际,艺术形式多样,而又不喧宾夺主。4.教室布置:整齐清洁,有特色,反映班级特点,有一定的艺术氛围,烘托主题。5.班会设计:班会课教案设计心意感,版面书画漂亮,给人以美感,教育性、趣味性和艺术性和谐统一。6.口头表达:普通话标准,发言有理有据,准确有感染力,引起与会者共鸣。7.主持人:仪表端庄,自然大方,富有表情,充满自信,普通话流畅,串台词衔接自然明快。8.班会时间:40分钟左右。9.班主任小结:5分钟左右。10.全体参与:学生积极主动,气氛热烈,纪律良好。同时,设计的班会课教案应包含以下几个内容:1.教育目的:本次班会课应解决的主要问题和内容。2.教育方法和手段:班会课开展的形式和方法。3.教育辅助工具:运用到那些教育工具。4.教育前期准备情况:在进行班会课之前的准备工作情况。5.时间安排:一般控制在40—45分钟。6.主持人安排:指明是学生还是班主任。7.班会课教学流程:写清教学开展的各个环节,包括内容顺序、内容安排情况、主持人讲话稿、学生节目名称内容、班主任总结讲话内容等。

附2:主题班会课评价标准

　年　　班　教师　　　　　主题　　　年　月　日

评价项目	评　价　内　容	内容记载	分值	得分
目标	教育目标明确,既遵循思想道德建设的普遍规律,又适应学生身心成长的特点和接受能力,体现情感、态度、价值观的统一。引导学生在活动中丰富道德情感,提升生活经验,自觉践行道德要求,促进学生道德主体的自我形成、自我发展。		10分	
内容	坚持"贴近实际、贴近生活、贴近未成年人"的原则,把社会要求的思想观念、道德规范与学生的生活经验密切结合起来,根据学生的生活实际和发展需要确定内容,挖掘学生生活经验中的道德素材,形成满足学生道德发展需要、易于接受的具体的教育内容。		14分	
过程和方法	整个过程贯穿活动,按照"近、小、亲、实"的原则设置情境,师生在情境中参与活动,师生互动、生生互动,在活动过程中得到体验和感悟,生成德性。		8分	
	采用学生喜闻乐见的形式,用疏导的方法、参与的方法、讨论的方法,使学生乐于参与,让学生真正动起来,用心去看、去想、去做,增强活动的有效性。		8分	

评价项目	评　价　内　容	内容记载	分值	得分
班主任行为	遵循主体性原则,面向全体学生,充分尊重学生,营造良好的教育心理氛围,让学生自主参与、自主体验。		6分	
	采用开放的活动控制方式,在活动过程中,引发和鼓励学生自由展示他们的情感、体验和观点,使他们在活动中学会自主、学会选择、学会创造。		6分	
	积极参与学生的讨论,在活动中融入自己的生活经验,以真情感染和引导学生。在活动中注意适时、恰当的评价,发现并肯定学生的闪光点,满足学生的发展需要,引导学生跨越思维障碍,提升精神境界。		6分	
	合理、有效地运用现代教育技术手段。		6分	
学生行为	充分发挥主体作用,成为活动的设计者、组织者、参与者。		8分	
	乐于参与,自主体验,有所感悟,从中受益。		8分	
	体现团队精神,善于合作,共同探索,创造性地提出问题,解决问题。		8分	
教育效果	活动圆满完成,目标达成度高,学生通过活动得到真切的情感体验,改善态度系统,确立正确的思想观念和道德价值取向,促进学生思想道德素质的提高。		12分	
评委签名:			100分	

【本章小结】

　　班会课既然是一门课程,教师就应该像对待其他学科课程一样,加以认真准备,也要经过备课、上课、评课等若干环节。班会课的特殊性往往体现在评价环节中。不像学科知识可以采取考试等即时性的评价方式,一节好的班会课,不仅仅是看学生当时当地的反应,其效果往往具有延迟性,可能会在学生人生发展的某一关键时刻反映出来。班会课的作用不仅体现在个体学生身上,更体现在班集体的建设中。本章节,通过班会课与班集体建设的理论与案例的阐述,凸显了班会课在班级体建设中的必要性与重要性。通过"气球之轻,生命之重"一节班会课后学生及家长对班会课的肯定,对活动本身的再次理解,再次体现了班会课在人生发展与集体建设上的作用。最后,提供了一节班会的评价量表,以及一节好班会的评价标准。言语不多,却是极好的总结。北京西城区的一个班主任论坛中,班主任对班会课评价的理解,也让我们更多元地评价班会课。

【实践与思考】

1. 结合一个班会课的具体案例,设计一个班会课评价的实施思路与建议。
2. 以"我印象最深的一堂班会课"为题,完成一篇教育叙事(3 500字以上)。

附录:

班主任技能大赛——班会课设计大赛试题

1. "六一"节是少年儿童自己的节日。这个节日如何过,完全应该让儿童自己设计。作为班主任的我们,应该考虑节日中要为孩子们做些什么,为他们解决哪些问题,提供哪些帮助。请以"让我们的节日更快乐"为题,设计一次班级大讨论活动。

2. 五月是阳光灿烂的,有着众多的节日、纪念日。五月一日是国际劳动节、五月四日是青年节,五月五日是学习节(马克思诞辰),五月三卅日是五卅运动纪念日……因此,五月被称为"红五月"。这是一个进行革命传统教育和热爱劳动、尊重劳动人民教育的大好契机。请结合其中一节日,自拟题目,设计一次班级活动。

3. 请以"国庆节——祖国,我为你自豪"为题,设计一次主题班会。

4. 请以"教师节——老师您辛苦了"为题,设计一次主题班会。

5. 时下,随着生活水平的不断提高和家长意识的开放,小学生自由支配的零用钱逐渐增多。每天放学时,学校门口的一些杂货店、小吃摊围满了各年级的学生。学生间使用零花钱的攀比心理也越来越重,他们总变着法儿地要钱,导致一些孩子在要不到零花钱时采取了盗窃等极端行为。针对这一问题,请你自拟主题,设计一次主题班会。

6. 请以"培养学生的集体荣誉感,增强班级凝聚力"为题,设计一次班级活动。

7. 请以"走进名人——郭守敬"为题,设计一次集体活动。

8. 邢台简称为"邢",雅号卧牛城,位于河北省南部,是冀南重要的中心城市和新型工业基地,有3 500余年的建城史,为河北省最古老的城市,是元代大科学家郭守敬的故乡,素有"鸳水之滨,襄国故都,依山凭险、地腴民丰"的美誉。请以"邢台,我的家乡"为题,设计一次班级活动。

9. 一年级的新生一般要经过三天的入学教育之后才开始正常的学校生活,这三天的入学教育你打算怎样设计?

10. 塑造孩子们阳光、健康、积极的心态和人格,让他们学会以健康的心态面对遇到的困难,学会以微笑面对自己,面对他人,面对人生。请以"学会微笑 走进和谐"为题,设计一次主题班会。

11. 1994 年初,全国少工委办公室、国家教委基础教育司、《中国少年报》社联合在中小学广泛开展了"手拉手"活动,请你以"手拉手,情系灾区小朋友"、"手拉手,书信交友助困"、"小手拉大手,援助有困难的老人"等任一主题,设计一个班级活动方案。"手拉手"的主题也可以自拟。

12. 请以"让意外伤害远离我们"为题,设计一次主题班会。

13. 请以"珍爱生命,健康成长"为题,设计一次主题班会。

14. 地震,这一大自然的灾害,每一次震撼的袭击都带来难以抹去的伤害。让孩子们了解地震的知识,尤其是地震时逃生的办法,是我们应该担起的责任。请以"地震知识我知道"为题,设计一次班级活动。

15. 请以"诚实守信,争做文明学生"为题,设计一次主题班会。

16. 请以"树立信心——我的未来不是梦"为题,设计一次主题班会。

17. 尊老孝亲是中华民族的传统美德。为了使孩子们关心父母、尊敬父母、体贴父母、孝敬父母,请自拟题目,设计一次主题班会。

18. 学生进入五、六年级,集体意识逐渐明显,班级风格特点也有所显露,请为创作"班徽 班训 班歌"策划一次班级活动。

19. 最近,四(1)班出现了一些不文明行为:一些同学把带子弹的手枪拿到学校来玩,一些男同学小便不入池,一些女生用粉笔在学校的墙壁上乱画……请你针对这些不文明行为,开展一次班级活动。

20. 进入五年级后,有些学生上网游戏、上网交友等迷恋网络的行为给自身带来危害。如何让他们自觉抵制诱惑,不进营业性的网吧,把精力转移到从网上获取知识、开阔眼界上,是摆在我们班主任面前的一个难题。请你以此为主题,设计一次主题班会。

21. 新学期开始,你接手了一个六年级的班级。以前的班主任歇产假了,这个班的学生跟以前的班主任很有感情,很明显地"拒绝"你的到来。针对这一情况,第一次班会你打算涉及哪些内容,主题自拟。

22. 目前,小学生视力堪忧,原因之一,就是坐姿不正确、握笔姿势错误。如何纠正这一行为,请你围绕这一问题,设计一系列的集体活动。

23. 请你为竞选班长设计一次主题活动。

24. 刚接手的三年级一班,有三分之二的孩子不爱读课外书。针对这一现象,请你设计一个主题活动。

25. 好多班级都有过这样的现象:学生怕班主任,不怕任课老师,所以课堂教学中会有许多学生因违反课堂纪律而与任课老师发生矛盾的事情,这既影响了任课老师上课的情绪,同时也影响了同学们学习这一科的效果。如何协调学生与任课老师的关系呢?请你以此为题,设计一次主题班会。

26. 湖南台的快乐男生正在热播,六(3)班的学生们一天到晚讨论相关话题,什么喜欢哪个选手啦,竞猜下一场谁晋级谁淘汰啦,等等。针对这一现象,请你设计一次主题班会。

27. 请以“保护环境,低碳生活”为题,设计一次六年级的主题班会。

28. 一年级开学三周了,还是总有孩子迟到,总有孩子课上上厕所。请你以“课间十分钟,我们怎么过”为题,设计一次主题班会。

29. 请以“20 年后的我”为题,设计一节三年级的主题班会。

30. 六年级的学生就要毕业了,请你以“初中三年早知道”为题,设计一次集体活动。

31. 请以“消防安全记心间”为题,设计一次班级集体活动。

32. 请以“诚实守信,争做文明学生”为题,设计一次班会。

33. 请以“节约要从‘一’做起”为题,设计一次班会。

34. 请以“我爱我的班”为题,设计一次班会。

35. 请以“不做流行的奴隶”为题,设计一次六年级的班会。

36. 请以“我班之最”为题,设计一次二年级的班会。

后　记

　　每每读完一本书,总会看看后记,因为每本书的编著过程都是一段人生经历。还记得"随园夜话"沙龙的一个内容:"三年的学校生活究竟给了孩子什么?——给你一个平台让你发展;给你一段时间让你安排;给你一个问题让你思考;给你一个舞台让你表演;给你一个历史让你品读;给你一个微笑让你温暖;给你一个榜样让你超越。"不同的老师给出了不同的答案,每一个答案背后都有着班主任一个个精彩的故事与对班会课的精心设计。《班会课的设计与实施》一书的想法就这样诞生了。感谢沙龙上每一位老师的创意表达,它点燃了本书编写者的这份热情。

　　在编写过程中,主编之一袁子意老师参加了中国教育电视台主办的班会课大赛,并获得了特等奖,也因此结识了一批在班会课上有理想、有实践、有创新、有收获的好朋友,感谢孙琪(北京景山学校)、吴曼雪、马雪林(新疆伊宁三中)等老师提供的特等奖班会课实录;同时也认识了一些陌生却又熟悉的好朋友,陌生的是他们的姓名,熟悉的是他们的想法与我们是如此的相似;感谢苏州中学黄小辉老师提供的生涯设计方案,南京市建邺高级中学吴梅老师提供的心理健康班会课的方案等。

　　"随园夜话"沙龙的很多朋友提供了最大的帮助,大家多次商讨本书的编写方案,一些南京师范大学班主任研究中心基地学校成员无私地提供了自己学校的班会课设计方案。感谢韦志中老师、吴虹校长、罗京宁书记提供了体验式班会课的设想,感谢南京市扬子二小、南京市百家湖中学、南京市建邺高级中学、南京市金陵中学、南京三中、南京第二十四中学、山东省临沂第一中学!感谢顾健(南京市金陵中学)、卢昱洁(金陵中学实验小学)、朱晓敏、孙信玲、周萌霞(南京建邺高级中学)、戴倩、马松(南京三中)、鲁正贞(南京市二十四中)、胡文珠(无锡市堰桥中学)、王晓波(常州市湖塘桥中心小学)、袁凤芹(北京育英学校小学部)提供了在全国或省市级班主任技能大赛中获奖的班会课实录或班会课设计。

　　感谢与我们度过许许多多美好岁月的所的学生们!他们用自己的执着,自己的创想,自己的汗水凝聚成一篇篇真实感人的案例。以袁子意老师的学生为例,三年里他的孩子们写下了近百万字的班会课感想,拍下了近万张照片、近百段视频。所有的一切都在宣告：这就是我们"无悔的青春"！学生们永远都是班主任最可爱的人,感谢为班级付出努力的侯少康,陈祖儿,张丹、杨雨薇们！是你们点燃了老师对教育的热情和激情,衷心地感谢你们,可爱的学生们！

编者

2013 年 7 月